Johann Bernhard Fischer

Statistische und topographische Beschreibung des Burggraftums Nürnberg

Johann Bernhard Fischer

Statistische und topographische Beschreibung des Burggraftums Nürnberg

ISBN/EAN: 9783743481138

Hergestellt in Europa, USA, Kanada, Australien, Japan

Cover: Foto ©ninafisch / pixelio.de

Manufactured and distributed by brebook publishing software (www.brebook.com)

Johann Bernhard Fischer

Statistische und topographische Beschreibung des Burggraftums Nürnberg

Statistische und topographische
Beschreibung
des
Burggraftums Nürnberg,
unterhalb des Gebürgs;
oder des
Fürstentums
Brandenburg-Anspach.

Zweeter Theil.
Enthaltend
den ökonomischen, statistischen und sittlichen Zustand dieser Lande nach den funfzehen Oberämtern.

Herausgegeben
von
Johann Bernhard Fischer,
Markgräflich brandenburg-anspachischem ge-
heimen Kanzlisten; ꝛc.

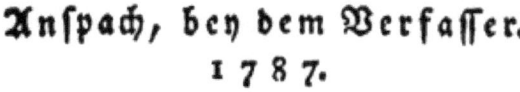

Anspach, bey dem Verfasser.
1787.

Vorbericht.

Ich liefere hier den zweeten Theil meiner statistisch = topographischen Beschreibung des Fürstentums Brandenburg Anspach, und wünsche ihm eben iene gütige Nachsicht, iene geneigte Aufnahme, welche das verehrungswürdige Publikum dem ersten Theile geschenkt hat.

Ich

Vorbericht.

Ich hoffe im gegenwärtigen Band der Erwartung meiner Freunde, so viel mir nur immer möglich war, entsprochen zu haben. Denn ich hatte hier Gelegenheit das Fürstentum nach seinen Unterabteilungen oder Oberämtern, und also stückweise zu beschreiben, das ich im ersten Bande, da ich stets das Ganze zusammen nehmen mußte, nicht thun konnte. — Ich suchte auf mancherley weise mehr Licht über die Kenntnis eines Landes zu verbreiten, das die Natur beynahe mit allen ihren Schätzen so reichlich ausgesteuert hat. Ich suchte und fand Merkwürdigkeiten die entweder gar nicht, oder nur einem kleinen Theile der Einwohner bekannt waren, und die allerdings würdig sind, dem Nachkömmling, wenigstens schriftlich aufbehalten zu werden. Mit spähendem Blicke sah ich nach Luxus und Aberglauben. Zwey Uebel, eines so schädlich als das andere; Und beede verbargen sich meinem Auge nicht lange. Mit patriotischer Freimüthigkeit stell ich sie nun in Gesellschaft anderer Bemerkungen, vor die Augen des Publikums, von dem vielleicht der betrofene Theil darob die Nase rümpfen wird. —

Mag's

Vorbericht.

Mag's immerhin ſeyn! die Wahrheit duldet keinen Schleyer.

Ich verſprach in dieſem Theile meines Buchs, alle und iede, auch die geringſten Orte des Fürſtentums bekannt zu machen. Ich hoffe auch meine Zuſage erfüllt zu haben; und dennoch finde ich nötig hierüber einige Worte zu ſagen.

Meine Abſicht war nie anders, als das Fürſtentum Anſpach und die zu dieſem gehörigen Orte ſo weit als ſeine hohe landesherrlichen Gränzen umherlaufen zu beſchreiben. Ich konnte mich alſo hiebey nicht auch über ſolche Ortſchaften ausbreiten, die außer dieſen Jurisdiktions = Gränzen gelegen ſind, und in welchen das höchſte Haus Brandenburg = Anſpach entweder nur Unterthanen, oder Pfarr= und andere Gerechtſame beſitzet und auszuüben hat. Dieſe Orte gehören ohnſtreitig in die Beſchreibung ienes Landes welchem die hohen landesherrliche Gerechtſame darüber

zu=

Vorbericht.

zuſtehen. Man ſucht alſo dergleichen Ortſchaften in meinem Buche vergebens, wenn ſie
auch gleich der ſeelige Herr Hofrath Stieber
in ſeiner topographiſchen Nachricht vom Fürſtentum Anſpach aufgezeichnet hat. Denn wenn
die landesherrliche Gerichtsbarkeit über gewiſſe
Ortſchaften durch errichtete Receſſe an andere
Stände einmal abgetretten worden iſt, ſo mögen
allerdings dieſelben nicht mehr in die Beſchreibung desjenigen Landes gehören, in deſſen
Gränzen ſie ehedem gelegen waren. —

Und nun eine Berichtigung eines, ſich im
erſten Theil dieſes Werkgens eingeſchlichenen
Rechnungsirrtums in Anſehung der Volksmenge.

Nach der Note S. 113. kompenſirte ich
die, von den übrigen Landen des Fürſtentums
abgeſondert liegende brandenburgiſche Aemter:
Mainbernheim, Prichſenſtadt, Kleinlankheim ꝛc.
mit den, im Innern des anſpachiſchen Ge-
bietes liegenden teutſchordiſchen, eichſtettiſchen
und

und lichtenauischen Fraischbezirken, sowol in Rukficht der Gröse, als deren Einwohner. Da nun aber in der Folge S. 115. die Einwohner der vorgenannten anspachischen Aemter unter der brandenburgischen Volksmenge mit begriffen sind; so hätten billig die, S. 117. in obenbemerkten ausherrischen Fraischbezirken befindlichen, auf 50000. Seelen berechneten Einwohner auffer Anfatz, mithin die S. 116. angegebene Hauptsumme von

200,960. Menschen,

in den berechneten 54. Quadratmeilen, ohne weitere Zurechnung belaffen werden sollen. Es treffen demnach auf eine Quadratmeile im Durchschnitt, statt der Zahl von 4647. nach dem wahren Verhältnis nur

3721. Seelen.

Immer noch eine Bevölkerungssumme welche nur wenige teutsche Staaten aufzuweisen haben.

Seine Fehler selbst erkennen, — sie verbessern, — bringt nie Schande. Berichtigungen

gungen erhielten schon die besten Bücher, warum soll das meinige davon befreiet seyn? Vielmehr bitte ich iedem meiner bekannten und unbekannten Freunde mir ihre Bemerkungen ohnrukhaltig zuzusenden, die ich mit allem Dank erkennen und benutzen werde. Besonders wünschte ich dieses von ienen Orten, wo man mein Bitten und Errinnern, Jahrelang, und noch, ohnerfüllt lässet und schweigt. —

Das wäre denn alles, was ich bey der Erscheinung des zwecten Theils meines vaterländischen Werkgens zu sagen für nötig hielt.

Geschrieben, Anspach, am 12. December 1787.

Johann Bernhard Fischer.

Fort=

Fortſetzung
des
Subſcribentenverzeichniſſes.

———

Altdorf, Herr Profeſſor der Rechte, Siebenkäs.
Anſpach, Herr Direktor des burggräflichen Rathskol-
legii Benz. Das höchſtlöbl. Kammerkollegium.
Herr Baron Chriſtoph Fried. von Creilsheim.
Hr. Engerer Gaſtgeber zum ſchwarzen Bären. H.
Rechn. Reviſor Fenk. H. Vikar. Fenk. H. Hof-
fiſchmeiſter Fiſcher. H. Rechn. Rath Föttringer.
H. Archivſekretarius Gebhard. H. Hofkellerſchrei-
ber Güntert. H. Regierungsſekr. Hofmann. H.
Regierungsſekr. Keerl. H. Huſarenquartiermeiſter
Rittler. H. Kammermuſik. Liebeskind. H.
Lieutenant von Maſſenbach. H. Proviſor Neu-
bauer,

bauer, 2. Ex. H. Reglſtr. Oehme. H. Medici-
nalſekretär. Pfeffer. H. Rath und Profeſſor Ra-
be. H. Hof- und Regierungsrath Roſe. H.
Rath und D. Med. Roth. H. Rechn. Rath
Schlottmann. H. Prozeßrath Schnider. H.
Landger. Aſſeſſor Schnißlein. H. Stadtkaſſier
Schülin. H. Oberſcribent Schumm. H. Hof-
küchenſchreiber Volkert. H. Rath und Profeſſor
Zencker.

Augsburg, Herr von Prießer, D. iur. Kaiſ. Hof-
pfalzgraf und Conſulent. H. Sekret. Fiſcher.

Baireuth, Herr Geheimeregiſtrator Glaſer. H.
Geheimeregiſtr. Schunter.

Berolzheim, Herr Pfarrer Freudel. Herr Magiſt.
Ulmer.

Bubenheim, Herr Pfarrer Robelt.

Burgbernheim, Herr Amtmann Oertel.

Buttenheim, Herr Kammerherr von Seefried.

Büttelbronn, Herr Pfarrer Schafeitel.

Creilsheim, Herr Rath und Obera. Phyſikus D.
Feuerlein. H. Hofmeiſter Treiber.

Diſtelhaußen, Herr Weinhändler Abendanz.

Dünkelsbühl, Herr Conſulent Buſch.

Ehingen, Herr Pfarrer Poſſin.

Ettenſtadt, Herr Pfarrer Pflaumer.

Eiſölden, Herr. Prodechant Eyrich.

Feuchtwang, Herr Amtsſchreiber Windenius.

Fürth, Herr Reſident Aſcher.

Gun-

Gunzenhausen, Herr Rector Dubois. H. Oberkaplan Lutz. H. Stadtschreiber Meelführer.

Hall in Schwaben, Herr Stadtadvokat und Unterlandumgelder Bonhöfer. H. Salzverwalter Dürr. H. Forstmeister Frank. H. Consulent Hartmann, H. Senator Stier. H. Stadtadvokat Textor.

Heuberg, Herr Pfarrer Wieser.

Ippesheim. Herr Amtmann Schneider.

Langenzenn, Herr Dekanus Eisen.

Lichtenau, Herr Gerichtsschreiber Büchel.

Merkendorf, Herr Stadtpfarrer Albert.

Mosbach, Herr Pfarrer Pacius.

Nürnberg, Herr Waitzenbrauh. Verwalter Bauer. H. Verwalter Döhlemann. H. Ritterrath von Geuder. H. Senat. von Geuder. H. Registrator Held. H. Verwalter Müller. H. Registr. Mühling. Die von Pfinzingil. Bibliothek. H. Sekretär Solger. H. Kirchenpfleger von Welser. H. Winter, im Landallmoßamt.

Obernbreit, Herr Gerichtsverwandte Deibel. H. Jacob Joseph. H. Isaac Jantof. H. Jacob Hirsch. H. Jantof Hirsch.

Oberickelsheim, Herr Glaitsmann Hopfer.

Oettingen, Herr Waiseninspektor Beyhl. H. Regierungsrath Preu. H. Superintendent Schäblen. H. Assessor Stahl. H. Kammerdiener Zöller.

Ordruff b. Gotha, Herr Kammerrath Hermann.

Prichsenstadt, Herr Notarius und Cantor Oeffner.

Roß

Roßfeld, Herr Heinr. Burger.

Schalkhaufen, Herr Rath Hildebrand.

Schillingsfürst, Herr Hofrath Beyerlein.

Simmershofen, Herr Pfarrer Vogtherr.

Sickershaußen, Herr Zolleinnehmer Friederich.

Steft, Herr Gerichtsverwandte und Bierpräuer Fluh-
rer.

Uffenheim, Herr Posthalter Cleminius. H. Ober-
scrib. Cunzmann. H. Oberamtsregistr. Grienin-
ger. H. Kammerrath und Kastner Jung. H.
Stadt = und Amtsvogt Köhler. H. Sekretarius
und Amtsschreiber Meyer. H. Kaufmann Michel.
Die wohllöbliche Oberamtskanzley. Das löbliche
Rathhaus. H. Christoph Valent. Schäfer. H.
Rektor Scherzer. H. Senator Schlichting. Die
Schulbibliothek. H. Rothgerbermeister Stark.
H. Burgermeister Vogel. H. Rothgerbermeister
Vogel. H. Stadtschreiber Wiedmann.

Unterickelsheim, Herr Pfarrer Döderlein.

Waffertrüdingen, Herr Stadtvogt Geret. H.
Rathsverwande Joh. Mich. Glük.

Welbhaufen, Herr Wildmeister Schmidsiller.

Oberamt Anspach.

Das Oberamt Anspach hat einen sehr weitläuftigen Jurisdiktionsbezirk: denn er zieht sich nach der Länge und Breite auf 6. und im Umkreis auf 24. Stunden. Die Gränzen desselben berühren gegen Morgen: die Oberämter Cadolzburg und Windspach, und das nürnbergische Pflegamt Lichtenau; gegen Abend: das Oberamt Colmberg; gegen Mittag: das Oberamt Feuchtwang, und die Hochstift eichstettischen, im Altmühlgrund gelegenen, Lande; und endlich gegen Mitternacht: die zu dem Fürstentum Brandenburg Baireuth gehörige sogehannten Unterlande.

Innerhalb dieses Bezirks finden sich folgende brandenburgische Aemter:

1. Das Stiftamt Anspach: welches mit der hohen Gerichtsbarkeit nichts zu thun hat, wol

aber

aber die Vogteilichkeit bey seinen eingehörigen Unterthanen ausübet; die Errichtung dieses Amtes war eine Folge des, im Jahr 1563. von dem höchstseeligen Markgrafen Georg Friederich säkularisirten Sanktgumbertsstifts.

2. Das Hofkastenamt Anspach, welches die hoch=fraischliche Obrigkeit im ganzen Oberamt, und

3. Das Stadtvogteiamt Anspach, das die hohe Obrigkeit in der Stadt, und in einem, zwischen demselben und dem Hofkastenamt reces=sirten gewissen Distrikt der anspachischen Vor=städte, zu besorgen hat;

4. Das, dem Hofkastenamt beigeordnete, aber mit einem eigenen Beamten besetzte, Vogt=amt Lehrberg;

5. Das von eben diesem Beamten zugleich mit=besorgende Vogtamt Birkenfels;

6. Das Vogtamt Flachslanden, gleichfalls mit einem eigenen, dem Hofkastenamt Anspach beigeordneten Beamten besetzt, welchem zu=gleich noch die Vogtämter

7. Biebert;

8. Bruk=

8. Brukberg, und

9. Veſtenberg, mit übertragen ſind; und

10. Das ebenmäſig gedachtem Hoffäſtenamt einverleibte geringfügige Vogtamt Weihenzell,
welches gewöhnlich der daſige Wildmeiſter
verwaltet.

Auſſer den Kameral- und Jurisdiktionsge-
ſchäfts-Beſorgungen, hat das anſpachiſche Hof-
kaſtenamt zugleich auch, ſeit vier Jahrhunderten,
die Richterſtelle bey dem Waſſergrafenamt in
Vorfallenheiten zu verſehen, von deſſen Beſchaffenheit vielleicht einige Nachricht nicht unangenehm
ſeyn mag.

Das anſpachiſche Waſſergrafengericht iſt das
einzige, ſowohl im ganzen Fürſtentum, als in der
benachbarten Gegend. Es beſtehet aus einem
Richter und ſechs Beiſitzern, welche letztere aus
erfahrnen, im Oberamt Anſpach anſäſſigen Mül-
lern und Mühlärzten gewählt, und mit Pflichten
belegt werden, auch unter dem Namen: Waſſer-
grafen, bekannt ſind.

Entſtehet nun, in ein oder anderem Amte dieſes Fürſtentums, oder auch bey benachbarten aus-

A 3   herri-

herrischen Aemtern über Mühl- und Wassergebäu-
de, Stemmungen, Eichpfahlschlagung, Abwä-
gung des Gefälls, Wässerungen rc. einiger Stritt,
oder wird eine neue Mühle erbauet; so ist es, von
ältern Zeiten an, Nothwendigkeit und Gewohnheit, daß die Obrigkeiten, oder deren Beamte,
bey dem anspachischen Hoffastenamt um die Abord-
nung des Wassergrafengerichts ansuchen, nach dessen Ankunft die strittigen Parteien durch Handrei-
chung angeloben müssen, sich bey den erfolgenden
Aussprüchen zu beruhigen. In neuern Zeiten
wird freilich dies Versprechen zuweilen nicht
allzupünktlich erfüllt; in ältern aber mußte ieder
der sich dem Ausspruch des Wassergrafengerichts
widersetzte, der Herrschaft zwanzig Goldgulden
Strafe, auch iedem Wassergrafen ein lindisch Kleid
und Taffent zu einem Wamms geben.

Die Lage des Oberamts Anspach ist mit abwechselnden Anhöhen und Thälern durchschnitten,
welche verschiedene mahlerische Gegenden bilden,
und mit den futterreichsten Wiesen gesegnet sind.

Der Erdboden ist beinahe durchgängig
schwarzbraune fette schwere Erde; nur gegen Triesdorf

dorf und Markt Flachslanden hin, ist er mit vielem Sande gemischt.

Die Güte des Erdreichs ist in diesem Landesbezirk dem Getraidbau sehr vorteilhaft, welcher meistenteils in Korn, Dinkel oder Spelz, Waizen, Haber, Linsen, Kraut, Erdäpfeln oder Kartoffeln ꝛc. bestehet.

Den Ueberfluß dieser Erzeugnisse bringen die Einwohner teils in die Residenzstadt, teils in die benachbarten Landstädte zu Markt, und verschaffen sich durch deren Absatz eine sehr beträchtliche Einnahme.

Der Wieswachs ist vortreflich, weil es in den angenehmen Thälern nicht an kleinen Flüssen und Bächen mangelt, welche die benötigte Feuchtigkeit mitteilen. Deswegen ist denn der Futtermangel sehr selten, oder nur bey ausserordentlich dürren Sommern zu fürchten.

Die Fischerey in den Flüssen ist unbeträchtlich, weil nur die Rezat, welche hier noch von geringer Bedeutung, der Hauptfluß im Oberamt Anspach ist. Inzwischen liefern die nahegelegenen vielen Weiher, besonders der sehr grose Höfer-

A 4

und

und Scheerweiher eine hinreichende Menge der benötigten Fische, an Karpfen und Hechten.

Die Pferdezucht, noch mehr aber die Rindviehzucht, ist der beträchtlichste und blühendste Nahrungszweig der ländlichen Einwohner. Letztere hat auf den Wohlstand derselben den sichtbarsten Einfluß. Im Jahr 1786. wurden auf dem anspachischen Viehmarkt, welcher alle Dienstag abgehalten wird, 7174. Stücke Rindvieh, zum Verkauf gebracht, davon wurden 4459. Stück würklich verkauft und daraus 226,686. fl. gelöset; 2715. Stuk aber wurden ohnverkauft wieder abgetrieben Unter diesen 7174. Stück Rindvieh, waren 5485. Ochsen, wovon 107. Mastochsen, um 8434. Gulden, und 3156. magere Ochsen, um 171,332. fl. verkauft wurden. 78. Mast = und 190. magere Ochsen blieben in der Residenzstadt selbst, und wurden von den dasigen Mezgermeistern, Bierprauern und andern Innwohnern erkauft *).

Mit

*) Ich habe schon im 1ten Theil S. 215. gelegenheitlich der anspachischen Viehzucht angemerkt, daß hier schon öfters Ochsen von 22. bis 24.

Cent-

Mit der Bienenzucht geben sich wenige Einwohner ab.

Die Anzahl der herrschaftl. und Gemeindwaldungen beträgt in diesem Oberamt 9073. Morgen; darunter ist die untere, mittlere, und obereFeuchtlach bey Anspach, der ansehnlichste Wald. Er faßt allein 1541. Morgen in sich, und ist mit den schönsten Fichten, Tannen, Eichen, Buchen, und einigen iungen Schlägen bewachsen. Diese Holzsorten finden sich auch in den übrigen Wäldern.

Als eigentliche Fabriken des Oberamts Anspach kan hier nur der feinen Porzellanfabrik in Brückberg und der Fayencefabrik zu Anspach, auch allenfalls noch der Papiermühle zu Weißenzell gedacht werden *).

A 5   Der

Centner geschlachtet wurden. Allein erst im Monath August 1787. verkaufte der hiesige Rosenwirth Rosa, zween aus der Schweizerey in Triesdorf erhaltene, von ihm gemästete Ochsen, wovon der eine 32. der andere aber gar 35. Centner gewogen haben, an den strasburgischen Mezgermeister Schnegans für 1200. Gulden, welcher sie auf der frankfurter Herbstmesse für Geld sehen lassen, und dann nach Paris abtreiben will

*) s. mehrers hievon im 1ten Th. S. 248.

Der Gypsbruch bey Neüses ohnweit Anspach, bricht in ziemlicher Menge, auch der Kap-
pelberg bey Weißenzell enthält diesen nutzbaren
Stein.

Der Bauer im anspachischen Oberamt liebt eine reinliche häußliche Einrichtung. Er lebt gut,
aber nicht kostbar. Seine Tracht ist in den Wo-
chentagen beynahe durchgehends ein schwarzer zwil-
gener Kittel; an Sonntagen aber, oder bey Eh-
renfällen, besteht sie in einem schwarztuchenen Rock
und dergleichen Wamms, das beinahe eben so lang,
als der Rock selbst ist. Unter diesem trägt er noch
einen rothtuchenen Brustlatz mit silbernen oder ver-
silberten Knöpfen und über denselben einen gestiften
oder rothtuchenen Hosenträger, schwarz lederne,
kaum an den Unterleib hinreichende Hosen, und
einen kleinen runden, auch dreieckigten Hut. —
Die Weibspersonen tragen, bey solchen Gelegen-
heiten, hohe seidene Hauben mit weisen Spitzen,
seidene, mußline, oder kottone Halstücher, schwarze oder braunkottone Kittelgen mit weisen Knöpfen,
und mehrenteils braune lange Röcke, die in unzä-
lig viele kleine Falten gelegt sind. In den Wo-
chentagen bedeckt beynahe durchgängig ein runder
schwar-

schwarzer Filzhut den Kopf der Bauernmädgen
und Weiber *).

Die Nähe der Residenzstadt, und der öftere
Aufenthalt der Bauern in selbiger, mag vieles beitragen, daß diese Volksgattung in hiesiger Gegend
mehrere Lebensart besitzet und einigermassen höfli-
cher als an entfernteren Orten ist.

Die rohe Erziehung der Bauernkinder kan keinen andern als rohen Karakter bilden. Die Mütter sind gewohnt ihren Kindern ein auch zwey Jahre, und noch länger, die Brust zu reichen. Dadurch
kommt es, daß die Stamina vitae vester ankleben,
als nicht bey Kindern, durch künstliche, der Mut-
termilch bey weitem nicht gleichkommende Getränke
und Speissen. Eben deswegen lernen sie auch eher
lauffen, und leiden weniger am ersten Zahnaus-
bruch, als iene Kinder, deren Mütter ihnen diese
einzige und beste Nahrung versagen.

Bis ins sechste Jahr geniesen die Bauernkinder beinahe keines Unterrichts, sondern sind gleich
Rousseau's Emile sich selbst überlassen. Die Eltern brauchen ihre Kinder, so bald es nur einigermassen ihre Kräfte zulassen, zu allerhand leichten
Feld-

*) Man sehe das Titulkupfer im 1ten Th.

Feldgeschäften. Vom sechsten bis zwölften Jahre
gehen dieselben zur Schule; wie der Unterricht dort
beschaffen ist, habe ich bereits im zwanzigsten
Abschnitt des ersten Theils, freimüthig erzählt.
Ausser dem wenigen lesen, und noch wenigern
schreiben, lernen sie sonst nichts, was ihnen doch
in der Zukunft nützlich seyn könnte. Daher die Fol,
ge, daß bey dergleichen Kindern, wenn man ihnen,
statt ihrer Religionsbücher, (denn keiner andern
bedient man sich bey dem Unterrichte,) andere nütz=
liche Bücher vorlegt, sogleich die ganze Lesekunst
aufhöret; daher aber auch die noch traurigere Folge bey
Erwachsenen, daß diese, wenn die Feldgeschäf=
te zu Ende sind, sich auf keine andere Weise in den
langen Winternächten zu vergnügen wissen, als
durch Wirthshaus, Brandewein, Karten, und
unflätige Zoten und Possen in den Rockenstuben
oder sogenannten Vorsitz, welche immer eine
Quelle vieler lasterhaften Ausbrüche und wilder
Sitten sind.

In dem häußlichen Leben der Landleute zeich=
net sich auch noch dieses vorzüglich aus: daß El=
tern und Kinder so untereinander leben, als wenn
keine Subordination vorhanden wäre. Die Kin=

der

der duzen ihre Eltern, und gehen mit ihnen als ihres gleichen um. Sezt man sie über diese Unschicklichkeit zur Rede, so erfolgt die naive Antwort: man duze ia auch unsern Herr Gott. Hiedurch geschieht aber auch, daß schon kleine Kinder ihren Eltern öfters auf eine ungestümme Art befehlen, frey ihre Handlungen tadeln, und den Gehorsam da zu entziehen pflegen, wo derselbe doch unumgänglich erforderlich ist.

Woher sonst der überaus viele Aberglauben unter dem gemeinen Volke, als aus der vernachläßigten Erziehung? Woher der Gedanke des Bauern: das wesentliche der Religion bestehe einzig und allein im Kirchengehen, beichten und kommuniciren? — Und fließt nicht hieraus nothwendig die traurige Wahrheit: daß die Landleute in dem praktischen der Religion Jesu, in Sitten und gesellschaftlichen Tugenden so sehr zuruck sind, daß Betrug und Bevorteilung im Handel und Wandel, mehr unter ihnen im Gange ist, als daß nicht die bürgerliche Verfaßung, in allen ihren Zweigen, darunter leiden sollte? — Woher endlich noch: die eigensinnige und dumme Anhänglichkeit, an die Sitten ihrer Väter, und an das alte

über-

überhaupt? so daß das neuere, beffere, nützlichere nicht Platz bey ihnen greifen kan, und sie sich in Krankheiten lieber an Fallmeister und schlechte Empyriker, als an geschickte Aerzte wenden? — Gewiß alles lediglich aus der vernachläßigten Erziehung *).

Ob übrigens der Gebrauch des Bauern im Oberamt Anspach: eine verstorbene Person, bis zur Leichenbestattung, welche gewöhnlich erst am dritten Tage erfolgt, nicht aus der Wohn= stube bringen zu lassen, wenn sie gleich durch die giftigste Seuche ihr Leben verlohren hat, nicht würklich öfters schädliche Folgen nach sich ziehet, zumalen der Bauer ohnehin selten die Fenster öfnet, in niedrigen Gemächern wohnt, und zur Winterszeit gewöhnlich stark einfeuert, überlasse ich der Beurtheilung anderer; und
be=

---

*) Diese freimüthige Bemerkung über Erziehung des Landvolks ist auf das ganze Fürstentum und iedes nachfolgende Oberamt anwendbar, mithin nicht auf das Oberamt Anspach allein zu verstehen. Möchte ich doch dadurch, hin und wieder, recht= schaffene Geistliche, die so vieles bey dem ge= meinen Hauffen thun können, wenn sie wollen, aufmerksam gemacht haben! —

beschreibe nun diejenigen Ortschaften, wel=
che der fraischliche Jurisdiktionsbezirck des
Oberamts Anspach umschließt:

	Unterthanen.	
	gänzlich Anspachische	Fremde Angehörige
Abb bey Sommersdorf ein eichstettl. Weiler , ,	— .	3.
Adelsdorf ein vermischtes Weiler , , ,	—	12.
Adelmannssiz e. W. ,	10.	—
Alberndorf e. W. , ,	21.	2.
Andorf ein vermischtes Fili=alkirchdorf , , ,	—	11.
Aufelden e. W. , ,	20.	—
Anspach die Haupt= und Re=sidenz=Stadt *) ,	923. Häuser.	—
Aub bey Elpersdorf e. W.	9.	—
Aumühl (die) , ,	1.	—
Baalstatt e. W. , ,	3.	7.

Bam=

*) Alle sowol bey diesen als den übrigen Oberämtern
  mit schwabacher Schrift gedruckten Orte,
  sind ihrer Beschafenheit oder Merkwürdigkeiten
  wegen am Ende der Beschreibung eines jeden Ober=
  amts, ausführlicher bemerkt.

| | Unterthanen, | |
	gänzlich Anspachische	Fremde Angehörige
Bammersdorf e. W.	2.	5.
Berglein e. teutschordil. Filial kirchdorf	—	9.
Bergenweiler e. W.	—	7.
Berndorf e. W.	19.	
Bernhardswinden e. W.	15.	11.
Belzmühl (die)	—	1.
Beutellohe e. W.	6.	3.
Binsenmühl (die)	—	1.
Birkenfels e. W.	6.	—
Bohrspach e. W.	20.	1.
Brodswinden, ein Pfarrdorf.	25.	1.
Brukberg e. W. mit einem fürstl. Lustschloß	30.	—
Brünst e. W.	5.	—
Burgoberbach ein Dorf mit einer eichstettl. katholischen Pfarren	12.	23.
Buhlspach e. W.	4.	3.
Bügenmühl (die)	1.	—
Bürkach e. eichstettl. W.	—	4.
Cammerforst e. W.	7.	—

Claf.

	Unterthanen.	
	gänzlich Anspachische	Fremde Angehörige
Claſheim e. W.	16.	5.
Dautenwinden ſ. Oberdautenwinden.		
Desmannsdorf e. W.	14.	1.
Dierbach e. W.	2.	—
Dierersdorf e. W.	9.	3.
Dombach im Loch, e. W.	5.	—
Dornberg e. W.	15.	—
Dorndorf e. W.	6.	—
Dörflein e. W.	3.	4.
Ebenhof (der)	—	1.
Egenhauſen ein freiherrlich von Seckendorfſ. Ritterſitz und Pfarrdorf	—	29.
Eglofswinden e. W.	18.	—
Elpersdorf ein Pfarrdorf	12.	—
Espach bey Weidenbach e. W.	19.	—
Eyb ein Pfarrdorf	39.	10.
Feſenmühl (die)	—	1.
Flachslanden ein Marktflecken	43.	16.
Flockenmühl (die)	—	1.

Zweyter Th.   B   Forſt

	Unterthanen.	
	gänzlich Anspachische	Fremde Angehörig:
Forst ein Filial	1.	1.
Frankendorf e. freihrl. Ereils= heiml. und Eybisches W.	—	12.
Frikendorf e. vermischtes W.	—	7.
Frizmühl (die)	1.	—
Frohnhof e. freiherrl. Ebi= sches W.	—	4.
Galgenmühl (die)	1.	—
Gaisengrund (der)	1.	—
Gebersdorf e. W.	6.	—
Gerersdorf e. W.	6.	—
Gleizendorf ein Filialkirchdorf	7.	—
Gödersklingen e. W.	19.	—
Göfteldorf e. W.	12.	—
Götteldorf e. vermischtes bai= reuthl. Filialkirchdorf	—	20.
Götenmühl (die)	1.	—
Gräfenbuch ein Filialkirchdorf	6.	12.
Grosbreitenbronn e. W.	12.	4.
Groshaßlach ein Pfarrdorf	44.	—
Grüb e. W.	10.	1.
Haag e. W.	1.	8.

Haß=

	Unterthanen.	
	gänzlich Anspachische	Fremde Angehörige
Haßgang e. W.	14.	—
Hagenmühl (die)	1.	—
Hannenbach e. W.	7.	1.
Hannemannsmühl (die)	1.	—
Haundelshofen ein vermisch- tes W.	—	4.
Hauserts - oder Unterhaß- lachermühl (die)	1.	—
Hennebach e. W.	13.	—
Hespach e. eichstettl. W.	—	6.
Heßlabronn e. Filialkirchdorf	7.	—
Hinterholz e. W.	9.	—
Hirschbronn e. W.	11.	1.
Hohenaub e. W.	11.	—
Höfen bey Beutellohe, e. teutschordl. W.	—	3.
Höfen b. Elpersdorf e. W.	7.	—
Höffstetten b. Deßmannsdorf e. W.	12.	—
Höffstetten b. Seebronn e. vermischtes W.	—	3.
Höheberg e. W.	3.	19.

Höfen-

	Unterthanen.	
	gänzlich Anspachische	Fremde Angehörige
Höfen = oder Hölemühl (die)	—	1.
Hohmühl (die)	1.	—
Hummelhof und Hof zum Keller (der)	2.	—
Hürbel e. W.	10.	—
Irrebach e. W.	1.	10.
Kaltengreuth e. W.	3.	—
Katterbach e. W.	4.	1.
Käferbach e. W.	5.	1.
Kemmaten e. teutschordl. W.	—	4.
Kettenhöfstetten ein bayreuthl. W.	—	18.
Ketteldorf ein Filialkirchdorf die jenseits des Wegs gelegenen Häuser gehören in die Richteramt Roßftaller Fraisch.	21.	—
Kesselmühl (die)	1.	—
Külbingen e. W.	13.	10.
Kleinbreitenbronn e. W.	8.	1.
Kleinhabersdorf e. W.	9.	3.

Klein=

	Unterthanen.	
	gänzlich Anspachische	Fremde Angehörige
Kleinhaslach ein baireuthl. Filialkirchdorf	—	19.
Kleinried e. vermischtes W.	—	10.
Knoblauchs = oder Neumühl (die)	1.	—
Kolmschneitbach e. W.	6.	1.
Kühndorf e. W.	4.	—
Kugelmühl (die)	—	1.
Kurzendorf b. Heßlabronn e. W.	4.	—
Kurzendorf hinter der Feuchtlach, e. W.	21.	—
Lehrberg ein Pfarrdorf	77.	38.
Leidenbuch e. eichstettl. W.	—	9.
Leidendorf ein Filialkirchdorf	15.	4.
Lengenfeld e. W.	19.	—
Leonrod e. baireuthl. W. mit einem alten Schloße, das Stammhaus der Grafen von Leonrod.	—	13.
Lüchenbach e. eichstettl. W.	—	3.

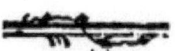

	Unterthanen.	
	gänzlich Anspachische	Fremde Angehörige
Linden e. freiherrl. Creils-heiml. W.	—	14.
Mainhardswinden e. W.	13.	—
Mittelbach e. W.	14.	5.
Mitteldachstetten e. Pfarrdorf	16.	8.
Möthlachsmühl (die)	—	1.
Moratneustetten ein Filial-kirchdorf	17.	—
Nehedorf e. W.	16.	—
Neudorf e. W.	17.	—
Neumühl (die) b. Wernspach	1.	—
Neubronn e. W.	7.	—
Neunkirchen b. Sachsen ein Filialkirchdorf	5	5.
Neunkirchen bey Leutershau-sen ein Pfarrdorf	25.	1.
Neunstetten an der Altmühl ein Dorf mit einer eichstet-tischen katholischen Pfarre	6.	47.
Neuses b. Anspach, e. W.	17.	—
Neuses b. Oberbach, e. W.	15.	4.
Niederdombach e. W.	1.	6.

Nieder-

	Unterthanen.	
	gänzlich Anspachische	Fremde Angehörige
Niederoberbach ein freihl. Creilsheiml. W.	—	24.
Obereschenbach e. W.	8.	—
Oberdachstetten ein Pfarrdorf	58.	8.
Oberbautenwinden e. W.	6.	4.
Oberdombach e. W.	10.	7.
Oberhespach e. eichstettl. W.	—	7.
Oberndorf e. W.	2.	9.
Obercammersdorf e. W.	10.	1.
Obersulzbach ein Pfarrdorf.	18.	—
Petersdorf e. W.	10.	6.
Pfaffenkreuth e. W.	5.	—
Rangenmühl (die)	1.	—
Rauenzell ein Dorf mit einer eichstettl. katholischen Pfarre	—	37.
Razenwinden e. W.	12.	—
Reckersdorf e. W.	5.	2.
Roes e. W.	1.	9.
Riedern e. W.	2.	2.
Rohrmühl (die)	—	1.

Rosen-

	Unterthanen.	
	gänzlich Anspachische	Frende Angehörige
Rosenbach e. freihrl. Seckendorfl. W.	—	10.
Rosenberg e. freihrl. Creilsheiml. W.	—	14.
Röshof (der)	2.	—
Ruppersdorf e. baireuth. W.	—	8.
Rügland ein freiherrl. von Creilsheimischer Ritterfitz und Pfarrdorf	—	25.
S. Salvator eine Wallfahrtskapelle	—	—
Schaafhof (der) b. Sommersdorf	—	3.
Schalkhausen ein Pfarrdorf	39.	4.
Scheermühl (die)	1.	—
Schmallach e. W.	11.	3.
Schmalnbach e. W.	10.	—
Schockenmühl (die)	1.	—
Schönbronn e. W.	6.	1.
Schreckenmühl (die)	1.	—

Sees

	Unterthanen. gänzlich Anspachische	Fremde Angehörige
Seebronu e. W.	5.	—
Seemühl (die)	—	1.
Silbermühl (die)	—	1.
Sommersdorf ein freiherrlich von Creilsheimischer Rittersitz mit einer Pfarren	—	14.
Steinbach b. Brukberg e. W.	5.	6.
Steinbach bey Alberndorf e. W.	7.	2.
Steinbach bey Käferbach e. eichstettl. W.	—	5.
Steinersdorf e. W.	11.	—
Steinmühl (die)	1.	—
Stockheim e. baireuth. W.	—	7.
Strüth e. W.	20.	—
Tauersmühl (die)	1.	—
Triesdorf ein Lustschlos und Sommeraufenthalt der Landesherrschaft. (ist besser unten mit mehrern merkwürdigen Orten weitläuftiger beschrieben)		

Tiefen-

	Unterthanen.		
	gänzlich Anspachische	Fremde Angehörige	
Tiefenthal e. W.	9.	9.	
Westenberg ein Pfarrdorf	29.	—	

Virnsperg ein teutschordisches sehr artiges Dorf, mit einem weitläuftigen maſſiv gebauten Commenthuren Schloß und einem vortreflichen Garten, 4. Stunden von Anspach gelegen. Burggraf Conrad III. oder der fromme hat daſſelbe mit mehrern in iener Gegend gelegenen Dörfern, dem teutschen Orden im Jahr 1294. zu Allmoſen geschenkt. Bis zum Jahr 1731. übte das Haus Brandenburg die hohe Jurisdiktion über Virnsperg und andere dort herum gelegene Ortschaften aus. Dieser Ueberreſt

Landes=

	Unterthanen.	
	gänzlich Anspachische	Fremde Angehörige
landesherrlicher Gerechtsame wurde aber in jenem Jahre dem teutschen Orten abgetretten und in einem weitläuftigen versteinten Umfang vollkommen eingeräumt.		
Untereichenbach e. W.	12.	—
Unterdautenwinden e. eichstett. W.	—	4.
Unterhespach e. W.	3.	15.
Untersulzbach e. W.	9.	3.
Unternbiebert ein Pfarrdorf	$18\frac{1}{2}$	$13\frac{1}{2}$
Unternzenn ein freiherrlich von Seckendorfischer Rittersitz und Pfarren	—	12.
Welden bey Rauenzell ein eichstett. W.	—	7.
Walckmühl (die)	1.	—
Wallersdorf e. W.	11.	1.
Wannenmühl (die)	1.	—

Warz-

	Unterthanen.	
	gänzlich Anspachische	Fremde Angehörige
Warzfelden ein Filialkirchdorf	17.	—
Wasserzell e. W.	17.	—
Weidenbach ein Marktflecken	51.	10.
Weidenmühl (die)	1.	—
Weinberg (der) bey Anspach	1.	—
Weißbachsmühl (die)	1.	—
Welzenhof (der)	1.	—
Wengenstatt e. W.	5.	—
Wernspach e. Pfarrdorf	25.	—
Weiherschneitbach e. W.	16.	7.
Weihenzell e. Pfarrdorf	24.	
Wickendorf e. W.	7.	—
Wickleinsgreuth e. W.	5.	4.
Winckel e. freiherrl. Ercilsheim. W.	—	11.
Winterschneitbach e. W.	11.	3.
Wolfartswinden und Kesseldorf e. W.	14.	—
Wüllendorf e. W.	7.	4.
Wüstenbruck e. W.	8.	—

Wüsten

	Unterthanen.	
	gänzlich Anspachische	Fremde Angehörige
Wüstendorf bey Wernspach e. W.	6.	2.
Wüstendorf b. Groshaslach, e. W.	8.	—
Zeilach e. W.	22.	—
Zellrüglingen e. W.	14.	—
Ziegelhütte (die) bey Anspach	2.	—

zusammen also:

    1. Stadt,

    2. Marktflecken,

  21. Pfarrdörfer,

  13. Filialdörfer,

    1. Wallfahrtskapelle,

129. Weiler und

 38. einzelne Höfe oder Mühlen, in welchen sich 2588½. anspachische immediat Unterthanen und 845. fremdherrische, mehrenteils dem Hochstift Eichstett, dem teutschen Orden, und den freiherrlichen von Seckendorf und von Creilsheimischen Familien zuständige Angehörige befinden.

Unter den vorbemerkten Ortschaften sind folgende einer nähern Beschreibung würdig;

1. An

1. Anspach oder Onolzbach, die markgräfliche Haupt- und Residenz-Stadt *). Sie liegt an dem Holzbach und Rezatflus, und enthält, mit Einschluß der drei Vorstädte, 923. bürgerliche, mehrenteils gutgebaute Häuser, in 35. Straßen und Gaßen. Die Zahl der Einwohner war bei der im Jahr 1783. letztmals vorgenommenen Zählung:

12662. Christen und

347. Juden,

ohne Zurechnung des Militärs.

Als vorzügliche öffentliche Gebäude, finden sich:

1. Das markgräfliche, vom Jahr 1713. bis 1732. erbaute Residenzschloß. Eines der schönsten Fürstenschlößer Teuschlands, das mit der kostbarsten innerlichen Einrichtung pranget.

2. Die Stiftskirche St. Gumberti mit der antiquen Ritterkapelle, und dreien, nach gothischer Bauart künstlich durchbrochenen, Thürmen.

3. Das

*) Ausfürlichere Nachricht von den Merkwürdigkeiten dieser Stadt, enthält meine im vorigen Jahre herausgegebene Beschreibung derselben.

3. Das Kanzleygebäude, welches Markgraf Georg Friedrich 1563. u. f. Jahre aus dem vormaligen Kapitulhauß und Kreuzgang der Stiftskapitularen, allernächst an der Stifts-kirche einrichten und gröstenteils neu auffüh-ren lies.

4. Die St. Johannispfarr- oder Stadtkir-che, welche vermuthlich um das Jahr 1441. erbaut, und darinn im Jahr 1660. die fürst-liche Gruft eingerichtet worden, da ehedem die verstorbenen Regenten in der Klosterkirche zu Heilsbronn beigesetzt wurden;

5. Das Landhaus, in welchem die Sitzungen des kaiserlichen Landgerichts B. M. geschehen, im Jahr 1531. erbauet.

6. Das Rathhaus, welches 1631. sehr erwei-tert wurde.

7. Das Gymnasium Carolo Alexandrinum, erst in den Jahren 1735 — 1737. erbauet.

8. Die Frohnveste, oder das Gefängnis für Verbrecher; und

9. Die Judenschule, im Jahr 1744. erbauet.

Diese bisher benannten öffentlichen Gebäude finden sich innerhalb der eigentlichen Stadt.

Diese

In den Vorstädten derselben ist zu bemerken:

10. Das Schießhaus für die Bürger in der Schloßvorstadt 1753. erbaut.

11. Das Gesandenhaus.

12. Das Jagdzeughaus.

13. Das Jägerhaus.

14. Der herrschaftliche Hofgarten, mit sehr schönen Alleen und Buschwerken geziert, und

15. Das, nach italienischem Geschmack aufgeführte, Obervogteihaus; sämtlich zunächst und teils in der Jägergasse.

16. Das katholische Bethaus, ein geschmakvolles im Jahr 1778. errichtetes Gebäude, dessen innerliche Einrichtung auch ganz seinem Endzweck entspricht, und

17. Die Getraidschranne, beede in der ganz regulär gebauten sogenannten neuen Anlage.

18. Der Kirchhof mit der im Jahr 1461. erbauten und verschiedenemal vergrösserten Kirche zum heil. Kreutz, in der herrieder Vorstadt.

19. Das Wittwenhaus.

20. Das Kindererziehungs- oder Spinnhaus.

21. Das

21. Das Waisenhaus.

22. Das Hospital.

23. Die im Jahr 1724. geschmakvoll erbaute Infanterie=Kaserne, und

24. Die nächstdabei liegende Fayence=Fabrik; in der obern Vorstadt.

Die Stadt wird mit iedem Jahr durch neue Gebäude vergrößert, wozu die von der Landesherr=schaft verwilligt werdende ansehnliche Baugnaden das meiste beitragen.

Nur allein seit dem Jahr 1732. bis ietzt, al=so in 55. Jahren, sind hier 360. neue Häuser an ehemals ganz öde gelegenen Plätzen erbaut worden.

Durch die grose Veränderungen der Zeiten und Regenten haben auch nach und nach die Sitten und Gewohnheiten der Inwohnere eine andere Gestalt gewonnen; daher das alte und neue Anspach eine moralische und politische Betrachtung verdient.

Anfänglich, und bis gegen die Mitte des vier=zehenden Jahrhunderts bestunde das Städtlein in einer Anzahl von einfältigen, oder boshaften Geist=lichen, von etlichen Bauern und den unentbehrlich=sten Handwerksleuten. Wie es eine fürstliche Resi=denz wurde, vermehrten sich die Hofleute, und das

Zweyter Th.   C   Leben

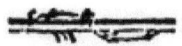

Leben wurde wollüstiger. Superstition und Faul=
heit nahm überhand. Die Sitten blieben unge=
schliffen, und die Unreinlichkeit war zur Gewohn=
heit worden. Von Künsten und Wissenschaften
wuste man nichts. Noch im vorigen Jahrhundert
hatte man keinen geschikten Zimmermann, Maurer
und Schreiner.

Die Menge des Holzes verursachte eine Ver=
schwendung. Alle Häuser wurden ohne Noth von
lauter weichem Holz gebauet. Die ietzt um die gan=
ze Stadt befindlichen vielen Steinbrüche mochte
niemand suchen. Zum ehemalig Oberstallmeister
Marschalkischen, ietzt von Pöllnizischen Haus, als
dem damaligen schönsten, hat der Hofdrechsler
den Riß, nach altgothischem Geschmack, gemacht.
Die holländische und französische Bauart war ganz
unbekannt. Die italienische war die erste in Fran=
ken, ohnerachtet sich solche auf diese Landesgegend
am wenigsten schickte. Bis auf Markgraf Johann
Friederich, wuste man nichts von Parüken und
Karoßen ꝛc. *). Ein sogenanntes Turnier, Lanzen=
brechen,

*) Ich benutze diese Gelegenheit, hier noch einen
    vorzüglichen Künstler im Chaisenbau, der mir
    bey

brechen, Ringelrennen, Gesellenstechen, Frei-
und Vogelschiesen, war das gröſte fürſtliche Schauspiel; darauf folgten die Thierhatzen. Markgraf
Johann Friederich hat am erſten eine Komödie und
Opera allhier aufführen laſſen. Markgraf Georg
Friederich verbeſſerte das Theater. Von dieſer Zeit
an wurde die Muſik allhier bekannt. Sonſt wuſte man nichts als von Zinken, Poſaunen und Trom-
meten. Unter dieſem Durchleuchtigſten Regenten
wurden Laufer und Heiduken bekannt, beſonders
aber die Miliz durch Anordnung der Regimenter.
Unter Markgraf Albrecht, und noch unter Johann
Friederich war die franzöſiſche Sprache etwas ſehr
ſeltenes, auch bei Hofe. Limnäus war ein Wunder ſeiner Zeit, und Hänfling noch im Anfang dieſes Jahrhunderts. Die Wiſſenſchaften beſtunden
im griechiſchen, lateiniſchen, und einer unförmli-

C 2

chen

bey Bearbeitung des 21. Abſchnitts des erſten
Theils, auſſer Acht kam, bemerklich zu machen.
Es iſt dies der hieſige Hofwagner, Herr Gaaß,
ein Mann, welcher die vortreflichſten Staats-
und leichten Wägen, nach dem beſten engliſchen
Geſchmack fertiget, und dieſe Kunſt bey ſeinem
Aufenthalt in England und Frankreich gründlich
erlernt hat.

chen Poesie. Von der Historie wuſte man nichts.
Miſtſtädten und Unfläterei ſahe man in allen Gaſ-
ſen. Hier war kein guter Schneider und Schuſter,
Sattler, Gürtler, Schreiner ꝛc. Das meiſte
muſte aus Nürnberg herbeigebracht werden. Fremde, ſonderlich franzöſiſche Weine, wurden erſt vor
70. Jahren bekannt. Seiden, Gold, Silber und
geſtifte Kleider, ſahe man höchſtens bei Hofe.
Thee und Kaffee iſt noch kaum 60. Jahre lang zur
Gewohnheit worden. Bürgerliche Perſonen, auch
vom Rathsſtande, lebten wie auf dem Dorf.
Man trank den Wein aus einem Krüglein herum,
und wohnte mit Kindern und Geſind in einer Stube. Die Doctorin gieng mit der Magd zu Mark-
te, und die Laquaien waren nur bei Hofe. Die
Hochzeiten waren ein öffentlicher Kirchgang, ein
Tanz auf dem Landhauß und ein Gaſtmal in der
Herberge. Die Kindstaufen muſten zur Kirche geſchehen, und die Leichen Nachmittag angeſtellt werden. Herr Markgraf Wilhelm Friederich, die
Durchleuchtigſte Chriſtiane Charlotte, die
nachgefolgte und die ietzige Regierung, haben
die ganze Lebensart zu einem feinern und ſittlichern
Ton umgeſtimmt, ſo daß man ietzt Anſpach in
mehr

Pl. 37

Ein Anspachisches Mädchen in bürgerlicher Kleidung.

mehrern Betracht unter diejenigen Städte rechnen
darf, wo Aufklärung, Reinlichkeit und andere vorzügliche Eigenschaften, wenigstens bei dem größern
Theil der Einwohner herrscht. Freilich hat mit
dieser Verfeinerung auch der Luxus sehr überhand
genommen, und es würde wahrscheinlich dies Uebel noch stärker eingerissen seyn, wenn der Lan-
desfürst nicht selbst ein Feind des unnützen Auf-
wandes wäre. Die Tracht des ersten und Mittel-
standes bildet sich, wie in allen verfeinerten Städten nach pariser Mode; die bürgerliche Tracht aber
kleidet die Mädgen aus dieser Klasse sehr angenehm.
Nur schade, daß sich dieselbe immer mehrers dem
Uebertriebenen nahet, und die sogenannten la-
teinischen Hauben der sich vornehmer dünkenden
Bürgermädgen, deren schöner Wuchs nicht zu ver-
kennen ist, mit zu vieler Ziererei überladen werden.

Die Lage von Anspach ist sehr angenehm in einem Wiesenthale; die durchstreichende Luft reinigt
die Gegend von ungesunden Ausdünstungen, so
daß sie unter die gesundesten Städte gehört, indeme nach einer 90. jährigen Geburts- und Sterbe-
liste nur der 35te Einwohner jährlich stirbt, da
doch nach Süßmilchs göttlicher Ordnung, in

C 3

einer

einer dergleichen Stadt schon den 28ten das Loos
der Sterblichkeit treffen solle.

Die Nahrung der Bürgerschaft bestehet hauptsächlich im Feldbau. Professionisten und Handwerker nähren sich von dem Verdienste, den ihnen
die zahlreiche Dienerschaft und die Bürger zu lösen
geben, denn der Ort treibt wenig Handlung, zu
deren mehrern Ausbreitung auch seine Lage für die
Zukunft keine Hoffnung gibt. Seit dem Jahr
1331. gehört diese Stadt und Amt dem burg- und
markgräflichen Hause Brandenburg in Franken,
und sie ist der beständige Sitz der untergebürgischen
Regenten. Burggraf Friederich IV. erkaufte sie
damals nebst der Veste Dornberg, von Graf Ludwig von Oettingen um 23000. Ƀ. Heller.

2. Birkenfels, zwar nur ein geringer Weiler,
2. Stunden von Anspach gelegen, der aber einen schönen Ruin eines ehemaligen Hohenlohe
und von seckendorfischen Schlosses hat.

3. Brukberg auch ein Weiler, 2. Stunden von
Anspach, hat ein weitläuftiges erst seit 1720. zu
erbauen angefangenes, aber noch ietzt unvollen-
detes herrschaftliches Schloß in welchem gegenwärtig die feine Porzellanfabrik eingerichtet ist.
4. Dorn-

4. Dornberg, ein kleiner Weiler, auf der dabei befindlichen steilen Anhöhe aber, entdeket man noch die alten Grundmauern der ehemaligen im Bauernkrieg 1525. zerstörten weitläuftigen Veste gleiches Namens, auf welcher die im 13ten Jahrhundert ausgestorbenen berühmten Grafen oder Advokaten von Dornberg ihren Sitz hatten.

5. Eyb ein Pfarrdorf, eine Viertelstunde von Anspach, ist das Stammhaus der noch blühenden freiherrlichen Familie von Eyb, welche auch dort ihren Ansitz in ehemaligen Zeiten gehabt haben, von welchem aber gegenwärtig nur noch ein Stück des Walls zu sehen ist.

6. Flachslanden ein Marktflecken, woselbst jährlich 3. Märkte gehalten werden, hatte in vorigen Zeiten eine ansehnliche herrschaftliche Gerberei.

7. Lehrberg, ein grosses gut gebautes Pfarr- und Amtsdorf, 1¼. Stunden von Anspach, in welchem sich ausserdeme noch ein bischöflich eichstettisches Vogtamt befindet. Die dortige, ietzt neuerbaute, Kirche war ehedessen in grosem Ansehen. Sie verwahrte einen Schatz vermeintlicher Reliquien, worunter auch ein angebliches

C 4   Stük

Stük vom Kreuz Chriſti war. Auf der nächſt
dabei gelegenen Anhöhe, ſind Ruinen einer, aus
den katholiſchen Zeiten übergebliebenen Kapelle
zu ſehen, welche wahrſcheinlich von der Familie
von Birkenfels erbaut worden war, weil man
das Wappen derſelben noch vor 80. Jahren ober=
halb des Haupteingangs in Stein gehauen ſah.

8. St. Salvator ein eichſtettiſche Wallfahrtskapelle
2. Stunden von Anſpach, nach welcher noch in
gegenwärtigen aufgeklärt ſcheinenden Zeiten, von
der umliegenden katholiſchen Nachbarſchaft an
dem iedesmaligen Speer=Freitag einige Tage
nach Oſtern, gewallfahrtet und geopfert wird.
Dabei hofft man von einem in der Kirche liegen=
den, aus Stein gehauenen Salvator Wunder
und die ſonderbarſten Wirkungen für die Geſund=
heit und andere Umſtände.

9. Schalkhauſen ¼. Stunden von Anſpach, ein
Pfarrdorf, mit einer ſehr alten Kirche. Auch
hier hatte das ehemals berühmte Geſchlecht der
Grafen oder Advokaten von Dornberg einen
Anſitz oder Burg, wovon aber nur noch ein Stük
des alten Walles zu ſehen.

10. Trie=

Das hochfürstliche Schloß zu Truisdorf.

10. Triesdorf, der Sommeraufenthalt gnädig=
ster Herrschaft, bestehet vorzüglich aus dem neu=
en weitläuftigen Schloße, dem Falkenhaus,
in welchem die höchsten Herrschaften wohnen,
und einem alten ehemals von seckendorfischen
Schloße, das nun für eine Kaserne gebraucht
wird. Hinter dem neuen Schloße findet sich
der Hofgarten, welcher durch die schönsten Al=
leen und Buschwerke, die sich überhaupts durch
alle Gänge und Straßen Triesdorfs erstrecken,
gezieret wird, und ganz im englischen Geschmak
angelegt ist. Die kleinen sogenannten rothen
oder holländischen Häusgen, dienen mehren=
teils zu Kavaliers=Wohnungen. Der Mar=
stall, das Reuthaus, die Schweitzerei, das
Jägerhaus, die Fasanerie, sind sehenswür=
dig, und die gegenwärtig befohlene neue An=
lage wird Geschmackvoll, und den Lieblingsauf=
enthalt des besten Landesfürsten ungemein ver=
schönern.

Triesdorf ist übrigens erst seit hundert Jahren
aus seinem vorigen ganz unbedeutenden Zustand
gehoben worden. Es war ehedem ein geringes

C 5   Dörf=

Dörfgen mit einem adelichen Caſtro und 10. dazu gehörigen Mannſchaften. Sein Name war eigentlich Triebsdorf, und die freiherrliche Familie von Seckendorf hatte es im Beſitz. Im Jahr 1600. verkaufte Wolf Balthaſar von Seckendorf den Ort an Markgraf Georg Friederich um 31000. fl. und 100. Dukaten Leikauf. Bis zum Jahr 1615. wurde derſelbe verpachtet. In dieſem Jahr aber lies Markgraf Joachim Ernſt ein Reigerhaus erbauen und den Faſanengarten anlegen. Während des 30. jährigen Kriegs blieb die Kultur dieſes Guts liegen. Nach deſſen Endigung lies Markgraf Albrecht im Jahr 1654. den Thiergarten anlegen, ihn umzäunen, weiſe Hirſche aus Baiern hieher bringen, und ein Wildhaus erbauen. Markgraf Johann Friederich lies 1674. den Luſtgarten anlegen, und fieng an, im Jahr 1682. das neue Schloß zu erbauen. Die gänzliche Ausführung unterbrach der Tod. Sein Nachfolger Markgraf Georg Friederich vollendete dieſen Bau, zierte den Hof mit Fontainen und lies von 1695—1697. venetianiſche Gondeln in den ſogenannten Kirch‐

Kirchweiher ſetzen, auf welche man zum Vergnügen herumfuhr. Er legte auch die rothen
Kavaliershäusgen, ein Komödienhaus, und die
groſe Lindenallee gegen das Wannenthor an.
Markgraf Wilhelm Friederich fuhr vom Jahr
1703. an fort, den Luſtgarten durch Einrichtung des lebendigen Theaters zu verſchönern,
er ließ den Thiergarten vergröſern, und neue Lindenalleen pflanzen auch einige Wohngebäude aufrichten, und in den Schloßweiher Schildkröten
einſetzen. Unter obervormundſchaftlicher Regierung, wurde im Jahr 1723. angefangen, den
Thiergarten, ſtatt des Zauns, mit einer Mauer
von Bakſteinen einzufaſſen. Markgraf Carl
Wilhelm Friedrich legte im Jahr 1730. die Stu-
terei und Fohlenzucht an, und führte das Falkenhaus nebſt einen neuen Anbau am Schloß, desgleichen die Huſarenkaſerne und das Menagerie-
haus auf, und unter der ietzigen beglükten Regierung wird dieſer in einer vortreflichen Lage befind-
licher Ort mit iedem Jahr verſchönert. Aller-
nächſt an Triesdorf iſt

11. Weidenbach ein groſer wohlgebauter mit einer ſehr ſchönen neuerbauten Kirche gezierter Fle-
ke,

ken, gelegen, welcher im Jahr 1495. Markt=
recht erhalten hat, auch ehedem ansehnlicher ge=
wesen seyn mus, als gegenwärtig, weil er nicht
nur ein eigenes Schöpfengericht hatte, wovon
die auf dem dasigen Kirchhof noch befindlichen
Epitaphien zeigen, sondern auch die dasige Stifts=
amonie fast gänzlich unabhängig von dem anspa=
chischen Stiftamt war, und die Kaufbriefe nebst
andern amtlichen Dokumenten unter eigenem Na=
men und Siegel ausfertigte. Der Ort nährt
sich übrigens lediglich durch den Feldbau und die
Viehzucht; der herrschaftliche Sommeraufenthalt
in Triesdorf, hat aber auch zugleich grosen An=
teil an dem Wohlstand der Einwohner.

Oberamt Burgthann.

Das Oberamt Burgthann, dessen Gränzen sich gegen Morgen: an das nürnbergische Pfleg-amt Altdorf, gegen Abend: an das Oberamt Schwabach, gegen Mittag: an die Herrschaften Wolfstein und Pyrbaum und andere dort herum ge-legene kurbaierische Lande, dann gegen Mitter-nacht: an den Pegnißflus und das nürnbergische Pflegamt Lauf erstreken, bestehet

aus dem Kastenamt Burgthann, und Vogt-amt Schönberg.

Beeden Aemtern sind eigene Beamten vorge-setzet, welche sowol die herrschaftlichen Einkünfte zu erheben, und das Wohl der Unterthanen zu besor-gen, als auch besonders über die althergebrachten landesfürstlichen hohen Fraischgerechtsame zu wachen haben.

Die Lage dieses Oberamts ist größtenteils bergigt, und nur gegen Schwabach und Nürnberg hin, hat es eine ebenere Fläche.

Der

Der Erdboden iſt ſehr untermiſcht. Meiſtenteils beſteht derſelbe aus rothen, grauen, und weiſen Letten. Doch fehlt es auch nicht an guten, fetten, und mürben Boden und Sandfeldern.

Durch den Ackerbau wird Korn, Dinkel, Gerſten, Haber, auch etwas weniges Hirß und Wicken, desgleichen Kraut, Ruben, eine groſe Menge Erdaepfeln oder Kartoffeln, Flachs und einiger Hanf gewonnen. Der Verkauff dieſer Erzeugniſſe iſt aber, im ganzen, ſehr geringe, und beſteht nur aus einigem Ueberfluß des erbauenden Dinkels, Gerſten und Habern.

Die Ortſchaften Unterferieden, Oberferieden und Steinbach verſehen die umliegende Nachbarſchaft größtenteils mit weiſen Kraut, welches ſchön und häufig gebaut, geſchnitten, eingeſtampft, und als Sauerkraut verſpeißt wird.

Auch das Holz iſt ein Verkaufsartikel für einen Theil der Unterthanen, indem mehrere derſelben eigene Hölzer beſitzen, oder im nürnberger Wald die herkömmliche Waldgerechtigkeit genieſen.

Die Wieſen ſind meiſtens von mittelmäſigem Ertrag, und können nur zweimal im Jahr abgemähet werden. Das Futter iſt bis auf wenige Diſtrikte,

strifte, die mit lettigtem Boden begabt sind, mager, und mehr für die Pferde, als das Rindvieh,
tauglich. Demohngeachtet ist die Pferdezucht
unbeträchtlich, weil nur wenige Bauern im Oberamte zu finden sind, welche sich derselben zum Anspann bedienen. Ochsen dünken ihnen hiezu viel
vortheilhafter. Gleichwol ist aber auch die Rindviehzucht nicht so stark, daß eine erhebliche Anzahl ausser Landes verkauft werden könnte. Der
Rindviehhandel bestehet gegenwärtig allein aus Käl-
bern, die von den nürnbergischen Metzgern häufig
aufgekauft werden.

Am vorzüglichsten ist die Schweinszucht
empor gebracht. Die fetten Schweine werden mehr-
renteils und sehr vorteilhaft nach Nürnberg verkauft.
Die Bienenzucht und Fischerey sind unbedeutend.

Die Oberamts burgthannischen Waldungen
betragen, ausser einem Theil des sogenannten nürnbergischen Reichswalds, der alleine einige Meilen
im Umkreise hat, 1816. Morgen. In diesen
Wäldern wächst gemeiniglich Nadelholz, nemlich
Fichten, Tannen, und besonders Forln. Hin und
wieder findet man zwar auch einiges Eichen- und
Erlnholz; Buchen aber sucht man vergeblich.

Zweyter Th.   D   Auf-

Auſſer zweien in Burgthann befindlichen Papiermühlen, iſt im Oberamt nichts vorzufinden, das den
Namen einer Fabrik oder Manufaktur verdienen
möchte.

Unter die ſeltenen Naturprodukte ſind diejenigen
artigen Verſteinerungen zu zählen, welche auf dem
Dillberg, gegen die baieriſche Gränze hin, gefunden
werden. Man hat zwar auch einmal angefangen,
in der Gegend Burgthann Marmor zu graben,
welcher braunfärbig iſt, und wegen der darinnen
gefunden werdenden Schnecken und andern Inſekten
unter die ſeltenen Marmorarten gehören möchte. Die
vielen baireutiſchen Marmorbrüche aber waren dem
Verſchluß dieſer Art nachteilig.

Die Fräiſchgerechtſame in dieſem Oberamt iſt
zwiſchen den beeden Aemtern Burgthann und Schönberg getheilt. Erſterem ſind nachſtehende Ortſchaften unterworfen:

	Untertanen.	
	gänzlich Anſpachiſche	Fremde Angehörige
Altenthann ein adelich grund- herriſches Gut und nürn- bergiſche Pfarrey	—	23
Altenfurth eine Kapelle	—	—
Bachmühl (die)	I	—

Bein-

	Untertanen.	
	gänzlich Anspachische	Fremde Angehörige
Beinding oder Peuntlingen e. W.	—	3
Benzenhofen e. nürnbergisch). Filialkirchdorf	—	10
Birnthon e. W.	—	4
Bleiweis e. W.	—	2
Brackenfels e. W.	—	3
Brandmühl (die)	—	1
Buch e. vermischtes W.	—	9
4. Häuser liegen in Pfalz-neuburger Fraisch.		
Burgthann ein Amtsdorf	39	—
Dörlbach e. nürnberg. W.	—	6
Ezelsdorf e. W.	29	7
Ferrieden (Ober) ein Pfarr-dorf	21	—
Ferrieden (Unter) ein Filial-kirchdorf	46	—
Feucht ein nürnbergischer land-pflegamtlicher Marktflecken	—	66
Fischbach ein nürnbergisches Pfarrdorf	—	24

Forst-

	Unterfanen.	
	gänzlich Anspachiſche	Fremde Angehörige
Forſthof (der)	—	1
Fröſchau (die)	—	1
Gauchsmühl (die)	—	1
Gibißenhof (der)	1	—
Gleishammer e. nürnbergiſch. W.	—	14
Grub e. W.	18	2
Grünſperg e. nürnberg. W.	—	11
Gſteinach ein einzelner Hof	—	1
Gſpanberg e. nürnberg. W.	—	6
3. Häuſer liegen in neuburger Fraiſch.		
Gugelhammer (der)	—	1
Gugelshof (der)	1	—
Hadermühl (die)	—	1
Hannenhof und die Mühl	—	2
Hallers Schlößlein (das)	—	1
Heinleinshof (die)	3	—
Hohenbruck e. Waldamt nürnbergiſch. W.	—	9
Höfen e. nürnbergiſch. W.	—	3

	Untertanen.	
	gänz ich Anspachische	Fremde Angehörige
Kemmaten e. W.	2	24
21. Häuser liegen in Pfalz neuburger Fraisch.		
Kotmühl (die)	—	1
Lochmannshof (der)	—	1
Ludersheim und auf der Au e. nürnberg. W.	—	11
Lindelburg (Ober) e. W.	1	8
Lindelburg (Unter) e. nürnbergisch. W.	—	10
Malersberg (der)	—	2
Mauschelhof (der)	—	1
Mimberg (Ober) e. W.	3	—
Mimberg (Unter) e. W.	2	1
Mosbach e. nürnberg. W.	—	9
Netzstall e. W.	—	2
Patenhofen e. W.	4	5
Pfeiferhütten e. W.	4	—
Pretalmühl (die)	—	1
Oberwölitzleiten e. nürnberg. W.	—	7

D 3

Rasch)

	Untertanen.	
	gänzlich Anspachische	Fremde Angehörige
Rasch e. nürnbergisches Pfarr-dorf	—	31
Riebleinshof (der)	—	1
Röthenbach bey St. Wolf-gang ein nürnberg. Pfarr-dorf	—	20
Röthenbach bey Altdorf ein nürnberg. W.	—	10
Rummelsberg (der)	—	1
Schwarzenbach e. W.	3	23
Schwarzenbruck ein adelich von Scheuerlscher Weiler.	—	15
Steinbach oder Steindelbach e. W.	4	3
Das Spital und Lazaret zu Altdorf, ausserhalb des Städtgens.		
Tutzendteich (der) oder Tut-schenteich	—	4
Vokenhof (der)	—	2
Vokenhof e. W.	1	5
Vöresmühl (die)	1	—

Wein-

	Untertanen.	
	gänzlich Anspachische	Fremde Angehörige
Weinhof e. nürnberg. W.	—	8
Winckelhaidt e. nürnberg. W.	—	29
Westhaidt e. W.	3	3
Weiherhaus (das)	—	1
Ziegelhütten (die altdorfer)	—	1
Der Vogtamt schönbergische Jurisdiktionsbezirk umschließt folgende Ortschaften;		
Arnhofen e. nürnb. W.	—	5
Brunn ein Spital nürnbergischer Weiler.	—	11
Bühlhof (der)	—	1
Dippersdorf e. W.	7	41
Dullenau (die)	—	1
Dürrehof (der)	—	1
Fuchsmühl (die)	—	1
Gersdorf e. W. nürnberg.	—	17
Hammer e. W.	—	5
Heimendorf ein adelich führerisch. Weiler und Schloß	—	19
Heidelbach (Ober) e. W.	6	11
Heidelbach (Unter) e. nürnb. W.	—	7

Hei-

	Untertanen. gänzlich Anspachische	Fremde Angehörige
Heiligemühl (die)	—	I
Himmelgarten e. adel. fürer. W.	—	4
Laufenholz e. W.	3	34
Leimburg ein nürnberg. Pfarr- dorf	3	62
Letten e. nürnberg. W.	—	4
Malmspach e. adel. löffelholz. W.	—	10
Meiersberg e. nürnbergisch. Reichalmosamtl. W.	—	3
Mittelbuch ein einzelner Hof	I	—
Morizenberg (der)	—	I
Mögeldorf ein nürnberg. Pfarrdorf	20	31
Nesenmühl (die)	I	—
Obermühl (die)	—	I
Obernbürg (die)	—	I
Poßling e. W.	—	9
Renzenhofen e. nürnberg. W.	—	7
Rockenbronn ein einzelner Hof	—	I
Rößmühl (die)	—	I

Scho-

	Untertanen.	
	gänzlich Anspachische	Fremde Angehörige
Schorau (die)	—	1
Schönberg ein anspachisches Pfarr ‧ und Amtsdorf	48	8
Schweig e. nürnberg. W.	—	12
Ungelstetten e. W.	1	5
1. Haus liegt in burgthanner Fraisch.		
Unternbürg (die)	—	1
Unterröthenbach bey Lauf, ein nürnberg. W.	—	9
Weigenhofen e. W.	1	28
7. Häuser liegen in hersbrucker Fraisch.		
Wetzendorf e. W.	2	11
Winn e. nürnberg W.	—	5
Zabeleinshof e. W. und löselholzisches Schlößlein	—	15

D 5

zusam‧

zusammen also: 1. Marktflecken; 8. Pfarrdörfer;
2. Filialdörfer; 1. Kapelle; 55. Weiler; und
39. einzelne Höfe und Mühlen, in welchen
sich 280. anspachische immediat Unterthanen,
und 827. fremdherrische Angehörige befinden,
welche letztere mehrenteils der Reichsstadt Nürnberg, dem teutschen Orden und Kurpfalz Neu-
burg gehören.

Unter den vorbemerkten Ortschaften sind
folgende einer nähern Beschreibung würdig:

Burgthann ein vestes Bergschloß, und
Dorf, das aber weder Kirche noch Pfarrer hat,
sondern in kirchlichen Sachen an die nahe gelegene Pfarrey Oberferrieden gewiesen ist. In
mittlern Zeiten hatte daselbst die Familie von
Tanne ihren Sitz, von welchem Geschlechte der
Ort im Jahr 1287. an Herzog Ludwig in Baiern, gleich darauf aber an Kaiser Rudolph von
Habsburg, und von diesem wieder eben so bald,
im nächsten Jahre 1288. an Burggraf Friederich III. von Nürnberg gelangte.

Ferrie-

Ferrieden (Ober) ein Pfarrdorf, und der Sitz des Kastenamts Burgthann. Der Ort gelangte zugleich mit Unterferrieden, einem Filialkirchdorf, im Jahr 1335. von dem Domkapitul zu Eichstett käuflich an das Burggraftum.

Mögeldorf, ein schönes und wolgebautes nürnbergisches Pfarrdorf, mit einigen artigen Herrnhäußern oder Schlößchen, welche verschiedenen nürnbergischen adelichen Familien gehörig sind. Zugleich ist dies Dorf auch der Wohnort eines anspachischen Wildmeisters.

Schönberg, ein weitläuftiges anspachisches Pfarrdorf, mit einem fürstlichen vesten Schlosse, in welchem des iedesmalige Beamte wohnt. Die Veste Schönberg stunde um die Mitte des dreizehenden Jahrhunderts Kaiser Conrad IV. Herzogen in Schwaben zu, von welchem sie nach Abgang der hohenstaufischen Kaiser 1268. an Herzog Ludwig den Ernsthaften in Baiern, und mit Anfang des vierzehenden Jahrhunderts an das Fürstentum, Burggraftums Nürnberg, gelangte. Unter andern hohen Gerechtsamen übte auch ehehin das Schloß Schönberg

berg vom Jahr 1570. bis 1611. eine kaiſerliche
Freiung aus, und beſaß ſein eigenes Halsgericht.
Jetzt aber werden die Todesurteile an Miſſethä-
tern der beeden burgthanniſchen Aemter in Schwabach vollzogen, wenn vorhero bey einem oder dem
andern Amte die Inquiſition gänzlich vollführt
worden iſt.

Oberamt Cadolzburg.

Das Oberamt Cadolzburg, welches gegen
Morgen: an das Oberamt Schwabach und Fürstentum Baireuth; gegen Abend: wiederum an
letzteres, dann an das Oberamt Anspach und die
Herrschaft Wilhermsdorf; gegen Mittag: an die
Oberämter Schwabach und Windspach; und gegen
Mitternacht: an die brandenburgculmbachische
und einen Theil der bambergischen Hochstiftslande
gränzet, theilt sich in folgende Aemter:

1. Kasten- und Richteramt Cadolzburg;
2. Stadtvogteyamt Langenzenn;
3. Richteramt Roßstall;
4. Glaitsamt Fürth; und
5. Richterämtlein Habersdorf;

Jedem derselben ist ein eigener Beamter vor-
gesetzt, worunter den drey ersteren eigene Fraischbezirke angewiesen sind.

Dieses Oberamt hat eine ungemein angenehme
und meistens ebene Lage, die sich nach der Länge

auf

auf 6. und nach der Breite auf 5. Stunden er=
streckt. Nur in wenigen Gegenden wird die Aus=
sicht durch unbedeutende Anhöhen, und denienigen
Berg unterbrochen, auf welchem die alte Vestung
bey Zirndorf in ihrem Ruir liegt.

Der Erdboden ist in den meisten Distrikten
von sandiger und steinigter Beschaffenheit, hin und
wieder hat es zwar leimigte und kalchartige, auch
etwas fette Bezirke; sie stehen aber mit der ersten
Gattung des Erdreichs, in Ansehung der Größe,
bey weitem in keinem Verhältnis. Der wenige
fette Boden hat diese Eigenschaft lediglich durch die
überhäufte gute Düngung seiner Eigentümer, nach
und nach, erhalten.

Die in dieser Landesgegend gebaut werdende
gewöhnliche Getraidsorten sind: Korn, Waitzen,
Gersten, Haber, auch etwas Dinkel oder Spelz,
letzterer aber nur bey einigen wenigen Ortschaften
und in sehr geringer Quantität. Unter die übrigen
Erzeugnisse des Erdbodens gehören hieher: alle Ar=
ten Hülsenfrüchte, Erdäpfeln, Kraut, Rüben,
Tobak, Flachs, Crapp oder Färberröthe und Ho=
pfen, welches letztere Produkt hauptsächlich von der
Bürgerschaft zu Langenzenn in vorzüglich guter Be=
schaffen=

schaffenheit und in zimlicher Quantität gebaut, und in das Ausland zum Verkauf geführt wird *). Dieses Produkt nebst Tabak und Crapp, sind die Ausfuhrartikel der cadolzburgischen Gegend.

Der Wieswachs ist besonders an den Bibert, Rednitz, Regnitz und Zenn Flüssen vorzüglich gut. Die dort gelegene Wiesen können größtenteils durch künstliche Wasserräder gewässert, und deswegen auch dreimal geärndet werden. Hingegen sind iene Wiesen, welche nur an kleinen unbedeutenden Bächen, oder auf Anhöhen liegen, durchgängig nur zweymädig, und bey trokenen Jahren von äusserst schlechtem Ertrag.

Die Pferdezucht gedeihet von Jahr zu Jahr besser, wozu die errichteten herrschaftlichen Beschcelstationen das meiste beitragen. Dagegen ist die Rindvieh= und Bienenzucht, nebst der Fischerey größtenteils von mittelmäsiger, und in mehrern Gegenden von schlechter Beschaffenheit.

Die Waldungen im Oberamt Cadolzburg betragen 3203. Morgen. Sie sind meistens mit Nadelhölzern, Fichten und Forln ɩc. bewachsen. Eichen,

*) ſ. Langenzenn.

Zweyter Th.   E

Eichen, Buchen, und anderes Laubholz, ist nur noch in einigen Gegenden in geringer Anzahl vorhanden. Die nachläßige Kultivirung dieser Holzgattungen in den vorigen Zeiten, verursachte diesen Nachteil für die Zukunft; doch ist der Boden zum Nachwachs derselben in vielen Lagen sehr vorteilhaft.

Auſſer dem Hofmarkt Fürth *) sind im Oberamt cadolzburgischen Bezirk keine Fabriken und Manufakturen zu finden; wenigstens nicht solche, die einiger Aufmerksamkeit würdig wären. Auch ist diese Gegend von besondern Naturprodukten leer.

Die Einwohner sind größtenteils sehr arbeitsam, gesellig und freundschaftlich. Auch fehlt es unter selbigen nicht an vermöglichen Bauern. Verschiedene besitzen sogar zwanzig bis dreißigtausend Gulden Vermögen. Ihre Kleidung ist reinlich, besonders bey der bemittelten Gattung der Bauern und Landwirthe. Seidene Halstücher decken öfters den Busen der ländlichen Mädgen. Die sogenannte nirnbergische bäuerische Tracht, welche die schönsten Mädgen äuſſerst verunstaltet, kommt

ic

*) s. erster Theil, 16ter Abschnitt. S.245. u. f.

ie länger ie mehr ab. Gegenwärtig tragen sich die meisten Weibspersonen bürgerlich, oder nach ihrem Ausdruck: städtisch. Mannspersonen tragen beinahe durchgängig runde Hüte, um welche sie ein breites seidenes Band schlingen. Unverheiratete Mannspersonen von Verheirateten zu unterscheiden, darf man nur ihre Hutbänder betrachten. Diese tragen schwarze, und iene grüne Bänder. Das grüne Band ist dadurch für immer verlohren, wenn der Unverheiratete als Fornikant bestraft wird. Er mus alsdenn, gleich dem Verheirateten das schwarze Band um den Hut schlingen.

Die mit der hohen landesherrlichen Jurisdiktion dem Oberamt Cadolzburg einverleibten Orte, theilen sich in die Aemter Cadolzburg, Langenzenn und Roßstall. Zum Fraischbezirk des erstern gehören folgende Ortschaften:

Alte

	Unterthanen.	
	gänzlich Anspachische	Fremde Angehörige
Alte Vestung bey Zirndorf (die)	1	—
Azenhof ein Weiler	—	6
Ammerndorf e. Pfarrdorf	41	—
Ballersdorf e. W.	2	1
Bleickershof (der)	1	—
Bremenstal (der)	—	1
Brunnenberg e. W.	10	1
Bubenmühl (die	1	—
Burgfarrenbach eine nürnbergische Pfarren, und Graf picklerisches Dorf, in welchem das durchlaufende Farrenbächlein die Fraisch zwischen den Aemtern Cadolzburg und Langenzenn theilet	—	71
Burgfarrenbacher Ziegelhütte (die)	—	1
Cadolzburg ein Marktflecken	99	—

Debern=

	Unterthanen.	
	gänzlich Anspachische	Fremde Angehörige
Deberndorf e. W. mit einem fürstl. Luſtſchlos ⸻	11	2
Dombach e. W. ⸻ ⸻	5	5
Donn ein nürnbergiſcher W. ⸻	—	13
8. Häuſer liegen in baireuter Fraiſch.		
Doß e. nürnberg. W. ⸻	—	4
Egersdorf e. W. ⸻ ⸻	7	8
Ebertshof (der) ⸻ ⸻	—	1
Felſenhaus zum Stein (das)	1	—
Fürth ein groſer Marktflecken ⸻ ⸻ ⸻	89 Häuſer.	424
Gebersdorf ein vermiſchtes W. ⸻ ⸻ ⸻	—	8
Geißmannshof e. vermiſchtes W. ⸻ ⸻	—	6
Groſenhabersdorf ein Pfarrdorf ⸻ ⸻ ⸻	34	9
Grosreuth e. Domprobſten bamberg. W. ⸻ ⸻	—	20
Gunnersdorf e. W. ⸻ ⸻	1	8

Hild-

	Unterthanen.	
	gänzlich Anspachische	Fremde Angehörige
Hllbmannsdorf e. vermisch=tes W.	—	14
Höfen e. vermischtes W.	—	16
Kleinreuth e. Domprobsten bamberg. W.	—	9
Königsmühl (die)	—	1
Kronach e. nürnberg. W.	—	4
Lay e. nürnberg. W.	—	7
St. Leonhard s. Ob. A. Schwabach		
Mannhof e. vermischtes W.	—	10
Muggenhof e. vermischtes W.	—	7
Oberfierberg (der)	—	1
Oberhabersdorfer Mühl (die)	1	—
Panterbach e. W.	2	12
Peppenreuth ein nürnbergi=sches Pfarrdorf	—	32
Riedeldorf e. baireuth. W.	—	5
Schniedling e. nürnb. W.	—	12
Schweinau ein sehr gut ge=bauter Flecken der Dom=		

prob=

	Unterthanen.	
	gänzlich Anspachische	Fremde Angehörige
probsten Bamberg gehörig, in anspachischer Jurisdiktion, welche sich zwischen den Oberämtern Cadolzburg und Schwabach mittelst der durchlaufenden Straße abteilet	—	64
Stadling ein Domprobstey bambergischer Weiler	—	19
Steinbach e. W.	10	7
Stinzendorf e. W.	2	4
5. Häuser liegen in langenzenner Fraisch.		
Sündersbühl e. vermischtes W.	—	14
Vach ein Pfarrdorf	18	60
Vincenzenbronn ein Filialkirchdorf	16	5
Vogtsreichenbach e. nürnb. W.	—	10
Unterfarrnbach, e. Domprobstey bamberg. Weiler	—	22

E 4

Unter-

	Unterthanen.	
	gänzlich Anspachische	Fremde Angehörige
Unterschlauersbach e. baireuth. Filialkirchdorf	—	22
Unterfürberg e. W.	3	—
Wachendorf e. W.	8	5
Weihershof (der)	1	—
Weickershof e. nürnberg. W.	—	6
Wetzendorf ein nürnbergisch Reichsallmosamtlicher W.	—	29
Zautendorf ein vermischtes Filialkirchdorf	—	8
Zirndorf ein Pfarrdorf	62	48
II. Vogtamt Langenzenner Fraischbezirk:		
Bernbach e. W.	—	5
Burggrafenhof e. W.	12	—
Burgstall e. vermischtes W.	—	12
Claushof (der)	1	—
Dürrenfarrnbach e. W.	2	5
Erzenleutermühl (die)	1	—
Flexdorf e. nürnb. W.	—	6
Fritzmannshof e. teutschord. W.	—	5

Fuchs=

	Unterthanen.	
	gänzlich Anspachische	Fremde Angehörige
Fuchs - oder Schleifmühl (die)	—	1
Galgenhof (der)　＊　＊	—	.1
Göckershof (der)　＊　＊	—.	1
Greinersdorf e. W.　＊	3	2
Gummersdorfermühl (die) ＊	—	1
Horbach e. W.　＊　＊	3	5
Hausen e. W.　＊　＊	—	2
Hardhof (der)　＊　＊	—	1
Hauptendorf e. bamberg. W.	—	8
Heinersdorf e. W.　＊	14	3
Hornsegen e. W.　＊　＊	—	4
Höfen e. W.　＊　＊	1	3
Kagenhof (der)　＊　＊	—	2
Keidenzell e. W.　＊　＊	16	2
Kirchfarrnbach ein Pfarr- dorf　＊　＊	4	14
Köhlersmühl (die)　＊	—	1
Kreppendorf e. vermischtes W.　＊＊　＊	—	5
Langenzenn eine Stadt ＊	146	—
Laubendorf ein Pfarrdorf ＊	23	3
Lohe e. W.　＊　＊	8	—

	Unterthanen.	
	gänzlich Anspachische	Fremde Angehörige
Meyersberg e. W.	1	8
7. Häuser liegen auf baireuth. Jurisdiktion.		
Obermichelbach ein Pfarrdorf	6	9
Oberreichenbach ein Filialkirchdorf	2	12
Reindorf e. W.	2	5
Rezels oder Unterfembach e. W.	4	13
Rosendorf ein Filialkirchdorf	7	7
Rothenberg e. W.	2	4
Schwadermühl (die)	1	—
Seckendorf ein Filialkirchdorf	2	6
Seuckendorf ein Pfarrdorf	6	21
Siegelsdorf e. vermischtes W.	—	6
Steinbach e. W.	—	4
Taubenhof (der)	1	1
Tuchenbach e. W.	12	11
Veitsbronn ein Pfarrdorf	25	—
Unterfembach s. Rezels.		

Unter-

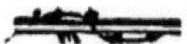
	Unterthanen.	
	gänzlich Anspachische	Fremde Angehörige
Untermichelbach ein vermisch= tes W.	—	7
Wittinghof (der)	I	—
III. Richteramts Roßstal= ler Fraischbezirk:		
Altenberg e. vermischtes W.	—	5
Anwanden e. W.	3	4
Bellingsdorf e. baireut. W.	—	8
Bertelsdorf e. W.	—	4
Bezendorf e. baireut. W.	—	11
Bonnhof e. baireut. W.	—	18
Bronnenmühl (die)	I	—
Buschschwabach ein vermisch= tes Filialkirchdorf	—	22
Buttendorf ein Filialkirch= dorf	13	3
Bürglein ein baireuth. Pfarr= dorf	—	21
Castenreuth e. W.	2	5
Clarsbach e. W.	2	5
Defersdorf ein adelich von Scheuerlisches Gut, mit		

einem

	gänzlich Anspachische	Fremde Angehörige
einem schlecht aptirten Herrensitz	—	10
Eckershof e. W.	—	3
Fernebrünst e. W.	27	—
Gottmannsdorf ein baireuthisches Fillalkirchdorf	—	8
Götteldorf e. W.	4	3
Grosweismannsdorf e. W.	10	5
Gutzberg e. W. der ehemals Volkersdorf hies	2	5
Hailsbronn Kloster s. Ober. A. Windspach.		
Herboltshof (der)	—	1
Hochstädt e. baireuth. Weiler	—	7
Hörleinsdorf e. baireuthil. Weiler	—	5
Kehlmünz e. baireuth. Weiler	—	6
Kernmühl (die)	1	—
Ketteldorf s. Ober. A. Anspach		
Kleinweißmannsdorf e. baireuth. W.	—	4
Kreuthles e. W.	—	4

Leichen»

	Unterthanen.	
	gänzlich Anspachische	Fremde Angehörige
Leichendorf e. W.	1	7
Leichendorfermühl (die)	—	1
Lind e. W.	—	5
Loch e. W.	2	1
Moßmühl (die)	—	1
Müncherlbach e. W.	6	11
Münchzell ein Fischerhaus und Gütlein nebst einer verfallenen Kapelle	2	—
Neuhöflein e. baireuth. W.	—	7
Neumühl (die)	—	1
Neufes e. W.	1	9
Oberaspach ein Fillalkirchdorf	4	15
Oberdeubenbach ein Fillalkirchdorf	2	5
Obernbüchlein e. W.	1	2
Oedenreuth e. W. und von Kreßischer Herrensitz	—	5
Rehedorf e. nürnbergl. W.	—	6
Reitersaich e. W.	1	9
Rohr ein Pfarrdorf, s. Ober-Amt Schwabach.		

Roß=

	Unterthanen.	
	gänzlich Anspachische	Fremde Angehörige
Roßstall ein Pfarrdorf	83	6
Rögelspach ein Pfarrdorf	2	16
Schwaighausen e. W.	2	7
Siegersdorf e. nürnberg. W.	—	4
Stein e. W. und adelich von		
Geuderisches Guth	—	18
Die Straße teilet die Fraisch zwischen Roßstall und Schwabach.		
Stöckach e. W.	8	—
Trettendorf e. W.	1	3
Trübendorf ein baireuthll. Filialkirchdorf.	—	8
Unteraspach e. W.	3	6
Unternbuch ein nürnbergl. Claraamtl. W.	—	7
Unternbüchlein e. W.	3	1
Unterdeußenbach e. vermischtes W.		7
2 Häuser liegen in schwabacher Fraisch.		
Weinzirlein e. W.	13	3

Wei-

	Unterthanen.	
	gänzlich Anspachische	Fremde Angehörige
Weiterndorf e. W.	15	—
Weitersdorf ein Filialkirch= dorf.	1	6
Wiensdorf e. W.	8	—
Weihersbuch e. W.	3	7
Weihersmühl (die)	—	1
Weiler e. W.	1	6
2. Häuser liegen in schwa= bacher Fraisch.		
Wimpeshof (der)	—	1
Wintersdorf e. W.	4	3
Zwiselhof (der)	—	2

zusammen also: 1. Stadt, 3. Marktflecken, 14.
Pfarr= und 13. Filialkirchdörfer, 99. Weiler, 33.
einzelne Höfe und Mühlen, in welchen sich 964.
Brandenburg= anspachische immediat Unterthanen,
und 1620. ausherrische Angehörige befinden. Letz=
tere sind mehrentheils der Reichsstadt Nürnberg,
der Domprobsten zu Bamberg, dem teutschen Orden,
und dem hochfürstlichen Hause Baireuth gehörig.

Nachstehende, unter den obenbemerkten Ort=
schaften, verdienen eine nähere Beschreibung:

Die

Die alte Vestung bey Zirndorf, ehemals eine,
auf einer zimlichen Anhöhe gelegene Vestung, von
welcher ietzt nichts mehr, als einiges altes Ge-
mäuer übrig ist, nachdem bey ienem Platz eine herrschaftliche Wildmeisters Wohnung erbaut wurde.
Die Vestung wurde im Städtekrieg zerstöret, und
war in ältern Zeiten das Stammhaus der adelichen
Familie von Berg.

Cadolzburg, ein ansehnlicher Marktflecken und
Sitz des Oberamts, welcher mit einer Mauer umgeben, und durch drey Thore verschloßen ist. Das
auf einem hohen felßigten Berg erbaute veste
Schloß, war in vorigen Zeiten die Residenz der
beeden Kurfürsten Friederich des ersten, und Al-
berti Achillis. Außerdeme hat der Ort auch eine
sehr schöne Pfarrkirche, welche erst in den Jahren 1750. und 1751. neuerbaut wurde; desgleichen
ein Rathhaus, und auf dem Gottesaker eine
Leichenkapelle.

Zuverläßig war Cadolzburg (eigentlich Radolds-
burg) von ieher eine eigene Herrschaft, welche
mehrere Orte in sich begrief, und alle landesherrliche Gerechtsame ausübte. Die älteste Urkunde
worinnen dieser Burg Erwehnung geschieht, ist vom
Jahr

Jahr 1157. Dort wird sie, wahrscheinlich nach dem Nahmen ihres Erbauers, Radoldesburc genennt. Dieser Radold mag eben derienige gewesen seyn, welcher das Kloster Herrieden an der Altmühl, im neunten Jahrhundert gestiftet, und in dieser Gegend mehrere Güter besessen hat. *)

Die mehresten bisherigen brandenburgischen Schriftsteller behaupteten, daß Cadolzburg zugleich, mit andern Ortschaften, nach Absterben Herzogs Ott II. von Meran, im Jahr 1248., durch Erbschaft, an das burggräfliche Hauß gekommen seye. Allein der Herr Konsistorialrath Oetter zu Markt-Erlebach, suchte neuerlich, in der untenbemerkten Piece, durch verschiedene Muthmassungen zu erweisen, daß diese Herrschaft, nicht denen Herzogen von Meran, sondern den ehemaligen Grafen von Abenberg zugehört haben, und von diesen, durch die zwote Gemalin des Burggrafen Conrad I., einer gebohrnen Gräfin ienes Hauses, zum Burggraf-

*) s. Oetters gegründete Nachrichten von dem ehemalig Burggräfl. nürnbergl. und kurfürstlich brandenburgl. Residenz - Schlos Kadolzburg. 1785. S. 12.

Zweyter Th.   F

graftum gebracht worden ſeyn ſolle, wovon die Be-
weiſe unter den gräflich abenbergiſchen Urkunden,
im Hochſtift Eichſtett, zu finden wären.

Da die vorigen Schriftſteller gewis nicht aus
bloſem Ohngefähr, die Ankunft der Herrſchaft
Cadolzburg, als meraniſches Erbe können gemeldet
haben; die Muthmaſſungen des Herrn Oetter aber
nicht durch Urkunden beſtärkt ſind: ſo wird wohl
die Entſcheidung dieſes Streits den künftigen Zeiten, in welchen vielleicht einige Dokumente, für
oder wider dieſe oder iene Meinung aufgefunden
werden, zu überlaßen ſeyn.

Deberndorf, ein geringer Ort, in einer angenehmen Gegend, welchen ein anſehnliches fürſt-
liches Luftſchloß, ein angenehmer Garten, und
eine artige Eremitage bemerkenswerth macht.
Die gleichfalls daſelbſt befindliche beträchtliche Bier-
prauerey wird für herrſchaftliche Rechnung geführt.

Im Jahr 1756. erkaufte die hochfürſtliche
Lehenherrſchaft den Ort von dem kurköllniſchen
Kammerherrn und Vaſallen Georg Auguſt Carl
von Diemar.

Fürth,

Fürth, ein sehr weitläuftiger, gutgebauter offener Hofmarkt oder Fleken, welcher 513. Häuſſer und gegen 18000. Menſchen, mit Inbegrif 800. Judenfamilien enthält. Die groſe Anzahl der Einwohner iſt freilich den, im Verhältnis, wenigen Häuſſern, nicht angemeſſen. Daher wohnen gewöhnlich 5. bis 6. auch 12. bis 15. Familien in einem derſelben, im ſogenannten langen Hauß aber ſogar 36. Haushaltungen. Im Jahr 1786. wurden bey der chriſtlichen Gemeinde zu Fürth 117. Paar kopulirt, 496. Kinder getauft, und 471. Perſonen begraben.

Der Ort iſt in einer ungemein ſchönen und ebenen Gegend, am Zuſammenfluß der Rednitz und Pegnitz, eine Stunde von Nürnberg gelegen. Er iſt auch zugleich eine jüdiſche Univerſität.

An öffentlichen Gebäuden findet man in Fürth: die, im Jahr 1550. erbaute geräumige Michaeliskirche, nebſt einer nahe daran ſtehenden Kapelle; das brandenburgiſche Gelaitshaus, in welchem der iedesmalige Gelaitsbeamte wohnt; das Domprobſten bambergiſche Amthaus; das Armen = Schul = und Waiſenhaus; und drey Judenſchulen.

F 2   Die

Die Landeshoheit über den Ort und Gegend,
übt seit vielen Jahrhunderten das hochfürstliche
Hauß Brandenburg aus; indeßen findet man auch
außer den brandenburgischen Unterthanen, 323.
Domprobsten bambergische und 86. nürnbergische
Lehen daselbst. Erstere rühren sowol hier als in
der Gegend, von der bekannten Schenkung Burggrafs Conrad IV. oder des Frommen, zum Sankt
Georgen Altar in Bamberg, her. *) Der Pfarr-
satz in Fürth ist der Reichsstadt Nürnberg gehörig.

Die Einwohner sind in mancherley Betracht,
mit unter die glüflichsten in Teutschland zu rechnen.
Es werden in Fürth nicht nur die drey christlichen,
sondern auch die iüdische Religion, — letztere vielleicht in allzuüberhäufter Anzahl, — gebuldet, und
die Abgaben an die Landesherrschaften sind äusserst
geringe. **) Daher kommt es denn auch, daß der
Zustand der fürther Fabriken und Manufacturen,
und dadurch die Nahrung aller Einwohner, so
blühend ist, als bereits im sechzehenden Abschnitt
des ersten Theils, S. 245. u. f. gesagt worden.

Eigent-

*) f. 1sten Theil, S. 29.
**) f. 1sten Theil, S. 247.

Eigentliche Jahrmessen hält der Ort nicht. Doch ist jährlich, auſſer den gewöhnlichen Wochen= märkten, an der Kirchwenhe, oder an Michaelis, ein Jahrmarkt, welcher 14. Tage lang dauert, und ungewöhnlich stark von Käufern und Verkäufern besucht wird.

Langenzenn, ein altes, aber seit dem, im Jahr 1720. erfolgten grosen Brand, über die Helfte ganz neu und regelmäsig erbautes Städtgen, von 146. Häuſſern, am Zennfluß gelegen, mit einer Mauer und Graben umfaßt, und durch vier Thore beschlossen. An öffentlichen Gebäuden findet man daselbst:

1.) die Pfarr= oder Stadtkirche, am Markt, ein sehr altes gothisches Gebäude;

2.) das ehemalige augustiner Kloster, wel= ches die Burggrafen Johann III. und Frie= derich VI. in ein Collegium canonicorum regularium verwandelten, deſſen eigentliche Stiftung aber unbekannt ist. Nach der Re= formation wurde daſſelbe in ein weltliches Amt umgeschaffen, und stund bis zum Jahr 1621. beeden hochfürstlichen Häuſſern, Bai= reuth und Anspach, gemeinschaftlich zu. In

F 3

diesem Jahr aber wurde es an Baireuth allein
überlaßen, welches seitdeme einen eigenen
Beamten zu Erhebung der Gefälle anordnete.

3.) das, 1728. neuerbaute Rathhauß; und
4.) die Gottesackerkirche auf dem Begräbnisplatz, im Jahr 1608. erbauet.

Die ältern Besitzer dieser Stadt, sollen die
Herzoge von Meran gewesen seyn, nach deren Abgang dieselbe, 1248., zugleich mit der Herrschaft
Cadolzburg, an Burggraf Friederich III. gelangte *). Langenzenn ist auch noch deswegen merkwürdig, weil es von Kaiser Carl IV. im Jahr
1361. und 1372. zu einer Münzstadt erhoben
worden, woselbst auch beinahe hundert Jahre lang,
burggräfliche Münzen geprägt wurden, obgleich
der Ort erst im Jahr 1443. vom Markgraf Albrecht, mit dem Stadtrecht begnadiget wurde.

Der vornehmste Nahrungszweig der langen-
zenner Bürgerschaft ist der Hopfenbau, von welchem Produkt jährlich tausend, auch zwölfhundert
Centner gewonnen werden. Die warme und gute
Lage ist so vorteilhaft, daß der Hopfen auf funf-
zig und mehrere Meilen weit verführt, und gesucht
wird.

*) f. Cadolzburg. S. 81.

wird. Er hat auch die Eigenschaft, daß er die
Lagerbiere besonders mild und angenehm machet.
Um so auffallender ist es, daß dies Produkt meistens in das Ausland, ja selbst an böhmische Hopfenhändler verkauft wird, indessen die innländi-
schen Bierprauere sich des Spalter, oder eines
angeblichen und vermeintlichen böhmischen, nicht
selten in Langenzenn gewachsenen Hopfens bedienen.
Ein Vorurteil das die auswärtigen Hopfenhändler
gut zu benutzen wissen.

Roßstall ein wolgebautes und stark bewohn-
tes Pfarr- und Amtsdorf, welches teils auf einer zimlichen Anhöhe teils im Thale gelegen ist.
Nach alten Urkunden *) war der Ort in mittlern
Zeiten weit berühmter als gegenwärtig, indeme
derselbe schon im Jahr 953. als eine Stadt und
Veste bekannt gewesen ist. In dieser Eigenschaft
soll derselbe auch von Kaiser Otto I., gelegenheitlich der zwischen ihm und seinem Sohn Luldolph
entstandenen Kriegsunruhe, belagert worden seyn;
wie man denn noch deutliche Spuren von dem
Grund der alten ehemaligen runden Thürme und

F 4 der

*) f. Strebels Francon. illuftr. P. I. pag. 34. feqq.

der sehr dicken Ringmauer, desgleichen verfallene
Gräben und Wälle, antrift. Eigentlich mag die
Zerstörung der ehemaligen Stadt und Veste Roßstall durch die Hunnen und Mazen geschehen seyn,
indeme nicht nur ein altes Manuscript hievon zeu-
get, sondern auch zween nahe dabey liegende Ver-
ge, aus welchen man eine Menge Todengebeine
und Pferdehufeisen akerte, noch itzt die Namen:
Hunger- (Hunnen) und Mazenberg führen.
Der Ort war auch zuverläßig einst den Herzogen
in Baiern gehörig, weil noch gegenwärtig das baie-
rische Wappen an dem Kirchturm, auf der Seite
gegen das Pfarrhaus, in Stein gehauen zu sehen
ist. Von dem Hause Baiern kam Roßstall an die
von Heidek, und endlich im Jahr 1292. durch
Kauf an die nürnbergischen Burggrafen. Kaiser
Ludwig der Baier, und Carl der vierte gaben in
den Jahren 1328. und 1355. den Burggrafen die
Freiheit, aus Roßstall wieder eine Stadt zu machen, welches aber dennoch bisher unterblieben ist.
Inzwischen hat der Ort, außer den weltlichen hochfürstlichen Richteramt, noch gegenwärtig ein eigenes Gericht, das aus einem Burgermeister und
eilf Rathsverwandten bestehet. Die ehemalige
vor-

vortrefliche Kirche, wurde im Jahr 1627. mit allen innern Kostbarkeiten, neun Altären, und vielen seltenen Grabschriften, ein Raub des Blitzes.
Die ietzige ansehnliche Kirche wurde gleich im folgenden Jahr wieder erbauet. In selbiger befinden
sich nun, neun vortrefliche biblische Gemählde und
auf dem hintern Altar im Chor, ein ausserordentlich
gutgemahltes Altarblat, welches, in verschiedenen
Abteilungen, den am Kreutz leidenden Erlöser,
äusserst rührend; die Einsetzung der Taufe und des
heiligen Abendmals; die augspurgische Reforma-
tionsgeschichte, u. a. auf Leinewand gemahlt, vorstellt. Nur Schade, daß dasselbe von dem vortreflichen Künstler nicht mit seinem Namen und Jahrs-
zahl bezeichnet wurde! — Unter dem Chor der
Kirche, ist eine Kapelle oder Crypta, auf zwölf
steinernen Säulen ruhend, 39. Schuh lang und
34. Schuh breit, in welche man, ohnweit der
Kanzel, auf einigen Treppen hinabsteigt. Dem
Anschein nach wurden darinnen, ehemals, die Vi-
gilien und Seelenmessen gehalten, welches wenigstens der, in der Mitte stehende Altar, Opferstein, Weihkessel und dergleichen Geräthschaften
anzuzeigen scheinet. Die Kirche ist auch überdies
mit

mit einem hohen und starken Thurm gezieret, in welchem vier Gloken aufgehangen sind, die ein äusserst harmonirendes angenehmes Geläute geben.

Durch eine alte, unbewiesene Stiftung, soll es übrigens in Roßstall üblich worden seyn, daß alljährlich vom Michaelistag bis zum Sonntag vor der Faßnacht, um 7. Uhr Abends, eine Viertelstunde lang mit der größten Gloke geläutet wird. Die Tradition sagt: in den alten Zeiten habe sich eine vornehme Dame in dortiger Gegend im Walde verirrt, und seye durch das roßstaller Abendgebetläuten wieder auf dem rechten Weg gekommen. Sie hätte daher zur Dankbarkeit gedachtes Abendläuten gestiftet. Eine Sache die zu nichts hilft, welche sich aber die roßstaller Einwohner nicht um vieles würden entziehen lassen.

Stinzendorf, ein kleiner Weiler, lediglich merkwürdig wegen des, ohnfern davon, an der Anhöhe des Dillenbergs, bey der Waldspitze nach Deberndorf, befindlichen Druidensteins.

Es ist dies ein sehr grofer runder Stein, oben etwas flächer als ein chinesisches Dach, und neben herum mit einer Art von Schalllöchern in zimlich gleicher Distanz versehen. Die gemeine Tradition
ist

ift voller Teuffel und Hexen. Wahrſcheinlich war
dieſer Stein in den älteſten Zeiten ein heidniſcher
Altar, worauf die Druiden oder Götzenprieſter
Feuer gemacht, und dadurch die entfernten Bewohner zur Devotion erinnert haben, zumalen man
ihn weit umher ſehen kan. Vielleicht iſt aber der
ſelbe nichts als ein Spiel der Natur, und durch
Waſſer, nach und nach, blosgeſetzt worden. Auch
ſoll er inwendig nicht ausgehölt ſeyn.

Veitsbronn, ein anſpachiſches Dorf, in
welchem die Pfarrey von Seiten der Reichsſtadt
Nürnberg, mit gerechtem Widerſpruch des hochfürſtlichen Hauſes Brandenburg uſurpirt werden
will, auch gegenwärtig würklich von der nürnbergi
ſchen Pfarrey zu Michelbach verſehen wird.

Der in der veitsbronner Kirche befindliche
heilige Veit, ein kleines hölzernes, mit einem Hemdchen angethanes Männchen, übt hier
eine ſolche Geldſchneiderey aus, die man in unſern
ſogenannten aufgeklärten Zeiten, und in dieſer Gegend, gar nicht mehr vermuthen ſollte. Dieſe
kleine lebloſe Statüe iſt — ein Viehdoktor.
Viele Einwohner der daſigen Gegend auf ſechs und
mehrere Stunden herum, lauter Proteſtanten,

thun

thun diefem Zwerglein iährlich ein Gelübde, mit einem paar Wachskerzen und etwas Geld. Wenn auch gleich, wie die unzähligen Proben beweifen, Doktor Veit nicht einmal Quakfalbers= oder Ab= dekerswiffenfchaften befitzt; fo verliehrt er dennoch, bis itzt, feinen Credit, bey dem gemeinen Volke nicht, fondern erhält noch gegenwärtig iährlich mehr denn hundert paar Kerzen. Die Stifter derfelben haben aber auch die Freude, ihre Na= men alle Neujahr von einer proteftantifchen Kan= zel verkünden zu hören, und dadurch, von einem proteftantifchen Pfarrer, zu Fortfetzung ihrer, zum wahren Aergernis gereichenden heiligen Opfer aufgemuntert zu werden. —

Oberamt Colmberg.

Die Gränzen des Oberamts Colmberg, dessen Gröse nach der Länge 4., nach der Breite 3. Stunden beträgt, sind gegen Morgen: das Oberamt Anspach; gegen Abend: das Fürstentum Hohenloheschillingsfürst und das Gebiete der Reichsstadt Rothenburg: gegen Mittag, das Oberamt Feuchtwang, und die Hochstift eichstettischen Lande; gegen Mitternacht aber die baireuthischen Aemter Burgbernheim und Markt Bürgel, dann das Oberamt Anspach.

Die Lage desselben bestehet theils aus bergigten Gegenden, theils aber auch aus ebenen Wiesgründen die dem Auge mehrere malerische Aussichten darstellen.

Hierzu gehört vornemlich:

2) der Waldgrund. Er zieht sich links auf der Seite von Colmberg gegen die rothenburgische Gränze, bis er über den Ortschaften Geßlau

Geßlau und Windelspach seine Endschaft erreicht.

Die Fläche dieses Wiesgrundes beträgt im
Umkreis ohngefehr 4. und im Durchschnitt 2. Stunden. Die Aussicht wird durch den Anblik mehrerer nahen und fernen Ortschaften, besonders des
auf einem sehr hohen Berg liegenden colmberger
Schloßes, dann der Dörfer Binzwang, Stettberg, Geßlau und Auerbach, so wie durch den, sich
im Grunde hinschlängelnden Altmühlfluß, recht sehr
verschönert.

    b) Der hagenauer Grund, eine anmuthige
    weitläuftige Ebene. Sie erstrekt sich von der
    nahe an dem Dorfe Jochsberg gelegenen Un-
    ternmühl, zwischen zweyen bergigten Wäldern,
    bis auf eine halbe Stunde an denjenigen
    Berg hin, auf welchem das Hohenloheschil-
    lingsfürstische Residenzschlos erbauet ist.
    Mehrere Ortschaften, und ein kleiner, an
    schmakhaften Krebsen sehr reicher Bach, schaffen
    dem blikenden Auge, reines Vergnügen, das
    man aber auch.

    c) im prunster Grund, einer Ebene von 3.
    Stunden im Umfange, geniesen kan. In
                                 die-

diesem Bezircke findet sich nur eine unbedeutende, mit Buchen und Eichen bewachsene
Anhöhe, der Büchelberg genannt, vor.
Die schönste Aussicht über mehrere Ortschaften und einem grosen Distrikt der altmühl Gegend genießt man bey dem Dorf Brunst oder
Weisenkirchberg selbsten, das an der Gränze
der weitläuftigen Ebene, auf einer Anhöhe
gelegen ist. Uiberdies ist auch diese Gegend
deswegen merkwürdig, weil hier, Bauern mit
einem Vermögen von 20. und 30000. fl. gar
keine Seltenheit sind.

Noch eine sehr schöne Aussicht bietet

d) der altmühl Grund dar, der zwar nach
der Breite wenig, nach der Länge aber um
so mehr beträgt. Das forschende Auge sieht
im Vorgrunde die Stadt Leutershaußen, und
den sich durch die anmuthigsten Wiesen hinschlängelnden Altmühlfluß, blikt über viele
Dörfer und Weiler hinweg, und verliehrt
sich endlich an den mittägigen Gränzen des
Fürstentums bey dem Heßelberg, der Veste
Wülzburg und dem fürstlich öttingischen
Schloße Spielberg.

Zweyter Th.   Die

Die Beschaffenheit und Güte des Erdbodens im Oberamt Colmberg ist unterschiedlich. Im walder und brunster Grund findet man starkes und letzigtes, im hagenauer und altmühl Grund hingegen leichtes mit Sand vermischtes Erdreich. In beeden erstern Gegenden bauet der Landmann meistens rauhen Dinkel oder Spelz, und Haber, in einer außerordentlichen Menge; Korn und andere Feldfrüchte sind seltner. Dagegen wird in den hagenauer und altmühl Gründen mehr Korn und Haber als Dinkel gebauet. Eben so findet man auch in dieser Gegend, Gersten, Erbsen, und Wickenfrüchte, Erdbirn oder Kartoffeln und Klee, mehrfältiger als an andern Orten. Von diesen Produkten sind Dinkel und Habern die einzigen, welche der Landmann, zu seiner Nahrung, teils zum Verkauf bringt, teils aber auch in das Mastvieh verfüttert, und sonach mit letzterem und dem Hammelviehe eine beträchtliche Handelschaft nach Augspurg und in die französischen Lande treibt. Was der Unterthan dieser Gegend an übrigen Früchten, als Korn und Sommerwaizen und dergleichen erbauet, wird meherntheils in das Hauswesen und zur Schweinatzung verbraucht. Da die mehresten Wiesen am Altmühlflus gelegen sind,

sind, so ist ihre Beschaffenheit durchgängig vorzüglich gut; zumal sie durch den öftern Austritt und Ablauf dieses Wassers von Zeit zu Zeit angefeuchtet werden, und deswegen gar keiner Düngung bedürfen. Nicht selten tritt aber auch der Flus zur Unzeit aus seinen Ufern, und vereitelt die Hofnung einer gesegneten Heuärnde.

Der Futter Ertrag der, im brunster Grund gelegenen Wiesen ist zwar geringhaltiger als derienigen am Altmühlflus; hingegen ist das Futter selbst von ungewöhnlicher Güte.

Die Pferdezucht, den herrschaftlichen Fohlenhof ausgenommen, ist zur Zeit äuserst vernachläßiget und kommt beynahe ganz in Abgang. Dafür ist die Rindviehzucht desto beträchtlicher. Die Bienenzucht ist von keiner Erheblichkeit, ohnerachtet die vortreflichen Wiesen hiezu sehr vortráglich wären. Fische giebt es zwar im Altmühlfluß ziemlich und von verschiedenen Gattungen; es ist aber teils der langsame Lauf des Wassers, teils die in dieser Gegend zur Gewohnheit wordene Fischdieberey Ursache, daß schwerlich ein gedeihlicher Erfolg gehofet werden kan. Vorzüglich zalreich und schmakhaft sind die altmühl Krebse, und auch diejenigen, welche in

G 2

an-

andern Bächen des Oberamts gefangen werden, nur können sie , wegen des allzuhäufigen Ausfangens zu keiner ordentlichen Gröse kommen. Unter den vielen ansehnlichen Waldungen , welche in dieser Gegend 2677. Morgen ausmachen, sind der Fürst, in sulzer , die Waidlach in windelspacher, und das Seeholz in colmberger Forstey die beträchtlichsten , und mehrentheils mit Fichten bewachsen. Nur an einigen Orten findet sich Eichen, Buchen, Birken, Eschen, und Forlnholz.

Von merkwürdigen Naturprodukten, Manufakturen und Fabriken ist diese Landesgegend gänzlich entblößt. Daher sind denn Feldbau und Viehzucht die einzigen Nahrungszweige der dasigen Einwohner.

Die Tracht des Landvolks in diesem Oberamt, ist iener , bey dem Oberamt Anspach bemerkten, vollkommen gleich. Ihre häußliche Einrichtung ist nicht kostbar; aber im Eßen und trinken thun sie es andern Gegenden ziemlich bevor. Die Einwohner im brunster und wald Grund lieben Koffee und Wein ; und im altmühl und hagenauer Grund, Wein, Burgunder, und sogar Chocolade; dabey sind die Bewohner der beeden letztern Gegen-

den

den auch mit vieler Einbildung und Stolz, und
einer unerträglichen Prozeßsucht angesteckt. Sie
erheben über die geringfügigsten Sachen, welche
ihr stumpfes Auge aus einem falschen Gesichtspunkt
betrachtet, die heftigsten Klagen. Im brunster
Grund findet man bessere Sitten und höflicheres
Betragen. Auf Ehre und guten Namen wird dort
vieles gehalten, und in mehrern Bauernwohnungen
trift man Zeitungen, gute Bücher, ia sogar ganz
artige Büchersammlungen an.

Der politische Zustand des Oberamts Colmberg wird in folgende fünf einverleibte Aemter geteilt:

1) in das Kastenamt Colmberg, welches alle
herrschaftliche Geld, Getraid, und andere Gefälle erhebt und verrechnet, und in einem an-
gewiesenen weitläuftigen Bezirk die hohen
obrigkeitlichen Gerechtsame

2) mit dem Vogtamt Colmberg gemeinschaftlich
besorget.

3) In das Stadtvogtheyamt Leutershausen, welches gleichmäsig seinen eigenen Fraischdistrikt
zu besorgen hat.

4) In das Vogtamt Jochsberg und

5) in

5) in das Kaftenamt Infingen.

Jedem diefer Aemter ift ein eigener Beamter vorgefetzt.

Diejenigen Ortfchaften, welche mit der hohen landesherrlichen Jurisdiktion dem Oberamt Colmberg unterworfen find, über welche daher auch die beeden Fraifchämter Colmberg und Leutershaufen alle fraifchliche Gerechtfame auszuüben haben, find folgende :

	Unterthanen.	
	gänzlich Anfpachifche	Fremde Angehörige
I. Fraifchdiftrikt des Kaften- und Vogtamts Colmberg.		
Aldenau ein Weiler	14	—
Auerbach oder Auerbruch ein Pfarrdorf	4	11
Buch ein Pfarrdorf	55	—
Bieg e. W.	10	—
Colmberg ein Marktflecken	55	1
Dornhaufen e. W.	15	—
Frommetsfelden ein Pfarr- dorf	20	—
Gaftenfelden ein Hohenlohe- fchillingsfürftl. Dorf mit		

einer

	Unterthanen.	
	gänzlich Anspachische	Fremde Angehörige
einer anspachisch. Pfarrey	—	14
4. Häuser liegen in schil= lingsfürstl. Fraisch.		
Geßlau e. Pfarrdorf	29	3
Gugesmühl (die)	1	—
Gunzendorf e. W.	7	21
Hainhof (der)	1	—
Hürbel e. W.	10	2
Insingen ein anspach. Pfarr= und Amtsdorf, liegt aber in der R. St. rothenburg. Landwehre und Jurisdik= tion.		
Kreuth e. W.	14	—
Lautenbuch e. W.	11	—
Laymühl (die)	—	1
Meuchlein e. W.	10	4
Morlizwinden e. Hohenlohe= schillingsfürstl. W.	—	6
Oberbreitenau e. W.	8	—
Oberfelden e. W.	7	9
Obermühl (die)	1	—

Obern=

	Unterthanen.	
	gänzlich Anspachische	Fremde Angehörige
Oberndorf e. W.	19	—
Oberramstadt e. W.	14	1
Reinswinden e. W.	3	4
Schwabsroth e. W.	12	—
Steinach e. W.	6	1
Unterbreitenau e. rotenburg. W.	—	8
Unterfelden e. W.	10	—
Unter = oder Kleinmühl (die)	1	—
Windelspach ein Pfarrdorf	29	2
II. Fraischdistrikt des Vogt= amts Leutershausen.		
Banzenweiler e. W.	3	—
Berbersbach e. W.	3	—
Brunst oder Weisenkirchberg ein Pfarrdorf	7	14
Büchelberg e. W.	18	—
Bürckenmühl (die)	1	—
Clonspach e. W.	7	2
Dietenbron e. W.	6	4
Eckertsweiler e. W.	14	4
Erlach e. W.	6	—

Eych=

	Unterthanen.	
	gänzlich Anspachische	Fremde Angehörige
Eychholz ein Hohenloheschillingsfürstl. W.	—	4
Eierlohe e. W.	1	14
Erlbach e. W.	13	1
Froschmühl (die)	1	—
Görigsheim e. W.	4	—
Guttenhard e. W.	5	—
Hagenau ein Filialkirchdorf	19	—
Hannenbach e. W.	7	1
Hezweiler e. W.	11	—
Holzmühl (die)	—	1
Höchstetten e. W.	9	—
Höfen sonst Azhofen genannt e. W.	3	—
Hundshof (der)	1	—
Jochsberg ein Pfarrdorf	26	—
Kalchhütte b. Eckertsweiler (die)	1	—
Kreßenhof (der)	4	—
Lenzersdorf e. W.	—	6
Leutershausen eine Stadt	148	—
Leipoldsberg e. W.	4	—

Mit-

	Unterthanen.	
	gänzlich Anspachische	Fremde Angehörige
Mittelramſtadt e. W.	2	11
Pfezendorf e. W.	5	—
Rammersdorf ein freiherrl. Eybil. Oekonomiegut	—	—
Rauenbuch e. W.	9	—
Röttenbach e. W.	7	3
Rufenmühl (die)	1	—
Sachſen e. W.	33	—
Schaafhof (der)	1	—
Schwand e. W.	8	3
Simonsmühlen, Ehren= und Büttnersdorf, drey einzelne Höfe	3	—
Steinbächlein e. W.	4	—
Steinberg e. W.	5	—
Sulz ein Pfarrdorf und ehemaliges Frauenkloſter	10	—
Das Kloſter, die Kirche, Pfarr= und Amthaus nebſt 1. Hof liegen in Ob. A. feuchtwanger Fraiſch.		

Untreu=

	Unterthanen.	
	gänzlich Anspachische	Fremde Angehörige
Untreumühl (die)	1	—
Wazendorf e. W.	4	—
Weisenmühl (die)	1	—
Weisenkirchberg s. Brunst.		
Weihersmühl (die)	1	—
Widerspach ein freih. Eybischer Rittersitz ohne eine eigentliche Pfarre	—	23
Winden e. W.	11	6
Ziegelhaus e. W.	6	—
Zweifling e. W.	6	—

zusammen 1. Stadt 1. Marktflecken; 9. Pfarrund 2. Filialdörfer; 49. Weiler und 19. einzelne
Höfe oder Mühlen, in welchen sich 806. brandenburgische immediat Unterthanen und 185. ausherrische Angehörige befinden, wovon die letztern mehrenteils den Hochstiftern Wirzburg und Eichstett,
dem teutschen Orden, dem fürstlichen Hause Hohenloheschillingsfürst, der freyherrlich von Eybischen
Fami

Familie, und den Reichsstädten Nürnberg und Rotenburg gehörig sind.

Unter diesen vorangezeigten Ortschaften sind folgende einer nähern Bemerkung würdig:

Colmberg, ein schön gebauter Marktflecken,
mit einer Kirche, und einem ansehnlichen vesten
Bergschloß, in welchem ein jedesmaliger Kastner
seine Wohnung hat. Ehemals gehörte dieser Ort
zur Herrschaft der Grafen von Truhendingen, von
welchen Graf Friederich denselben im Jahre 1318.
an Burggraf Friederich IV. von Nürnberg käuflich
überlies. Nächst an dem Flecken ist ein ansehnlicher herrschaftlicher Fohlenhof angelegt, in welchem
beständig 70. bis 80. junge Pferde unterhalten und
zum Vergnügen des Landesfürsten nachgezogen
werden.

Eckertsweiler, ein geringer Ort, bey
welchem ausserordentlich vieler Kalch gebrannt
wird.

Ober-

Frommetsfelden, ein Pfarrdorf, durch welches der Altmühlflus mitten hindurch flieset. Die dasige Pfarre ist gegenwärtig iener, zu Buch am Wald, einverleibt.

Jochsberg, ein gut gebautes Pfarrdorf, an der Altmühl, nebst einem, aus zween Flügeln und einem Quergebäude, bestehenden alten und ehemals vesten Schloß. In dem einen Theile hatten bis zum vorigen Jahre, die jedesmaligen adelichen Oberamtleute ihre Wohnung, der zweete Flügel aber ist zur Wohnung des Beamten bestimmt. Noch vor 2. Jahren umflos das Schloß ein breiter Wassergraben, der aber nunmehro eingefüllt, und zur nutzbaren Wiese umgeschaffen, auch zunächst desselben, vor dem Schloße, artige Gärten angelegt wurden. Das dortige ansehnliche Präuhaus war ehehin herrschaftlich; jetzt ist es in Privathänden, und seines besonders guten und gesunden Bieres wegen bekannt.

Der Ort war schon vor dem Jahr 1339. ein anspachisches Ritterlehenbares Gut, und wurde als solches von der freiherrlich von Seckendorfischen

Fami=

Familie bis zum Jahr 1631. besessen, in welchem
Johann Joachim von Seckendorf ohne männliche
Lehenserben verstarb, dadurch denn derselbe der
Lehenherrschaft wieder heimfiel.

Leutershausen, eine kleine mit 2. Thoren
verschlossene Stadt an der Altmühl, in welcher
man folgende öffentliche Gebäude findet:

Die zur Ehre des heiligen Peters geweihte
Pfarrkirche; das neuerbaute Rathhaus; das
Schieshaus und die Leichenkapelle. In ältern Zeiten gehörte der Ort den Grafen von Truhendingen, und kam nachher, durch Kauf, im Jahr
1318. von Graf Friederich von Truhendingen, an
Burggraf Friederich den vierten von Nürnberg,
seit welcher Zeit derselbe beständig bey dem Burg-
grafthum verblieb.

Die Stadt Leutershausen hält jährlich 7. Jahrmärkte. Die ehehin an iedem Mittwoch gehalten
wordene Wochenmärkte sind nach und nach eingegangen. Vermuthlich ist die Ursache darinnen zu
finn-

finden, daß die Stadt zu nahe an der Residenz,
Anspach liegt, und der, aus der dortigen mehrern
Volksmenge entspringende leichtere Verschluß der
Waaren und Viktualien, die Verkäufer dorthin
zieht. Die Stadt hat also gegenwärtig wenige oder
gar keine Nahrung, zumalen überdies, seitdem die
Wege von Anspach über Aurach nach Feuchtwang,
und über Lehrberg nach Uffenheim, chaussirt sind,
sich alle Reisende auf diese zween, in einer Nähe
von 2. und 1. Stund sich vorbeyziehende gut beschaf-
fene Straßen hält. Gewerbe und Handwerker liegen ebenfalls völlig darnieder.

Wie sehr wäre es zu wünschen, daß der nah-
rungslose Zustand dieses Städtgens beherzigt, und
dem davon herrührenden Ruin durch schickliche Mit-
tel entgegen gearbeitet werden mögte! — Die
Freiheit Viehmärkte halten zu dörfen, mögte
eines der besten seyn, und die ehevorige gute Nahrung wieder einigermaßen beiziehen; denn die Gegend um Leutershausen ist von der Natur selbst zur
Viehzucht geschaffen worden, und die Wiesen im
Altmühlgrund sind vortreflich. —

Die

Die Leichenkapelle oder heilige Kreuzkir-
che, auſſer der Stadt, iſt erſt 1722. ganz neu erbaut
worden. In dieſer werden alle Leichenreden gehalten. Sie unterliegt aber gegenwärtig einem offen-
baren Uebelſtand. Hier herrſcht nemlich noch, wie
in den meiſten Orten auf dem Lande der Mißbrauch, daß man die Särge der Kinder und ledi-
gen Perſonen, wenn ſie ſterben, mit ihren zu Krän-
zen gebundenen Nahmensbuchſtaben und mit andern
italieniſchen Blumenſträußen bezieret, und ſich mit
dem allgemeinen Todenkranz nicht begnügt. Dieſe
Kränze werden zu mehrerem Reiz der Eitelkeit in
der Leichenkapelle aufgehangen. Und ſo iſt nun mit
dieſem Zeichen unnöthiger Geldverſplitterungen gegenwärtig die Emporkirche ſchon ſo ganz überzogen,
daß nicht der geringſte Raum zu weitern Kränzhin-
hängen mehr vorhanden iſt. Wohin alſo in Zukunft mit dieſen ſchönen Sächelchen? doch nicht
an Kanzel und Altar? — Vermuthlich hat das
daſige weltliche Amt ſich noch nicht an dieſe Heilig-
tümer wagen wollen, (wozu daſſelbe ſowol, als
andere Aemter in deren Bezirk dergleichen tändeln-
de Verſchwendungen im Gebrauche ſind, durch den

S. S.

§. 5. der Leichenordnung (S. 21.) gar wohl be-
rechtigt wäre), weil es oft klüger zu seyn scheint,
Schwachheiten bis zu Thorheiten hinaufwachsen zu
laßen, ehe man die Ranken derselben beschneidet,
damit sie dem Kurzsichtigen sich desto besser darstellen, und sein Aergernis nicht so gros ist, wenn
hierinn eine Aenderung getroffen wird.

Widerspach, ein freiherrlich von Eibischer
Rittersitz, welcher dem hochfürstlichen Haus Brandenburg zu Rittermannlehen gehet. Der Ort
ist zwar in neuern Zeiten mit einer kleinen Kirche
und einem von Eybischen Pfarrer versehen worden,
dem aber nur das Predigen zukommt, weil die Einwohner dießseits des Wassers nach Neunkirchen,
ienseits aber nach Leutershausen gepfarrt sind.

Windelspach, ein Pfarrdorf an der roten-
burgischen Gränze, mit einem Schlößgen, das
ein zeitiger Wildmeister als Burgvogt bewohnt.

In vorigen Zeiten besaßen dieses Dorf die
Reicheerbkuchenmeister von Nordenberg, deren
Stammort gleiches Namens nächst dabey befindlich

Zweyter Th.   H   und

und nach Windelspach gepfarrt ist. Der Ort kam
nachhero an den damaligen Kastner zu Leutershausen
Hanns Rain, welcher ihn 1531. an Markgraf
Georg käuflich überlies, der dann kurz hernach
1535. auch denjenigen Antheil auf gleiche Weise
an sich brachte, welchen Dorothea Fürbringerin zu
Rothenburg besas.

Oberamt Creglingen.

Die Gränzen des Oberamts Creglingen, zu welchem

    Das Kasten = und Stadtschultheisenamt Creglingen,

    = Oberschultheisenamt Markt=Steft

    = Verwalteramt Reinsbronn und Ingolstadt,

    = Schultheisenamt Seegniz, und

    = Aemtlein Tauberzell

geordnet sind, erstreken sich gegen Morgen: an das Oberamt Uffenheim, und das Reichsstadt rotenburgische Gebiete; gegen Abend: an die hohenlohischen und würzburgischen Lande; gegen Mittag: wieder an das hohenlohische und rotenburgische Gebiete; und gegen Mitternacht: an das Hochstift Würzburg.

            Die

Die Lage dieses Oberamts, welches in der Länge und Breite nur zwey und eine halbe Stunde beträgt, ist mehrenteils bergigt, abhängig, und wenig eben. Auch der Erdboden und dessen Güte ist von verschiedener Beschaffenheit.

In der Gegend um Creglingen herum, findet man meistens leichtes, röthlichtes, auch theils weises Erdreich, das durchgängig mit Steinen vermischt ist, und sich nur einen Schuh tief bearbeiten läßet, weil man schon in dieser geringen Tiefe, auf rauhe Felsen, rothen Leimen und blauen Letten stößt; hingegen haben die Felder im Oberschulthelsenamt Steft mehrenteils schweren, fetten und leinichten Boden.

Der Landmann giebt sich alle Mühe das Erdreich so viel möglich zu kultiviren, daher man denn auch mehrere gute und fruchtbare Gegenden, antrift, deren Verbeßerung in einem noch höhern Grade erfolgen würde, wenn man sich nicht mit dem durchaus nötigen Dung auf die Wiesen und Weinberge verteilen müßte.

Die Aeker dieser Landes Gegend tragen verschiedene Sorten Getraid, besonders Gersten und Korn, welches letztere aber, im Amte Creglingen, mit

mit Dinkel vermiſcht werden mus, wenn der End-
zwek einer reichen Aernde erlangt werden will.
In ſchlechten Aeckern wird Haber, Erbſen, Linſen,
Wicken, Kraut, Erdbirn und Rangeres oder Bur-
gunderruben, gebauet. Waizen kan aber daſelbſt
gar nicht angeſäet werden, weil dieſe Frucht gutes
Erdreich erfordert. Dinkel, oder der, aus ſol-
chem gegerbt werdende, Kern, Gerſten und etwas
Haber ſind diejenigen Produkte deren gewonnenen
Ueberfluß der Landmann zu ſeiner Nahrung verkauft.

Die Wieſen, im Amte Creglingen, liegen
meiſtens in Thälern an der Tauber und am Rimbach, ſie ſind ſehr fruchtbar, treiben fettes haber-
mäſiges Gras, und werden auch durchgängig zweymal abgemähet. Sogenannte Hochwieſen, d. i.
ſolche welche an-oder auf den Anhöhen liegen, ſind
natürlicher weiſe mager. Doch tragen auch dieſe
nach der gehörigen Bedüngung, und bey öfters er-
folgendem Regen, vieles Futter. Gewöhnlich wird
auf einem Morgen Wieſen oder 180. ☐ Ruthen
Land *) in guter Lage, 8. bis 10. Centner Heu,

H 4   auf

*) Creglingen hat das überhaupt in der Franken-
     gegend gewöhnliche kleinere Feldmäs. Man weis
                             dort

auf einem schlechten Morgen aber 4. bis 5. Centner
erbauet; durch die zweete Heuärnde oder sogenanntes
Grommaten wird ungefehr die Helfte des vorge=
dachten Ertrags erlangt.

Unter den Wiesen des Oberschultheisenamts
Steft behaupten die Obernbreiter, Gnodstatter
und Martinsheimer den Vorzug. Steft selbst hat
zwar viele, aber äuserst magere Wiesen; iedoch ist das
Heu wegen der vielen dort herum wachsenden Kräu=
ter von vorzüglicher Güte: der Wieswachs in der
stefter Markung könnte wahrscheinlich dadurch sehr
verbessert werden, wenn man längs dem Ufer des
Mains, verschiedene Wasserräder erbauen liese.
Diese Anstalt würde auch um so leichter eingerichtet
werden können, als auf dieser Seite des Ufers keine
Pferde zum Schiffeziehen, wie auf der entgegenge=
setzten, gehen. Die Wässerung würde die stefter
Wiesen zuversichtlich so verbessern, daß sie zweimal
ab=

dort von keinem Unterschied der Morgen oder Tag=
werke, und rechnet durchgängig bey Aeckern, Wiesen,
Gärten und Holz nach Morgen zu 180. □. Ruthen
à 12. Schuh, da indeßen in den meisten übrigen
Landesbezirken 360. □ Ruthen auf einen Morgen
oder Tagwerk gerechnet werden.

abgemähet, und dadurch dem Mangel des Heues in dasiger Gegend abgeholfen werden könnte.

Die Pferd = und Bienenzucht ist im Ober= amt Creglingen ganz unbedeutend. Erstere kan auch nie beträchtlich werden, weil an den steinigten Rangen und Anhöhen die nötige Weide fehlt. Um so besser aber kommt die Rindviehzucht in Auf= nahme, im Amt Steft ist aber auch diese ganz unbeträchtlich.

Der Tauberfluß liefert viele Weißfische, zu= weilen auch Hechte, Karpfen, Barben und Aale; der Rimbach aber noch außer diesen Gattungen schmackhafte Forellen.

Die, im Oberamt vorhandenen Waldungen, machen zusammen 3079. Morgen aus. Für einen so kleinen Distrikt hinreichend genug. Fichten = und Forlnbäume sind darinnen sehr selten, weil sie fast durchgängig aus Eichen, Buchen und Espen oder Laubhölzern bestehen. Erlholz wächst häufig an den Bächen, und die vielen lebendigen Hecken mit wel= chen die Wiesen und Felder umfangen sind, desglei= chen die unzälligen Weichselbäume im Amt Steft, ge= ben der dortigen Gegend ein sehr mahlerisches gar= tenmäsiges Ansehen.

H 3   Merk=

Merkwürdige Naturprodukte finden sich nicht
vor; man müßte denn hierunter den sehr ergiebi-
gen Sandsteinbruch bey Freudenbach zählen, aus
welchem man vortrefliche Quadersteine zu Gebäuden
und Bildhauereien erlangt. *)

Fabriken und Manufakturen werden leider!
auch in dieser Landesgegend vergeblich gesucht, ohngeachtet der Ort Steft ganz vorzüglich zur Handlung gelegen ist, und die Produkte durch die Main-
schiffarth leicht in mehrere Gegenden versendet werden könnten.

Die Nahrung der Einwohner im Oberamt
Creglingen, bestehet also lediglich im Wein- und
Getraidebau, und in der Viehzucht. Ersterer wird
mit iedem Jahre verbessert. Zwar wuchs schon
seit Jahrhunderten in der Gegend des Markts Steft
vortreflicher Frankenwein. Creglingen war aber im
Gegen-

*) Dieser Steinbruch soll aber auch gute Wetz-
steine enthalten, für welche ia bisher auch Geld
von den Landleuten auswärts hingesendet wurde.
Könnte man diese nicht besser selbst benutzen?

Gegenteil noch weit zurück. Seitdem aber die
Häcker anfangen, iunge Feyer von besserm Ge-
wächs einzuwenden und die Weinberge sorgfältiger
und fleißiger als sonst zu bearbeiten, schaft auch dort
iezt der Weinbau weit mehr Nahrung als vorhin.

Luxus ist in dieser Landesgegend noch eine ganz
unbekannte Sache. Burger, Häcker, (Weingärt-
ner) und Bauern führen eine reinliche, mit den ge-
schmeidigsten Kosten eingerichtete Haußhaltung, und
ihre Kleidungen bestehen nur aus gewöhnlichen, inn-
oder ausländischen Zeuchen und Tüchern. Sie leben
bey Fleiß nnd Arbeitsamkeit, sehr mäsig und einfach; ihr größtes Labsal ist Wein und Most, und
das ist ihnen um so mehr zu gönnen, als dieses Getränke von den meisten Einwohnern selbst gebauet
wird, und der Genus desselben zur Erhaltung und
Stärkung ihrer Kräfte gehört. Sie haben auch
den Ruhm vor sich, daß sie gute Gesinnungen
hegen, und aufrichtige, ehrliche Leute sind.

Zum Fraischbezirk des Oberamts Creglingen
gehören folgende Ortschaften:

Alten-

	Unterthanen.	
	gän,lich Ansbachische	Fremde Angehörige
Altenmühl (die)	1	—
Archshofen ein Pfarrdorf	8	50
Burgstall ein Weiler	12	—
Brauneck ein altes größten- teils zerstörtes Schlos, auf welchem ietzt wohnen	3	—
Crainthal e. W.	27	—
Creglingen eine Stadt	185	—
Ebertsbronn ein Filialkirch- dorf	8	8
Enheim ein Pfarrdorf	34	12
Erdbach e. M.	19	—
Frauental ein säkularisirtes bayreutisches Kloster, Amts- und Filialkirchdorf	—	28
Freudenbach ein Pfarrdorf	29	24
Fuchsmühl (die)	—	1
Gnottstadt ein Pfarrdorf	117	75
Grubenmühl (die)	—	1
Holdermühl (die)	—	1
Lehrhof (der)	—	2
Martinsheim ein Pfarrdorf	58	27

Neun

	Unterthanen.	
	gänzlich Anspachische	Fremde Angehörige
Neunstetten e. W.	19	12
Niedersteinach e. W.	24	2
Niederrimbach ein Filial-kirchdorf	29	20
Obernbreit ein Pfarrdorf	145	75
Oberickelsheim ein Pfarr-dorf	40	1
Reinsbronn ein Pfarr-dorf	25	—
Schön ein Weiler	13	—
Seegniz ein verschloßenes Pfarrdorf	24	65
Sickershausen ein Pfarr-dorf	101	—
Standorf ein Filialkirch-dorf	11	—
Steft ein ansehnlicher Markt-flecken	192	—
Schirmbach e. W.	16	—
Tauberzell ein Pfarrdorf	57	—
Untertauberzeller Mühl (die)	1	—
Weidenhöf e. baireutl. W.	—	6

zusam-

zusammen also : 1. Stadt, 1. Marktflecken, 11.
Pfarr- und 4. Filialdörfer, 8. Weiler, 1. altes
Schloß, 6. einzelne Höfe und Mühlen, in welchen
sich 1198. brandenburg anspachische immediat Unterthanen und 410. fremdherrschaftliche Angehörige
befinden, die mehrenteils den fürstl Häusern Baireuth und Schwarzenberg, dem Hochstift Wirzburg und der Reichsstadt Rotenburg angehörig
sind.

Einige dieser Ortschaften verdienen eine
nähere Bemerkung :

Brauneck ein altes auf einer Anhöhe gelegenes Schloß, von welchem noch ein viereckigtes,
mit einem Graben und Brücke auch einigen Thürmen
versehenes Gebäude stehet, das dreien Bauern zur
Wohnung dient; das Hauptgebäude ist im Bauernkrieg 1525. zerstöret worden.

Bereits im Jahr 999. besas die Veste Brauneck Graf Herrmann von Hohenloh, der Stamm-
vater dieses berühmten Hauses. 1390. gelangte dieselbe, durch Heirath an Johann III. Burggrafen
zu Maydburg, (Magdeburg) und 1429. an deßen
Sohn Michael, welcher darauf im Jahr 1448. die
ganze

ganze Herrschaft dieses Namens an Markgraf Albrecht zu Brandenburg verkaufte.

Creglingen eine kleine Stadt an der Tauber, welche durch eine Mauer und drey Thore verwahrt wird. Als öffentliche Gebäude sind dort zu betrachten :

Das im Jahr 1734. erneuerte Schlos, in welchem der iedesmalige Oberamtmann wohnet ;

die Pfarr = oder Stadtkirche, 1727. ganz erneuert ;

das Rathhaus 1739. und 1740. neu erbaut ;

die alte Hergottskapelle außerhalb der Stadt am Gottesacker, im Jahr 1384. von Conrad und Gottfried von Brauneck gestiftet, wohin in den Zeiten vor der Reformation viele Wallfahrten geschahen; wie man denn auffen an der Kapelle noch die sechzig Treppen hohe steinerne Kanzel siehet, von welcher damals der Ablas verkündet wurde.

Die ältern Besitzer dieser Stadt waren eben iene, welche vorhero, bey dem alten Schloß Brauneck angeführt wurden, indem der Ort zu der Herrschaft

ſchaft dieſes Namens gehörig war, und mit ſolcher zugleich im Jahr 1448. zum Burggraftum kam. Nur dies mögte noch zu berühren ſeyn, daß Creg‍lingen im Jahr 1349. von Kaiſer Carl IV. Stadt‍ und Marktgerechtigkeit, und die Befugnis Stock und Galgen aufzurichten erhalten hat.

Obernbreit ein ſehr groſes Pfarrdorf an dem Braitbach, ohnfern des ſchwarzenbergiſchen Städt‍gens Marktbreit. Es kan daſſelbe durch vier Thor‍thürme verſchloßen werden, iſt auch auf der einen Seite von einem tiefen Graben, und auf der andern mit dem gedachten Bach umgeben. Der Ort war ehehin der Sitz des Oberſchultheiſenamts, das aber ſeit dem Jahr 1730. nach Markt Steft verlegt wurde. Er kam zugleich mit Creglingen, als Zu‍behörde der Herrſchaft Brauneck an das Burg‍graftum.

Reinsbronn ein Pfarr‍ und Amtsdorf mit einem herrſchaftlichen Schloße. Schon von den mittlern Zeiten an gehörte der Ort dem ehemaligen Geſchlecht der Geyer von Giebelſtadt. Nach dem Abſterben Graf Heinrich Wolfgangs von Geyer, des letzten dieſes Hauſes, am 24. Aug. 1708., fielen die ſämmtlichen geieriſchen Be‍

ſitzun‍

ſitzungen, in Folge eines beſondern vorhero errichteten Einverſtändniſſes, an den König Friederich den erſten in Preuſſen, von deſſen Nachfolger, des Königs Friederich Wilhelm Maie-
ſtät, ſolche im Jahr 1729. an den höchſtſeeligen
Herrn Markgrafen Carl Wilhelm Friederich,
bey Ihrer, mit der königlich preußiſchen Prinzeſſin, weiland Ihro königlichen Hoheit Friederiken Louiſen getrofenen Vermählung, abge-
treten, und für immer dem hochfürſtlichen Hauß
Brandenburg Anſpach überlaßen wurden.

Seegnitz, ein durch drey Thore verſchloſ-
ſenes Pfarrdorf, dem ſchwarzenbergiſchen Städtgen Marktbreit gegenüber gelegen, das zur Helfte dem freiherrlichen Geſchlechte Zobel von
Giebelſtadt gehört. Der größte Theil der dortigen Einwohner ernährt ſich durch den Weinbau.

Sickershaußen ein groſes Pfarrdorf in
das Oberſchultheiſenamt Marktſteft gehörig, welches der ehemaligen Herrſchaft Brauneck einver-

Zweyter Th.   J   leibt

leibt war, und mit dieser an das burggräfliche
Haus kam. Der Ort treibt eine ansehnliche
Handelschaft mit vortreflichen Frankenwein.

Steft ein ansehnlicher Marktflecken, der
allerdings würdig wäre, mehrers in Aufnahme zu
kommen: denn seine angenehme Lage scheint ganz
zur Handlung geschaffen zu seyn. Mit der billig-
sten Fracht würden die Fabrikanten ihre Waaren
in alle Gegenden Teutschlands versenden können,
wozu der am Ort vorbeiströmende Main sehr vor-
träglich wäre. Die zwey daselbst iährlich gehalten werdende Jahrmärkte waren ehemals, so wie
die Handlung, ansehnlicher, als ietzt; doch ist
der montägige Frucht- und Getraidmarkt noch
sehr beträchtlich, weil die Kitzinger, Stefter, Wert-
heimer und Hanauer Schiffer vieles Getraid auf-
kaufen, und nach Frankfurt führen. Zur Bequemlichkeit der Käufer und Verkäufer ist ein ansehnliches massives Schrannengebäude errichtet worden, worinn die Schiffleute, und besonders die
Schweinfurter das erkaufte, und zu verkauffen
gewillte Getraid bis zur weitern Verführung,

gegen

gegen eine geringe Abgabe auffpeichern. Das
Lagerhaus und der Kraan am Mayn, find eben=
falls maffiv erbauet; erfteres faßt 6. bis 8000.
Centner Güter, und der nechft daran befindliche
tiefe Kanal, in welchem die Schiffe für den ftärk=
ften Eisbruch gefichert find, gehört mit unter die
beften am ganzen Maynftrom. Beftimmte an=
fehnliche Baugnaden und andere zu verwilligende
Freiheiten, würden wahrfcheinlich zu beßerer Auf=
nahme des Markts Steft vieles beitragen können,
und vielleicht manchen fremden Fabrikanten und
Manufakturiften bewegen, fich hier niederzu=
laßen. —

In ältern Zeiten gehörte der Ort mit zur
Herrfchaft Brauneck; er kam alfo zugleich mit den
übrigen Maindörfern im Jahr 1448. an das burg=
gräfliche Haus. Bis zum Jahr 1646. war hier
eine fonderbare Gewohnheit. Es wurde nemlich
iährlich dreimal, fowol in Steft, als in den übri=
gen 5. Maindörfern, im Februar, May, und zur
Herbftzeit, iedesmals 24. Stunden lang, ein foge=
nanntes Hochgericht gehalten, dabey fich der Amt=
mann zu Creglingen, nebft andern Beamten, Frau=

en=

enzimmern, Jägern, Spielleuten und Hunden ein-
fand, und eine grose Malzeit verzehren halfen. Man
stellte dabey eine Kufe mit Wein auf die Gaße, und
legte darein eine Schüßel, damit iedermann wer
nur wollte, daraus schöpfen und trinken konnte. Alle
hieben aufgelaufene Unkosten, oder die sogenannte
Atzung, mußte die Domprobstey zu Wirzburg,
wegen der, in dasiger Gegend zu beziehen habenden
Zehenden, bezahlen. Durch einen aufgerichteten
Rezeß kam im Jahr 1646. dieser Gebrauch hier,
und in den übrigen Mainorten ab, und die Domprobstey liefert seitdeme, statt dieser Atzung, ein
iährliches gewisses Quantum an Wein.

Oberamt Creilsheim.

.

Das Oberamt Creilsheim, welches aus
Dem Kastenamt - und
Stadtvogteiamt Creilsheim,
Kastenamt Werdeck oder Gerabronn,
— — Bemberg oder Wiesenbach,
— — An - und Lobenhausen,
Renteyverwalteramt Goldbach, und
Verwalteramt Markertshofen,

bestehet, liegt 10. Stunden von der Residenzstadt
Anspach, und ist eines der weitläuftigsten untergebürgischen Oberämter, indem es sich 9. Stunden
in die Länge und 5. in die Breite ziehet. Es
gränzt dasselbe gegen Morgen, an das Oberamt
Feuchtwang, gegen Abend an die fürstlich hohen-
lohesche und limburgische Lande, und an das Gebiete der Reichsstadt Schwäbischhalle; gegen
Mittag an die Probstey ellwangische und fürstlich
öttingische Lande, auch an die Reichsstadt Dinkelsbühl; gegen Mitternacht wieder an das ho-

J 4   hen-

henlohesche, und das Reichsstadt rothenburgische
Gebiete.

Die Lage desselben ist sehr verschieden: von
Leukershausen bis Creilsheim, ist sie mit Bergen
coupirt, die mit treflichen Waldungen besetzt sind.
Von Creilsheim bis an die hallisch- und ellwangische Gränzen ist ebnes Land; gegen Rothenburg
und Plofelden findet man Anhöhen und wenig
Wald. Creilsheim selbst aber, liegt in einem ungemein fruchtbaren Thale, das die Jachst bewäs-
sert.

Der höchste Berg des Oberamts ist der gegen
Abend gelegene Burgberg, von welchem man eine herrliche Aussicht tief in das würtembergische
hinein genießt. Die Erde ist von verschiedenem
Gehalte. In der Ebene ist der Boden von fruchtbaren schwarzem Ton; — doch hie und da etwas
zu schwer, lettig, und gipsartig. Auf der Höhe
ist dieser meistens sandig, dennoch mehr schwer als
leicht. Im Amt Goldbach findet sich thonartiger
lettiger Boden, weswegen auch dort die Aecker
nicht sehr fruchtbar sind, und nur Dinkel und Ha-
berfrüchte tragen. Hin und wieder trift man auf

der

der Oberfläche der Aecker, welche an den Hügeln
liegen, Bohnerzte an. — Ein Beweis, daß
diese Gegenden reichhaltig an unedlen Mineralien
sind, wenn man nachschürfen wollte. Wie man
denn auch in ausgeflößten Erdklüften Schiefer,
Gyps und Gypsmarmor findet. Auf der Höhe
und in Thälern an den Bergen, sind die Quellwas-
ser von sehr gesunder Beschaffenheit. Im flachen
Lande aber sind sie hart und führen vielen Tophus
bey sich.

Die in der Ebene gelegenen Aecker tragen
gröstentheils Dinkel und Haber; gegen Dinkelsbühl und Feuchtwang hin, im leichten Erdboden,
lauter Korn. Gersten aber wird kaum zur nöthigen Konsumtion hinlänglich gebauet; weswegen
solche von benachbarten Gegenden, und vorzüglich
aus dem Ries und den Gegenden am Hesselberg
beygeschaft wird. Der allzuhäufige Erdbirn- oder
Kartoffelnbau verdrängt in dieser Gegend oft edle-
re und gesundere Früchtgattungen.

Ob mit der Zeit nicht der Wachsthum und
die Gesundheit des Bauernstandes durch den beina-

he

he alltäglichen Genuß dieser Frucht, Noth leidet, mag der Naturforscher untersuchen.

Kraut bauet man hier nicht immer hinlänglich, weswegen öfters aus dem sogenannten Krautlande um Merkendorf, viele Wägen voll zur nöthigen Bedürfniß hieher geführet werden.

Erbsen und Linsen ärndet man in geringer und schlechter Qualität, weil der Boden für diese Früchte zu schwer ist.

Flachs und Hanf wird ziemlich, doch nicht hinlänglich gebauet. Ein grofer Theil desselben wird noch aus dem benachbarten hällischen Gebiete, und der Lein aus den rheinischen Landen eingeführet.

Besser sieht es mit dem Obstbau, besonders im Amt Goldbach, aus. Mancher Bauer erlößt öfters mehr aus seinem Obstgarten, als aus dem Getraide. Dieser Nahrungszweig rührt noch von dem gräflich geierschen Besitz her, während welchem die Einwohner mit den besten Obstsorten versehen worden sind.

Der Bauer im Oberamt Crailsheim lebt meistens von dem Erlös seines Ueberflusses des erbauten Habers und Dinkels, vorzüglich aber von der

Vieh-

Viehzucht, welche ſicher das Kleinod des ober⸗
amtlichen Bezirks genennt zu werden verdient.
Sie iſt auch aller obrigkeitlichen Aufmerkſamkeit
würdig. Würde ſie in Abgang kommen, ſo wür⸗
de auch die Circulation des Geldes, beſonders der
franzöſiſchen Münzen aufhören und der Geldman⸗
gel mit ſeinen üblen Folgen dagegen eintreten;
denn der Getraidbau iſt doch nicht, der vielen Wal⸗
dungen wegen, ſo ergiebig, daß ein groſer Ueber⸗
fluſs dadurch gewonnen, und ein beträchtlicher Han⸗
del damit getrieben werden könnte.

Den mehreſten Wohlſtand des Landmanns
verurſachet hauptſächlich die vorzüglich gute Beſchaf⸗
fenheit der Wieſen am Jachſtfluß und in den Grün⸗
den, welche zur Viehzucht das meiſte beitragen,
und die Maſtung der Ochſen erleichtern, die bis
ins franzöſiſche nach Hunderten getrieben, und dar⸗
aus anſehnliche Summen erlöſt und in das Land
gebracht werden. Die Wieſen an der Jachſt ſind
reich an den beſten Futterkräutern, und haben noch
den Vorzug, daß ſie wegen des höhern Ufers des
Fluſſes nicht ſo leicht wie die an der Wörnitz und
Altmühl gelegenen, überſchwemmt werden. Der
Wie⸗

Wiesengrund von Goldbach gegen Creilsheim hin, ist das einträglichste der dortigen Unterthanen, und ersetzt diesen den kaum mittelmäsigen Ertrag ihrer Aecker.

Die Pferdezucht hatte vor einem viertel Jahrhundert in hiesiger Gegend bessern Fortgang als ietzt, woran theils der hohe Preiß des Mastviehes sowohl als der Fuhrochsen (welche überhaupt bey dem Feldbau sicherer und nützlicher zu gebrauchen sind, als die Pferde) theils aber auch der eingeschränkte Handel mit den gebrandten Studen Ursache seyn mag. Durch letzteres wurden ganze Orte schlüssig, die Pferdezucht völlig abgehen zu lassen.

Zu wünschen wäre es deswegen, daß man auch dem Bauer durch Prämien zur Pferdezucht aufmuntern mögte. Inzwischen werden dennoch hier und da, z. E. in Jachsheim, wo kein Mutterpferd, sondern lauter ganze Pferde und Wallachen ausgetrieben werden, viele iunge dergleichen Thiere gezogen, und nachher als iährig oder zweyiährige auf den benachbarten anspachischen und elwangischen Roßmärkten verkauft.

Sehr beträchtlich ist auch die Schaafzucht, wegen der an teils Orten überflüssigen Waiden. Doch hat hier noch niemand an die Veredlung der Schaafe durch ausländische Böcke gedacht. Die Schweinszucht kam seit mehrern Jahren in grose Aufnahme; auch die Bienenzucht wird in verschiedenen vorträglichen Gegenden mit Nutzen betrieben, so daß man zuweilen eine Bank oder Bienenstand antrift, die den Werth von 100. fl. übersteigt.

Die Fischerey ist, seitdeme der grose Weiher bey Roth am See eingegangen und zu tragbaren Wiesen und Aeckern umgeschaffen worden, (welches Schicksal auch die meisten kleinen Seen und Weiher im Oberamt traf), nicht mehr so beträchtlich als ehehin. Nur die Jachst liefert noch, aber nicht mehr in solcher Menge als sonst, geschmackhafte Aale, Hechte, Karpfen, und andere minder gesucht werdende Fische. In verschiedenen Bächen findet man ungemein schöne Krebse, welche aber meistens in die benachbarte ellwangische und würtembergische Gebiete verschleppt werden. Diese Landesgegend hat auch eine wahre Goldgrube durch die dort befindlichen schönen und einträglichen Waldun-

dungen, welche zusammen 5642. Morgen betragen. Die Forsteien Grimschwinden, Burgberg,
Weippertshofen und Kappel, dann noch einige andere minder beträchtliche, liefern alle mögliche gute Sorten des besten Bau- und Brennholzes, an
Eichen, Buchen, Fichten, Tannen, und etwas
weniges an Forln.

Ehehin war ein so grofer Ueberfluß an diesen
Holzgattungen, daß aus Mangel des Verschlusses
ein grofer Theil aus Alter abgestanden und verdorben ist.

Diesem forsteilichen Gebrechen ist aber seit
verschiedenen Jahren durch die Errichtung einer
Schneid- und Sägmühle an der Jachst; durch
den Verkauf vieler grofen Bäume nach Holland;
durch den Betrieb eines Alaun und Vitriolwerks
und des Salzwerkes bey Gerabronn abgeholfen.
Der Abgang wird durch pflegliche Behandlung und
gute Kultur der Wälder von Zeit zu Zeit wieder
ersetzt, so daß man überall die schönsten iungen
Anflüge und Laubholzschläge findet.

Ohngeachtet Fabriken und Manufakturen,
wenn man Fürth und Schwabach ausnimmt, im
Fürstentum Anspach wenig gedeihlichen Erfolg zeigen,

gen, so finden sich doch im Oberamt Creilsheim verschiedene dergleichen und auch andere Anstalten, welche nicht nur eine Menge Menschen ernähren, sondern auch durch ansehnlichen Verschluß fremdes Geld einbringen. Hieher gehöret vorzüglich:

1. die Fayencefabrik des Herrn Kommercien-kommissärs Weiß zu Creilsheim, dessen Vater, ein armer redlicher Hafner, hiezu den Grund gelegt hat. Die Fabrikgebäude befinden sich in der untern Vorstadt. Sie hatte ehehin grosen Verschluß nach der Schweiz und in das hannöverische. Nachdem aber daselbst eigene Fabriken von unächtem Porzellan errichtet worden, so gehet diese Waare in das benachbarte Schwaben und österreichische. Die Arbeiten gränzen sehr nahe an ächtes Porzellan, sowohl in Ansehung der Erde, als der Mahlerey.

2. Die zwey Rotton- und Zizfabriken. Sie gehören den Fabrikanten Vogel und Most; liefern sehr gute dauerhafte Waare, und haben einen starken Verschluß in und ausserhalb des Landes.

3. Das

3. Das Alaun = und Vitriolwerk bey Creils=
heim, welches für herrschaftliche Rechnung
geführet wird, gute Waaren liefert, und einen
starken Verschluß in das Ausländische hat. *)

4. Das Salinenwerk im Brettachthale bey
Gerabronn; von welchem grosen und kühnen
Unternehmen, der Ausgang zur Zeit noch
zu erwarten ist.

Der Sauerbronnen zwischen Creilsheim und
Roßfeld, ist leider! gegenwärtig, wegen des Zu=
flußes an wilden Waßer von geringen medicinischen
Kräften, mit welchen er in den ehevorigen Zeiten,
reicher begabt und beßer bekannt war. Das Bron=
nenhaus zu welchem eine gute mit Linden besetzte
Chausſée führet, liegt in einer angenehmen Pläne
nur eine halbe Stunde von der Stadt Creilsheim
entfernet.

Unterhalb Creilsheim wo die Jachst zwischen
Bergen fortläuft, findet man häufig Versteine=
rungen von Fischen, Krebsen und andern In=
sekten, die nicht selten sehr schön sind.

Die Mühlen am Jachstfluß verdienen des
ausserordentlich feinen Mehls wegen, das insge=

mein

*) s. 1t. Theil S. 224.

mein Mundmehl genennt wird, angemerkt zu
werden. Eine und eine halbe Stunde von Crcilsheim, über Roßfeld, liegt der herrschaftlich- Fohlenhof Oelhauß; woselbst eine ansehnliche Zahl
Fohlen, von ausgesuchter Schönheit und Raçe,
unter besonderer Aufsicht eines Inspektors, zum
Dienst und Vergnügen des Fürsten erzogen werden.
Die Gebäude sind hiezu treflich eingerichtet, wie
denn auch für genugsame nahrhafte Weide, Weiher,
und Waldungen gesorgt ist, welch letztere mit verschiedenen Alleen durchschnitten sind.

Die Tracht der ländlichen Mannsleute, im
Oberamt Crcilsheim, ist äusserst einfach. Ein
schwarzer, brauner, bey Professionisten blauer Rock;
von eigen gezogener Wolle, oft selbst gewebt,
zwillchne Hosen, ein grober Filzhut, und mit eisenen
Nägeln beschlagene Schuhe; macht ihre ganze
Garderobbe aus. Eben so simpel ist die Tracht der
Bauernmädgen. Ein wollener brauner Rock, mit
einer glatten Haube; und wenns festlich hergeht,
etwann ein seidenes Halstuch; womit sie öfters mehr
natürliches weibliches und gefälliges Wesen zu
verbinden wissen, als nicht unsre Modedamen mit
ihrem männlich wilden fliegenden Putz.

Zweyter Th: K   Se.

So einfach wie ihre Tracht, ist auch die länd-
liche Lebensart. Erdbirn und Sauerkraut, mit ein-
gesponnetem Speck oder geräuchertem Fleisch, nebst
groben schwarzen Brod, und eben so groben Mehl-
speissen, dann Wasser zu ihrem täglichen Getränk, macht
die Nahrung der Bauern von mittelmäsigem Vermögen aus. Reichere leben schon schwelgerischer, trinken
Kaffee, und rauchen eine Pfeiffe Tabak dazu; letzterer ist vorzüglich ein unentbehrliches Stück der
Tagelöhner. Wein wird nur da getrunken, wo
gewisse Feierlichkeiten eintretten; Z. B. bey Kindtaufen, Hochzeiten, Leichenbegängnissen, Kirchweihen, Zehendverleihungen, Güter- und Häußer-
handel und dergleichen mehr. Mich dünkt hierunter
zeigt sich noch vorzüglich der, den Teutschen überhaupt vorgeworfene Hang zum trinken; denn kein
Geschäfte von einigem Belang, geht unter ihnen
für, es mus mit trinken angefangen, und mit
trinken beschloßen werden.

Das schädliche Brandweintrinken nimmt in
dieser Landesgegend sehr überhand. Der sparsame
Gebrauch des Brandweins mag bey so rohen und
unverdaulichen Speisen wohl nötig seyn; aber der
Miß-

Mißbrauch deſſelben iſt doch immer von böſen Folgen. —

Der Bauer im creilsheimer Oberamt bedient ſich ſelten anderer Lebensmittel, als er nicht ſelbſt auf eigenen Grundſtüken gewinnt. Er hängt alſo ganz von demjenigen Boden ab, den er baut und be= wohnt. Daher nimmt er auch gar zu gerne deßen gute oder ſchlimme Beſchaffenheit an. Deswegen iſt der creilsheimiſche Bauer weit nicht ſo geſittet, als der auf dem Sandlande, auch lebt er viel ſchlech= ter, und denkt ſo langſam als ſeine Sprache und übrige Art zu handeln iſt.

Sonderbar iſt es, daß in dieſem Landesbezirk, gegen das Reichsſtadt halliſche Gebiete hin, die Kröpfe am Hals ſehr gewöhnlich ſind. Woher dies Uebel eigentlich rühre, iſt zur Zeit noch unent= ſchieden. Wahrſcheinlich iſt hieran entweder das Waſſer, oder das Tragen ſchwerer Laſten auf dem Kopfe, Schuld.

Den Karakter des Landvolks im Oberamt Creilsheim genau zu beſtimmen iſt allerdings bey ſo groſer Verſchiedenheit der Menſchen ſchwer. Wenn man inzwiſchen ſagt: daß daſſelbe, im ganzen, noch wenig über ſeine eigentliche wahre Vorteile

K 2   ſowol,

sowol, als über die seines Nebenmenschen aufgeklärt ist; daß seine Religionsbegriffe noch sehr um-
nebelt; daß diese Begriffe noch von sehr geringem
Einfluß auf das praktische Leben sind; und daß diese
Volksklasse den Staat dem sie dienet, noch nicht
genugsam kennt, folglich die Obliegenheiten und
Verbindlichkeiten gegen selbigem, nur so weit wisse,
als sie ihm durch amtliche Zwangsmittel bekannt
gemacht werden; — so möchte das Bild am ähn-
lichsten gezeichnet seyn. Es giebt, wie in allen
Ständen, also auch unter dieser Klasse, brave
und schlechtdenkende, dienstfertige und eigennützige,
tugendhafte und lasterhafte. Inzwischen bleibt
der schönste Zug in ihrem Karakter, immer:
die herzliche vertraute Liebe zu ihrem
Fürsten. Mit Theilnehmung und inniger
Ehrfurcht nennen sie Seinen Namen; und selbst
ihre Volkslieder enthalten Ausdrüke des Dankes
für Seine sanfte Regierung.

Mit der hohen Jurisdiktion sind folgende
Ortschaften dem Oberamt Creilsheim unterworfen:

Aichel-

	Unterthan'en.	
	gänzlich Anspachische	Fremde Angehörige
Aichelberghof ein Weiler	5	
Aichelhof und Seegmühl	—	2
Altenfelden e. W.	—	3
Altenmünster e. Pfarrdorf	32	2
Amlishagen ein adelich von Holzischer Rittersitz und Pfarrdorf	—	47
Anhausen e. verfallenes ehemaliges Kloster augustiner Ordens, von Leopold von Bebenburg im Jahr 1357. gestiftet, und 1557. säkularisiret.		
Aschbach bey Waldthann e. W.	—	4
Aspach bey Hengstfeld e. W.	1	9
Auhof (der)	2	—
Aumühl (die)	1	—
Appensee e. W.	7	5
Baimbach e. Filialkirchdorf	20	4
Banzenweiler e. W.	5	6
Bernhaltermühl (die)	1	—

K 3

	Unterthanen.	
	gänzlich Anspachische	Fremde Angehörige
Bauzenhof (der)	—	2
Bechhof b. Hohnhard (der)	—	2
Bechhof b. Ellrichshausen e. W.	—	19
Beitenmühl (die)	—	2
Belgenthal e. W.	23	4
Betzhof (der)	—	1
Bemberg e. W. mit einem alten ruinirten Schloß	4	—
Bergbronn e. W.	1	9
Berkertshofen e. Filialkirchdorf, s. Ob.A. Feuchtwang.	—	—
Bernhardsweiler e. Filialkirchdorf den Altschöllil. Erben gehörig	—	34
Beyerlbach e. W.	22	2
Bezenhof (der)	—	2
Blindhöflein (das)	—	1
Blobach e. W.	14	17
Breinersberg e. W.	—	4
Bronnholzheim ein Filialkirchdorf	18	13

Brunzen=

	Unterthanen.	
	gänzlich Anspachische	Fremde Angehörige
Brunzenberg e. Reichsstadt hallil. W.	—	5
Buch e. vermischtes W.	—	4
Buckenweiler e. oettingisches W.	—	10
Bubenmühl (die)	—	1
Burgberg (der)	1	—
Burleswagen e. W.	6	3
Bügenstegen e. W.	7	—
Bürckelbach e. W.	1	9
Conenweiler e. ödes Weiler dessen Güter die umliegenden Ortschaften besitzen.	—	—
Cottmannsweiler e. W.	1	4
Creilsheim eine Stadt	387 Häuser	
Diefenbach e. Pfarrdorf	32	22
Eckerroth e. R. St. hallisches W.	—	9
Ellrichshausen e. Pfarrdorf	34	5
Elpershofen e. W.	—	8
Emmertsbühl e. W.	10	—

Engel-

	Unterthanen.	
	gänzlich Anspachische	Fremde Angehörige
Engelhardshausen e. Filials		
kirchdorf	32.	—
Erkenbrechtshausen ein W.		
und freiherrl. von Se-		
ckendorf. Rittersitz	—	19
Erpfersweiler e. W.	5	2
Espach e. Altschöllil. W.	—	7
Eulenmühl (die)	1	
Fichtenhof (der)	—	4
Fischhaus (das) oder Bür-		
gerhäußlein	1	
Flügelau e. verfallenes Schloß	—	—
Forst e. vermischtes W.	—	8
Fuchshof (der)	1	—
Gailroth e. vermischtes W.		15
Garthausen e. vermischtes		
W.	—	3
Gerabronn ein Marktfle-		
cken	85	—
Gehrsbach e. W.	—	5
Geißbühl e. W.	2	11
Geißmühl (die)	1	

Geisel-

	Unterthanen.	
	gänzlich Anspachische	Fremde Angehörige
Geiselroth e. ellwang. W.	—	7
3. liegen in ellwanger Fraisch.		
Gerbertshofen e. W.	4	11
Giesrechenmühl (die)	—	1
Goldbach ein Pfarrdorf	28	—
Grashof oder Rashof e. R. St. hallisch. W.	—	4
Grosenhub e. W.	1	6
Gröningen ein Pfarrdorf und freiherrl. von Seckendorf. Rittersitz	9	46
Grünberg e. W.	—	4
Gründelhard e. Pfarrdorf	23	17
Grumpenstegmühl b. Hohn- hard	—	1
Gunzach e. W. adel. Hoferil.	—	8
Hagenhof (der)	—	1
Haincfenbusch (der)	—	2
Hainzenmühl (die)	1	—
Halten e. adel. Knörringis. W.	—	3

Ham-

	Unterthanen.	
	gänzlich Anspachische	Fremde Angehörige
Hammermühl (die)	—	1
Hammerschmide (die) bei Onolzheim	1	—
Hannenhof (der)	—	2
Hannenseegmühl (die)	—	1
Hard e. vermischtes W.	—	7
Hardhof und die Mühl	—	3
Haselhof e. W.	10	—
Hauffertsmühl (die)	—	1
Heerbühl e. vermischtes W.	—	12
Hegenberg (der)	—	2
Heinershof (der)	—	1
Heldenmühl (die)	1	—
Helmshofen bey Gründelhard e. W.	3	10
Helmshofen b. Gröningen ein Filialkirchdorf	2	11
Hemmershof (der)	1	—
Henkseg ein einzelner Hof	—	1
Hengstfeld ein Pfarrdorf	13	9+
Heroldshausen ein hohenlohilt. W.	—	10

Hezel-

	Unterthanen. gänzlich Anspachische	Fremde Angehörige
Hezelhof (der)	1	—
Hinteruhlberg e. ellwang. W.	—	7
Hirschhof (der)	—	3
Hirschmühl (die)	—	1
Hohenberg e. W.	2	—
Hohenthann oder Willa ein W.	3	2
Hohenbronn e. einzelner Hof	1	—
Hohnhard ein Pfarrdorf	12	50
Hornberg e. W. und freiherrlich von Creilsheimischer Rittersitz	—	30
Horschhausen e. W.	5	6
Hülbert ein einzelner Hof	—	1
Jagstheim ein Pfarrdorf	49	40
Jagstzell ein Dorf mit einer ellwangischen katholischen Pfarre	—	25
19. Häuser liegen in ellwanger Fraisch		
Ingersheim e. Filialdorf	62	7

Joas

	Unterthanen.	
	gänzlich Anspachische	Fremde Angehörige
Joas oder Oshalten e. W.	3	8
Ipshof (der)	—	2
Kalchmühl (die)	1	—
Kanhof (der)	2	—
Käshof (der)	2	—
Kernmühl (die)		1
Ketschenweiler e. altschölll. W.	—	5
Kleinbretheim e. W.	11	6
Klinglesmühl (die)	—	2
Knorrnmühl (die)	—	1
Kreßbronn ein einzelner Hof	—	2
Krettenbach e. dinkelsbühl. W.	—	11
Krumbachs Seegmühl (die)	—	1
Kupferhof (der)	—	2
Kühnhard e. W.	7	7
Laudenbach e. W.	54	—
Leitsweiler e. W.	1	6
Lenckerstetten e. W.	2	14
Lendersweiler e. W.	5	4
Leuckershausen e. Pfarrdorf	13	6

lich,

	Unterthanen.	
	gänzlich Anspachische	Fremde Angehörige
Lichtenstern s. Simonsberg.		
Liebesdorf e. W.	—	4
Limbach e. W.	4	4
Lindenhof (der)	—	1
Lindlein e. W.	—	12
Lix e. Hof	—	2
Lobenhausen e. Filialkirchdorf	29	2
Lohr e. W.	5	—
Luramühl (die) herrschaftlich	—	—
Mainklingen e. R. St. halsil. W.	—	13
Markertshofen e. W.	11	—
Marienkappell e. Pfarrdorf	23	—
Maulach e. W.	18	—
Mazenbach e. adel. Senftl. W.	—	31
14. liegen in ellwanger Fraisch.		
Meelhof (der)	—	2
Melbersmühl (die)	—	1
Michelbach an der Lucken e. fürstl. Schwarzenbergisch Pfarrdorf	—	80

Michel-

	Unterthanen.	
	gänzlich Anspachische	Fremde Angehörige
Michelbach an der Haid ein Pfarrdorf . .	42	—
Michelfeilshäußlein ein einzelner Hof . .	—	1
Mistlau an der Lauben c. W. . .	4	4
Mittelmühl (die) b. Wetschgershausen . .	—	1
. . (die) b. Sontheim . .	1	—
Mußdorf ein Filialkirchdorf	5	1
Naicha bey Saalbach c. W.	1	6
Neidenfels c. W. und adelich von Ellrichshaußischer Rittersitz . .	—	12
Nestleinsberg (der) .	—	2
Neuberg e. W. . .	2	—
Neuenstettlein c. adelich Hoferisch. W. . .	—	28
Neuhaus e. einzelner Hof .	—	1
Neumühl (die) . .	—	1
Niederweiler e. teutschord. W.	—	5

Nieder=

	Unterthanen.	
	gänzlich Anspachische	Fremde Angehörige
Niederwinden e. W.	4	14
Ober- und Untermäußling e. vermischtes W.	—	7
Obermühl bey Jagstheim (die)	—	1
Oberndorf e. W. b. Beym-bach	6	1
Oberspeldach ein Filialkirch-dorf	19	14
Oberteufstetten e. vermischtes W.	—	15
Oberwinden e. vermischtes W.	1	8
Offenbach e. W.	5	1
Onolzheim e. Pfarrdorf	62	—
Oelmühl (die) bey Lauden-bach	—	1
Oelhaus e. herrschaftl. Foh-lenhof		
Partenmühl (die)	1	—
Plofelden ein Marktflecken	126	—
Prettenfeld e. W.	45	3
Rain e. W.	3	6

Rauten-

	Unterthanen.	
	gänzlich Anspachische	Fremde Angehörige
Rantenweiler e. vermischtes W.	—	6
Rauenstatt e. W.	5	1
Rechenberg ein adelich von Berlichingischer Rittersitz und Pfarrdorf	—	12
Reeh oder Grünberg e. vermischtes W.	—	6
Rechenhausen e. W.	3	3
Regelshagen oder Oberweiler e. W.	13	—
Reifenhof (der) und die Seegmühl	—	1
Rezweilerhof (der)	—	
Reuenthal e. W.	—	2
Reumühl (die)	—	1
Riedern e. W.	6	3
Riedsweiler e. W.	—	2
Riegelhof e. W.	—	2
Rockenhalten e. W.	9	—
Ropershof (der)	—	1
Roßburg e. W.	5	5

Rosen-

	Unterthanen.	
	gänzlich Anspachische	Fremde Angehörige
Rosenberg ein ellwangisches Pfarrdorf	—	60
53. liegen in ellwanger Fraisch.		
Roßfeld ein Pfarrdorf	39	1
Roth am See e. Pfarrdorf	55	—
Rother (die) Seemühl	1	—
Rothhof bey Jagſtzell (der)	—	1
Rothmühl (die)	1	—
Rothisweiler Segmühl (die)	—	1
Röthendorf e. W.	—	4
Röthlein e. adel. Hofer. W.	—	14
Rudolphsberg e. W.	16	—
Rupersbach e. dinkelsbühl. W.	—	4
Rückershagen e. W.	11	8
Saalbach e. W.	9	2
Sandhof e. W.	—	6
Satteldorf ein Pfarrdorf	10	31
Sattelhaus (das)	—	1
Sauerbronnen b. Creilsheim (der)	1	—

Zweyter Th.   L   Sau-

	Unterthanen.	
	gänzlich Anspachische	Fremde Angehörige
Saurach e. W.	—	3
Scheinbach ein Pfarrdorf	4	12
Scheibenhof (der)	—	1
Schimmelhof (der)	—	2
Schüßelhof (der)	—	1
Schittberg e. W.	15	—
Schlechardhof (der)	1	—
Schleifmühl (die)	—	1
Schmalfelden ein Pfarrdorf	20	2
Schönbronn bey Lustenau e. altschöllisch. W.	—	6
⸗ ⸗ b. Hengstfeld e. W.	4	9
Schwarzenhorb e. W.	3	—
Schwarzmühl (die)	1	—
Seegmühl (die) b. Schimmelhof	—	1
⸗ ⸗ (die) b. Stimpfach	—	1
Seeligenstadt e. W.	16	—
Seibotenberg e. W.	10	3
Seidelsdorf e. vermischtes W.	—	20
Sigisweiler e. W.	11	6

	Unterthanen.	
	gänzlich Anspachische	Fremde Angehörige
Siglershofen e. W.	1	12
Simonsberg oder Lichtenstern e. dinkelsbühl. W.	—	4
Sirenhof (der)	—	1
Sirenmühl (die)	—	1
Sperrhof (der)	—	2
Spielhöflein (das)	—	1
Spizemühl (die)	—	1
Stegenhof (der)	—	2
Steinbach a. d. Jachst e. W.	10	11
Steinbach am Wald e. W.	7	—
Steinenhag e. W.	2	2
Steinenweiler e. dinkelsbühl. W.	—	3
Stetten e. W.	6	9
Stimpfach ein ellwangischkatholisches Pfarrdorf	—	45
Stöckhof (der)	2	—
Streitberg e. ellwang. W.	—	3
Tempelhof (der)	—	1
Trienspach ein Pfarrdorf	16	15
Triftshausen e. W.	3	13

Veh-

	Unterthanen.	
	gänzlich Anspachische	Fremde Angehörige
Vehlenberg e. W.	7	—
Vehlweiden oder die Kupelinsmühl	1	—
Veitswind e. vermischtes W.	—	4
Volckertshausen e. W.	4	—
Vorderuhlberg ein R. St. hallisches W.	—	10
Unterluramühl (die)	1	—
Untermäußling s. Obermäußling.		
Unterrakeldshausen e. verödetes W.	—	—
von 21. Gemeindrechten, dessen Güter die umliegenden Orte geniesen.		
Unterradach e. W.	2	2
Unterspeldach e. W.	1	15
Unterteuffstetten e. W. und adelich von Pfeilischer Rittersitz	—	50
davon liegen 20. in creilsheimer, 22. in ellwan=		

	Unterthanen.	
	gänzlich Anspachische	Fremde Angehörige
ger und 8. in öttinger Jurisdiktion.		
Unterweiler f. Zahlbach.		
Wagner (zum)	—	2
Waidenhausermühl (die)	—	1
Waldbuch e. W.	2	11
Waldeck e. teutschord. W.	—	·13
Wallhausen ein Pfarrdorf	53	—
Waldthann ein Pfarrdorf	24	·17
Wegses e. W.	5	—
Weidmannsberg e. W.	4	1
Weilershof (der)	—	1
Weipertshofen ein Filialkirch- dorf	17	6
Weldershub e. W.	29	—
Werdeck e. verfallenes Schlos		
Werdecker Hof (der)	2.	—
Wetschgershausen e. Pfarr- dorf	20	2
Weiher- oder Seegmühl(die)	—	1
Wiesenbach e. Pfarrdorf	74	4
Wiesenmühl (die)	1	—

Wilden-

	Unterthanen.	
	gänzlich Anspachische	Fremde Angehörige
Wildenstein ein adelich von Hofer. Rittersitz und Pfarren	—	67
Willi s. Hochthann.		
Winterberg e. W.	—	2
Wittau e. W.	10	—
Wittenweiler e. W.	6	7
Wollmershausen e. vermischtes W.	—	9
Wüstenau e. W.	15	3
Zahlbach oder Unterweiler e. W.	12	—
Zankhof (der)	—	1
Zollhof (der)	1	—

zusammen also: 1. Stadt, 2. Marcktflecken, 30. Pfarrdörfer, 10. Filialdörfer, 135. Weiler, 100. einzelne Höfe und Mühlen, 2. verfallene Schlößer und 1. eingegangenes ehemaliges Kloster, worinnen sich 2101. anspachische immediat Unterthanen und 1697. fremdherrschaftliche, mehrentheils den fürstlichen Häussern Hohenlohe, Oettingen und Schwarzen-

;enberg, der Probſtey Ellwang, und den Reichs-
ſtädten, Dinkelsbühl, Hall in Schwaben und
Rothenburg, dann den freyherrl. und Reichsade-
lichen Familien von Seckendorf, von Creilsheim,
von Holz, und von Ellrichshauſen, zuſtändige Angehörige befinden.

Die merkwürdigſten unter den oben verzeichne-
ten Ortſchaften des creilsheimiſchen Oberamts ſind
folgende :

Creilsheim, eine Haupt- und Legſtadt des
Fürſtenthums B. N. unterhalb Gebürgs, welche
die Burggrafen Johann III. und Friederich VI.
im Jahr 1399. von Johann Landgrafen von Leuchtenberg mit mehrern Aemtern und Ortſchaften er-
kauften. Sie iſt ohnſtrittig in dieſem Fürſtentum,
ſowohl in Anſehung der Anzahl ihrer Einwohner,
als des Wohlſtandes derſelben, und der bürger-
lichen Gewerbe und Nahrung, nach Schwabach,
die vorzüglichſte Landſtadt.

Ihre Lage iſt ſehr geſund und angenehm, gegen
Abend fließt die fiſch- und mühlenreiche Jachſt vorbei, über welche eine gut gebaute ſteinerne Brücke
führet, und in dem ausgetrokneten ehemaligen

£ 4   Stadt-

Stadtgraben hat man in neuern Zeiten niedliche Gärten angelegt.

Daß der Ort unregelmäßig und mit engen Gaßen gebaut ist, wie alle alte Städte, verstehet sich ohnehin; — aber die drey Vorstädte, vorzüglich die untere, zeichnen sich mit einigen gut und modern gebauten Häusern aus. An öffentlichen Gebäuden findet sich in der Stadt:

a) Das alte fürstliche Schlos mit einem daran gelegenen Lust = und Kuchengarten. Es ist zwar altgothisch und unregelmäßig gebauet, hat aber dennoch einen schönen Bronnen, geräumige Zimmer und einen grosen Saal, von welchem man über den, an den Garten stoßenden Spitalsee und die Landstrase nach Dinkelsbühl und Ellwang, dann über die unten vorbey fliesende Jachst eine ergötzende Aussicht geniest. Ehehin war es die Wohnung eines Oberamtmanns. — Reisen fremde hohe Herrschaften durch, so dient dasselbe öfters zu deren Ablager, wie denn im Jahr 1764. Kaiser Franziscus, mit Seiner jeztregierenden kaiserlichen Majestät Joseph II., als Sie zur römischen Königswahl nach Frankfurth gereiset

reiſet ſind , hier abſtiegen und von der höchſten Landesherrſchaft bewirthet wurden.

b) Die groſe , im Jahr 1400. erbaute und dem
heil. Johannes geweihte Pfarrkirche in
welcher auſſer verſchiedenen Grabmälern welche
die Augen der Kenner auf ſich ziehen, auch eine
fürſtliche Gruft anzutreffen iſt, worinnen einige fürſtliche und gräfliche Perſonen ihre
Ruheſtätte haben.

c) Die alte , auf dem Marckt ſtehende Kapelle
zu unſrer lieben Frauen deren Urſprung
unbekannt iſt.

d) Der, im Jahr 1400. von den beeden Burggrafen Johann III. und Friedrich VI. ge-
ſtiftete , und mit reichen Einkünften verſehene
Hoſpital, mit der daran ſtehenden dem h.
Geiſt geweihten Kirche.

e) Die im Jahr 1579. erbaute geräumige Gottesackerkirche.

f) Das drey Geſchoß hohe Rathhaus , und

g) die öffentliche Getraidſchrannen.

Die vorzüglichſten Gewerbe der Stadt Ercils-
heim ſind :

$§$ 5   1) der

1) Der Viehhandel, wozu verschiedene Märkte angeordnet sind, und stark besucht werden.

2) Der Bretter = und Weinpfahlhandel, welche Artikel meistens aus dem ellwangi= schen kommen, und von Bedeutung sind.

3) Die beeden Cotton = und Zizfabriken, dann einige ansehnliche Färbereyen, ver= schliesen gleichfalls ein ziemliches Quantum von Waaren in und ausser Landes.

4) Der Strumpfhandel auf dem Lande und in der Stadt. Er geht in die französischen und rheinischen Lande.

5) Die Bierbrauerey so sonst stark betrieben wurde, gegenwärtig aber zimlich darnieder liegt, seitdeme die Kocher = Tauber = und Neckarweine in so geringem Preise, die Bier aber von schlechtem wässerigten Gehalte sind. Es giebt viele wohlhabende Bauern die ihre Weine in eigenen Kellern liegen haben; so, daß nun dieses Getränke bey Hochzeiten, Kind= taufen und Leichenbestattungen des Bürgers und Landmanns in diesem Oberamte sehr ge= wöhnlich ist.

6) Der

6) Der Getraid = und Fruchthandel, welcher
in der Schranne zu Creilsheim sehr stark ge=
trieben wird. Die mehresten in Schwaben
gelegene Reichsstädte versehen sich von da aus
mit Früchten, vorzüglich mit Kern. Man
mus aber nicht glauben, daß das Oberamt
Creilsheim alleine die Bedürfnisse dazu liefer=
te; sondern das meiste wird aus den rothen=
burgischen und teutschordischen Gebieten, und
aus dem uffenheimer Gau, herbeigeführt;

7) Der Verschluß der Krämer und Profes=
sionisten auf das Land ist von grosem Umfang
und Einträglichkeit.

8) Auch der Fayencehandel gehet wie schon
oben bemerket worden, in das benachbarte
Schwaben und Oesterreichische.

Zu wünschen, aber auch zu hoffen ist es, daß
durch bessere Polizeyeinrichtungen das Bettelwe=
sen abgestellt, und den willkührlichen, das
Publikum oft druckenden Taxen der Wirthe, Krä=
mer, Becken und Mezger gesteuert werden mögte!
Die Regulirung billiger Preise der unentbehrlichsten
Bedürfnisse des menschlichen Lebens, ist würklich
ein groser vielumfassender Gegenstand der Polizey

in

in Creilsheim, wenn anders das dortige Publikum
nicht wie ehehin, als ein verwaißtes Kind betrachtet werden solle, um dessen Bestes sich nur
wenige edle, aber mindermächtige Seelen angenom-
men haben! — Alles was zum Luxus gehört,
nimmt kein gesetzliches Regulativ an, weil man
auch ohne diese Waaren leben kan;

Aber die Nothwendigkeiten des Lebens
müssen immer einen Preiß haben, den auch der är-
mere Theil der Einwohner zahlen kan *).

Seit 20. Jahren hat der Luxus ausserordentlich und mit diesem die Industrie zusehends zuge-
nommen. Kleidung und Wohlleben ist nicht mehr,
wie sonst, nach dem altfränkischen Schnitt der vorigen Zeit, sondern noch ienen verfeinerten Städten
geformt, wo man Bedürfnisse der Einbildung, denen der unverdorbenen gesunden Natur gleich gemacht hat.

Schade ist es, daß theils Mädchen vom
Stande mehr geputzt als schön zu seyn suchen.
Ein bizarer Geschmack den die Nachahmung frem-

der

*) Nicht in Creilsheim allein, auch in mehrern
Gegenden, dörften diese Wahrheiten würdig seyn
beherzigt zu werden!! —

der Kleidertracht hervorbringt! Daher denn auch
Neid und Ehrsucht, durch welche die unschul-
digsten und reinsten Freuden des gesellschaftlichen
Lebens verdorben werden; daher die Absonderung
von einander, wodurch man das wieder im Um-
gange verliehrt, was man auf der andern Seite an
seinen Sitten und Lektüre gewonnen hat.

Diese letztere ist nicht geringe in Creilsheim,
und breitet sich auch über die niedern Stände der
dasigen Einwohner aus. Es ist auch nicht zu läug-
nen, daß mildere Sitten und Aufklärung dadurch
sehr gewonnen haben. In Creilsheim, und in
mehrern Orten des Oberamtes, werden die besten
Journale, und die schönsten und herrlichsten Produkte unsrer grosen teutschen Schriftsteller, auch einiger Ausländer, fleissig gelesen und benutzt.

Möchte sich doch auch die creilsheimische Ka-
pitulsbibliothek in einen brauchbarern Zustand
befinden, welches mit so wenigen Kosten geschehen
könnte! Welcher Nutzen würde daraus für die benachbarten Geistlichen entspringen, deren Einkünfte nicht wohl zureichen, ihren edlen Durst nach
Wissen, durch eigene Anschaffung guter Schriften
zu stillen! — Die lateinische Schule, wozu ein
be-

beſonderes Gebäude beſtimmt iſt, war ſonſt blühen=
der als iezt, ob es gleich nicht an geſchickten Vor=
ſtehern derſelben fehlt.

Verſcheuchung der Nahrungsſorgen auf Sei=
ten der Lehrer; Aufmunterungen durch Austheilung
allerley Prämien, auf Seiten der Lernenden, wür=
de vieles zur Wiederaufnahme dieſes nützlichen In=
ſtituts beitragen.

Die Sitten der Einwohner ſind noch nicht
durch Ruhe ſtöhrende Ausſchweifungen verdor=
ben; — Was ihnen etwan zur Laſt gelegt werden
kan, iſt: ein oft kindiſcher Stolz und Rangſucht,
Anhänglichkeit an alte ſchädliche Gebräuche und
Meinungen, und heiſer Durſt nach Gewinn. —
Allein wo herrſcht letzterer nicht! — hingegen ſind
ſie höflich, gefällig, betriebſam, dienſtfertig, und
beſonders ihrer Geiſtlichkeit anhänglich. Religiöſe
Sekten und Schwärmer findet man nicht unter ihnen.

Es fehlt auch dem Ort nicht an öffentlichen
Häuſſern wo man gute Geſellſchaften antrift, und
ſich vergnügen kan. Hieher gehört das ſtockiſche
Billard, die Poſt, und der Gaſthof zur gold=
nen Krone.

Uebrigens mag noch als ein altes Herkommen
angemerkt zu werden verdienen, daß das benach=
barte

barte Stift Ellwangen verbunden iſt, das Hochgericht in Creilsheim.im Bau zu unterhalten, bey
Executionen die benöthigten Werkzeuche beizuſchäf-
fen und den Nachrichter zu belohnen.

Gerabronn ein weitläuftiger, mit 2. Thoren
verſchloſſener Marktfleken, nächſt an den hohen-
loheſchen Gränzen. Die daſige Kirche ſtiftete im
Jahr 1423. Gottfried von Berlichingen; ſie iſt in
die Ehre der h. Apoſtel Peter und Paul geweihet,
und im Jahr 1740. erneuert worden.

In ältern Zeiten gehörte dieſer Marktfleken
den Grafen von Hohenlohe nachher kam derſelbe an
die Landgrafen zu Leuchtenberg, welche ihn im Jahr
1399. an die Burggrafen Johann III. und Friederich VI. zu Nürnberg käuflich abtraten.

Goldbach ein Pfarrdorf, in welchem zugleich
ein weltliches Rentenverwalteramt angetroffen
wird, das in dem dortigen weitläuftigen Schloß
ſeinen Sitz hat. Die ehemalige alte Kirche wurde
im Jahr 1725. abgebrochen, und von Grund aus
neuerbauet.

Dieſer Ort war vorhin dem adelichen, und
letzlich gräflichen Geſchlechte der Geyer von Giebelſtadt gehörig. Der letzte Beſitzer Graf Heinrich Wolfgang von Geyer ſtarb daſelbſt den 24. Aug.
1708.

1708. ohne Hinterlaſſung einiger Leibeserben. Da-
durch fiel nach gewißen, von dem höchſtſeeligen
König Friederich I. in Preuſſen mit gedachtem Gra-
fen im Jahr 1696. aufgerichteten Verträgen, der
Ort Goldbach und die übrigen gräflich geyerſchen
Güter an das königliche und kurfürſtliche Haus
Brandenburg.

Die preußiſche Bothmäſigkeit über dieſe ange-
fallene Beſitzungen dauerte bis zum Jahr 1729. da
alsdann König Friederich Wilhelm dieſelben an den
höchſtſeeligen Herrn Markgrafen Carl Wilhelm
Friederich bey Dero Vermählung mit der nachälteſten
königlichen Prinzeßin, der in Gott ruhenden Frauen
Markgräfin Friderike Louiſe, überlieſen, und mit
allen Rechten abtraten.

Plofelden ein groſer Marktfleken, in welchem
auſſer einem Pfarramt, auch eine wohleingerichtete
kaiſerliche Reichspoſt angetroffen wird. In weltlichen Sachen gehören die Einwohner zum Kaſtenamt Gerabronn. In ältern Zeiten war der Ort
dem hohenlohiſchen Hauſe gehörig, von dem derſelbe
an die Landgrafen von Leuchtenberg und von dieſen
im Jahr 1399. an die Burggrafen Johann III. und
Friederich VI. käuflich gelangte.

Oberamt Feuchtwang.

Zweyter Th.   M

Das Oberamt Feuchtwang, welchem nach-
folgende Aemter, nemlich :
Das Kastenamt,
, Stadtvogteyamt, und
, Stiftsverwalteramt zu Feuchtwang,
, Klosterverwalteramt Sulz,
, Verwalteramt Forndorf und
Bechhofen,
, Vogtamt Schopfloch und Am-
pferach, das von dem Kastenamt
Feuchtwang zugleich mit versehen wird,
beigeordnet sind, gränzet gegen Morgen: an die
eich,stettische im Altmühlgrund gelegene Stiftslande,
und an das Oberamt Anspach; gegen Abend: an
das Oberamt Crelisheim ; gegen Mittag: an
das Oberamt Wassertrüdingen, und die Reichsstadt

Dinkels-

Dinkelsbühl: daun gegen Mitternacht: an das Oberamt Colmberg, Fürstentum Hohenlohe Schillingsfürst und an das Reichsstadt rotenburgische Gebiete.

Die Lage dieses weitläuftigen Landesbezirks ist meistenteils bergigt. Die Länge desselben erstrekt sich auf 5. und die Breite auf 6. Stunden.

Innerhalb dieses Umkreises ist der Erdboden von viererley Gattung und zwar a) von starken, fetten oder schweren Gehalt zum Dinkelbau; b) von etwas leichterem zu gemischter Dinkel= und Kornfrucht; c) von noch leichterer Beschaffenheit und pur zum Kornbau tüchtig; und d) pures Sandfeld, auf welchem öfters nicht viel mehr als der ausgestreute Saamen betrug, besonders bey trokenen Jahren, erbauet wird.

Der sogenannte Winterbau ist meistenteils Dinkel und Korn; der Sommerbau hingegen größtenteils Haber, doch auch hin und wieder Sommerweißen, Gersten und Erbsen, Flachs, Hanf, Erdbirn, Kraut und Krautruben, von diesen 5. letztern Erzeugnißen aber, nur soviel, als der Landmann für sein eigenes Hauswesen benötiget ist. Durch den Verkauf des entbehrlichen Wintergetraides erwirbt

wirbt ſich derſelbe die zu ſeinem Unterhalt und Abs
gaben nötigen Gelder.

Die Wieſen ſind nach den verſchiedenen Lagen
gut und mittelmäſig, im Sandboden aber ſehr
ſchlecht, geben auch da mehrenteils nur ſaures und
leiches Futter.

Die Pferdezucht iſt im Oberamt Feucht=
wang wenig beträchtlich. Die Rindviehzucht gut
und mittelmäſig nach der Qualität, in Anſehung
der Quantität aber ſehr zahlreich; die Bienenzucht
iſt unbedeutend, und die Fiſcherey beſteht nur aus
einigen Mühl = und Gemeindweihern.

Mit Waldungen iſt dieſe Landesgegend ſehr
reichlich verſehen. Sie betragen zuſammen 6098.
Morgen; der größte Theil derſelben iſt mit ſoge=
nanntem Nadelholz, Fichten, Forln und Tannen,
und nur ohngefähr der achte Theil des ganzen, mit
Laubholz, oder Buchen und Eichen, bewachſen.

Fabriken und Manufakturen, desgleichen auf=
ſerordentliche Naturprodukte ſind in dieſer Gegend
unbekannt.

Die Tracht des Landvolks ſtimmt hier mit je=
ner, bereits bey dem Oberamt Anſpach bemerkten,
überein. Doch ſcheinet der Luxus nach und nach

immer

immer mehrers überhand zu nehmen. Der Karakter des gröſern Haufen mag noch zimlich unbeſcholten ſeyn. Aberglauben herrſcht aber auch hier unglaublich ſtark; denn noch im Jahr 1787. nimmt ein groſer Theil der Einwohner dieſer Gegend, in Krankheits- und andern natürlichen Zufällen ſeine Zuflucht lieber zu dem famoſen Hexenmeiſter Bukmichel in Zwerenberg, als zu einem verſtändigen Arzt.

Der hohen landesherrlichen Gerichtsbarkeit des Oberamts Feuchtwang ſind nachſtehende Ortſchaften unterworfen:

	Unterthanen.	
	gän,lich Anſpachiſche	Fremde Angehörige
Alchen oder Aicha ein Weiler	9	—
Alchenmühl (die) ⸗ ⸗	1	—
Alchenzell ein Weiler ⸗	10	—
Altersberg (der) ⸗ ⸗	2	—
Althinterhof e. teutſchordil. W. ⸗ ⸗ ⸗	—	7
Ammonsſchönbronn e. W. ⸗	6	1
Angerhof (der) bey Dürrwang ⸗ ⸗ ⸗	—	2

Anger⸗

	Unterthanen.	
	gänzlich Anspachische	Fremde Anzehörige
Argerhof (der) bey Elpers- roth	—	1
Archshofen c. W.	17	—
Bamhofen c. W.	5	—
Banzenweiler c. W.	10	—
Bechhof c. W.	—	5
Bechhofen ein Marktflecken	81	—
Berkertshofen ein Filialkirch- dorf	7	15
14. liegen ienseits des Bachs in Oberamt creilshei- mischer Jurisdiktion.		
Bergnerzell c. W.	13	1
Bernau c. W.	14	—
Bieberbach c. W.	7	—
Binzenweiler c. W.	5	—
Birkach c. W.	7	4
Bonlanden c. W.	4	—
Bordenberg c. W.	10	—
Bottenweiler c. W.	—	11
Boppenweiler c. W.	2	—
Böcka c. Kapitul herried. W.	—	6

Brei-

	Unterthanen.	
	gänzlich Anspachische	Fremde Angehörige
Breitenau ein Pfarrdorf	36	—
Bruck e. W.	10	1
Buchhof (der)	1	—
Buchmühl (die)	1	—
Burgstall e. W.	1	9
Bühl e. W.	3	—
Büttelhof e. W.	—	2
Charhof (der)	2	—
Charmühl (die)	1	—
Deffersdorf e. W.	14	—
Dentlein ein Pfarrdorf	27	—
Deuenbach e. W.	13	—
Dikersbronn e. W.	2	13
Donbühl ein Pfarrdorf	2	48
Dorfgütingen ein Pfarrdorf	29	1
Dornberg und zum Loch zween einzelne Höfe	2	—
Dreutelmühl (die)	—	1
Dürrenhof e. W. und gräflich türkheimisches Rittergut	—	16

Dürr=

	Unterthanen.	
	gänzlich Anspachische	Fremde Angehörige
Dürrwang ein fürstlich öttingischer Flecken, dem inner Etters die eigene hohe Gerichtsbarkeit zugestanden wird	—	78
Elbleinsmühl (die)	I	—
Elpersroth ein eichstettisches Pfarrdorf mit einer katholischen Kirche	—	22
Erlmühl (die)	—	I
Eschbach e. W.	7	—
Felden ein dinkelsbühlisch. Fischhaus	—	I
Fetschendorf e. W.	6	—
Feuchtwang eine Stadt	212 Häuser.	—
Flinsberg ein dinkelsbühl W.	—	5
Forndorf e. W. und Amtsdorf	II	—
Froschmühl (die)	—	I
Fröschau oder Helnersdorf e. W.	4	3

M 5   Gasten.

	Unterthanen.	
	gänzlich Anspachische	Fremde Angehörige
Gaſtenfelden e. W.	3	—
Gehrenberg e. W.	16	—
Georgenhof (der)	1	—
Gersbronn oder Heißbronn e. W.	—	3
Glashofen e. W.	5	—
Gräfenwind e. W.	9	—
Grimſchwinden e. W.	16	—
Groſenmühlen e. W.	4	1
Groſohrenbronn ein fürſtl. öttingiſch. W.	—	12
Gumbertshauſen e. eichſtett. W.	—	3
Gumpenweiler e. W.	4	—
Gundelbach e. W.	1	1
Guttenmühl (die)	1	—
Hailbronn bey Feuchtwang e. W.	18	—
Hainmühl (die)	1	—
Haundorf ein Pfarrdorf	15	4
Haisling e. W.	—	5
Hauslingermühl (die)	1	—

Heckel-

	Unterthanen.	
	gänzlich Anspachische	Fremde Angehörige
Heckelmühl (die)	—	1
Heinersdorf f. Fröschau.		
Heisbronn f. Gersbronn,		
Hellenbach e. W.	1	2
Herbſtmühl (die)	1	—
Herrnſchallbach e. W.	7	2
h. Kreuz oder Ziegenberg e. W.	2	2
Hllpertsweiler e. W.	2	2
Hinterbreitenthon e. W.	11	2
Hirſchbach e. W.	—	3
Holdermühl (die)	1	—
Hopfengarten e. W.	—	3
Höfſtetten b. Feuchtwang e. W.	3	1
Höfſtetten b. Wieſeth ein W.	4	—
Jaken oder äuſere Dorfmühl (die)	1	—
Jägerhaus (das) b. Feuchtwang	1	—
Jungenhof (der)	1	—

Kalten-

	Unterthanen.	
	gänzlich Anspachische	Frembe Angehörige
Kaltenbronn e. W.	10	—
Kämleinsmühl (die)	—	1
Keierberg e. W. gräflich türkheimisch	—	18
Kleinohrenbronn e. W.	2	—
Koppenschallbach e. W.	3	—
Köhlen ein einzelner Hof	—	1
Krapfenau e. W.	16	1
Krebshof (der)	1	—
Krebshausen e. W.	4	—
Kühnhard e. W.	11	11
Larrieden ein Pfarrdorf	10	19
Lattenbuch ein eichstett. W.	—	19
Lehenbuch e. W.	2	3
Lehngütingen ein Pfarrdorf	9	4
Leiperszell e. W.	5	2
Leuckersdorf e. W.	2	1
Leurenhof (der)	2	—
Lichtenau e. W.	3	—
Liebersdorf e. W.	15	—

4. dieser Unterthanen liegen in eichstetter Fraisch

welche

| | Unterthanen. | |
welche sich in einem dieser Bauerngüter mitten in der Stube abtheilet.	gänzlich Anspachische	Fremde Angehörige
Limbach e. eichstett. W.	—	9
Lohe e. dinkelsbühl. W.	—	3
Lohemühl bei Feuchtwang (die)	1	—
Lottermühl (die)	1	—
Löldorf e. W.	10	
Lustenau ein adelich von Knörringischer mit 43. Unterthanen besetzter Marktflecken, mit einer evangelischen und katholischen Pfarren, hat seinen versteinten eigenen Fraischbezirk.		
Maulen - oder Eulenhof (der)	1	—
Mezmannsdorf s. Ob. Amt Wassertrüdingen.		
Mezlesberg e. W.	7	—
Mittelschönbron e. W.	6	2

Moß.

	Unterthanen.	
	gänzlich Anspachisch	Fremde Angehörige
Moßbach) ein Pfarrdorf	30	—
Mögersbronn e. W.	7	6
Mörlach e. W.	2	21
Meidling e. W.	3	—
Neuhinterhof e. teutschord. W.	—	3
Neumühl (die) bey Keierberg	—	1
Neuwühl (die) b. Schopfloch	1	—
Neu= oder Walkmühl (die)	—	1
Neuses e. W.	—	8
Oberahorn e. W.	11	9
Oberampfrach ein Pfarrdorf	12	4
Oberdallersbach e. W.	2	—
Obermühl b. Dürrwang (die)	1	—
Obermusbach e. W.	5	2
Ober= und Unterradach) ein W.	8	5
Oberamspach e. W.	6	—
Oberrothmühl (die)	1	—
Oberschönbronn e. W.	6	10

Ober=

	Unterthanen.	
	An-puchische gänzlich	Fremde Angehörige
Oberstelzhausen ein adelich Knöring. W.	—	7
Pfaffenhof (der)	1	—
Pladermühl (die)	1	—
Pulvermühl (die)	3	—
Rammerzell ein ohnbezimmertes W.	2	—
Rauspach e W.	7	—
Rappenhof und Laberswind e. W.	—	4
Razendorf e. W.	6	2
Reichenbach e. W.	4	9
Riegelbach e. vermischt. W.	—	9
Rismannschallbach e. W.	9	—
Rohrmühl (die)	—	1
Rothhof (der)	—	2
Rothmühl (die) bey Lustenau	—	1
Rödenweiler e. W.	7	—
Röschenhof (der)	1	—
Sachsbach ein Filialkirchdorf	13	22
Sandhof (der)	1	—

Schaf-

	Unterthanen.	
	gänzlich Anspachische	fremde Angehörige
Schafhausen ein ohnbezimmertes Lehen	1	—
Scheidelmühl (die)	—	1
Schleifmühl (die) b. Feuchtwang	1	—
Schleifmühl (die) b. Synbronn	—	1
Schlezemühl (die)	1	—
Schnelldorf ein fürstlich Hohenlohebartensteinisches Filialkirchdorf	—	23
Schnepfenmühl (die)	1	—
Schopfloch ein Pfarrdorf	50	39
Schönmühl (die)	1	—
Schwackhausen e. W.	5	3
Seyderzell e. W.	12	6
Sinzelhof (der)	2	—
Sommerau e. W.	9	—
Sperbersbach e. W.	8	2
Stadtmühl bey Feuchtwang (die)	1	—
Steigmühl (die)	1	—

Stein-

	Unterthanen.	
	gänzlich Anspachische	Fremde Angehörige
Steinweiler e. W.	—	3
Steinbach bey Wildenholz e. W.	15	—
Sulzach e. W.	1	13
Tauberschallbach e. W.	7	—
Trübur e. dinkelsbühl. W.	—	13
Velberg e. W.	4	14
Voggendorf e. adel. schenkl. W.	—	10
Volckertsweiler e. W.	2	—
Vorderbreitenton e. W.	4	7
Ulrich (Sankt) e. W.	4	2
Unsinnigemühl (die)	—	1
Ungetsheim e. W.	14	9
Unterahorn e. W.	9	—
Unterampfrach e. Pfarrdorf	59	—
Unterdallersbach e. W.	3	—
Untermoßbach ein Filialkirchdorf	17	1
Unterramspach e. W.	6	—
Unterrothmühl (die)	1	—

Zweyter Th.　　　N　　　　　　Unter-

	Unterthanen.	
	gänzlich Anſpachiſche	Fremde Angehörige
Unterſtelzhauſen e. adel. knör-rlngl. W. ⸗ ⸗	—	7
Ueberſchlagsmühl (die ⸗	I	—
Waizendorf e. W. mit einem herrſchaftl. Schloß ⸗	12	—
Walkmühl (die) bey Dinkels-bühl ⸗ ⸗ ⸗	—	I
Walkmühl (die) b. Feuchtwang	I	—
Waldeck e. W. teutſchordiſch	—	13
Waldhauſen e. W. Hohen-lohe Schillingsfürſtl. ⸗	—	II
Waldhäußlein e. W. ⸗	I	10
Weßmäußlein e. W. ⸗	II	—
Weickersdorf e. W. ⸗	5	—
Weidelbach ein Dorf mit fremdherril. meiſt teutſch-ordl. Angehörigen und einer anſpachiſchen Pfarre ⸗	—	28
Weinberg ein Pfarrdorf mit einer eichſtettiſchen katholi-ſchen Kirche ⸗ ⸗	II	47
Weſtheim e. W. ⸗ ⸗	3	3

Weiler

	Unterthanen.	
	gänzlich Anspachische	Fremde Angehörige
Weiler am See e. W.	5	—
Wiesenbruk e. eichstettl. und adelich schenkl. W.	—	22
Wieseth ein Pfarrdorf	47	7
Wildenholz ein höhenlohe schillingsfürstl. Pfarrdorf	—	31
Windshofen e. W.	5	5
Winterhalten e. W.	2	—
Wizmannsmühl (die)	—	1
Wolfertshof (der)	1	—
Wüstenweiler e. W.	3	—
Zehndorf e. W.	9	4
Ziegelhütte (die) bey Feuchtwang	1	—
Ziegelhütte (die) b. Dinkelsbühl	—	1
Ziegelhütte b. Bruck	1	—
Ziegenberg s. h. Kreutz.		
Zimmersdorf e. W.	4	—
Zirndorf e. eichstettl. W.	—	5
Zischendorf e. W.	5	2
Zum Berg e. W.	13	2

Zum

	Unterthanen.	
	gänzlich Anſpachiſche	Fremde Angehörige
Zum Haus ein Filialkirch dorf	1	6
Zun Höfen	2	—
Zum Loch ſ. Dornberg.		
Zum Loch die Mühl	1	—
Zwerenberg ein Filialkirch dorf	1	16

zuſammen alſo 1. Stadt, 2. Marktfleken, 16. Pfarrdörfer, 6. Filialdörfer, 127 Weiler, und 67. einzelne Höfe und Mühlen, in welchen ſich 1381. anſpachiſche immediat Unterthanen, und 895. fremdherriſche Angehörige befinden, wovon die letztern mehrenteils dem Hochſtift Eichſtett, dem fürſtlich hohenlohiſchen Hauſe, der Reichsſtadt Dinkelsbühl und einigen adelichen Familien gehörig ſind.

Unter den vorgenannten Ortſchaften ſind folgende einer näheren Bemerkung würdig:

Bech=

Bechhofen ein Marktflecken, der in den vorigen Zeiten mehr Ansehen gehabt haben mag, weil das dasige gewöhnliche Siegel die Umschrift führet: Sigillum zu Statt Bechhofen. Nahe bey dem Ort ist der sehr geräumige Begräbnißplatz für die in einem Bezirk von einigen Meilen versterbenden Juden. Selbst die jüdischen Einwohner der Residenzstadt Anspach werden hier beerdiget.

Feuchtwang ein Stadt an den Sulzflus, in welcher sich folgende öffentliche Gebäude finden:

1. Die grose antike Stiftskirche;

2. Die daran stehende Pfarr- oder St. Johanniskirche, in welcher gar nichts merkwürdiges zu sehen ist, ohngeachtet sie schon im 12. Jahrhundert erbaut wurde;

3. Das Rathhaus, 1520. erbaut, ein sehr unansehnliches Gebäude, in welches zugleich der Tanzboden und das Schlachthaus eingerichtet ist. Es scheinet nöthig zu seyn, die

N 3   Ein-

Einrichtung des Schlachthauses im feuchtwan-
ger Rathhaus ausdrücklich zu bemerken, weil
ausserdeme mancher Fremde nicht würde be-
greifen können, warum oberhalb des Eingan-
ges zu einem Rathhause das Bildnis eines
Ochsenkopfes bevestiget ist.

4. Das Hospital, im Jahr 1469. von Adam
von Kirchberg Amtmann zu Feuchtwang gestiftet.

5. Der Amthof;

6. Das bey dem untern Thor befindliche Schlößlein;

7. Das Seel- oder Krankenhaus;

8. Der Marktbronnen;

9. Die Gottesackerkirche, ausserhalb der
Stadt; und

10. das

10. das Schieshaus zur Uebung und Vergnügen der Bürgerschaft.

Die Stadt hält jährlich 8. Jahrmärkte;
Man findet auch eine sehr gut eingerichtete kaiserliche Reichspost daselbst.

Die erste Veranlaſſung zur Anbauung dieſer
Stadt gab Kaiſer Carl der Groſe, welcher um das
Jahr 792 zur Ehre der Jungfrau Maria ein
Kloſter ſtiftete, das mit Benediktinermönchen beſetzt wurde. Es iſt dieſes Vorgeben aus Urkunden*) und verſchiedenen Aufſchriften und alten
Gemählden in der daſigen Stiftskirche zu beweiſen,
unter welch letzteren ſich beſonders oberhalb der Or-
gel im Chor, das gekrönte Wappen dieſes Kai-
ſers**) mit der, vermuthlich aus dem funfzehen-

N 4   den

---

*) ſ. Stiebers hiſtoriſche und topographiſche Nach-
richt von dem Fürſtentum Anſpach. S. 361.

**) Es beſtehet daſſelbe in einem in der Mitte nach
der Länge herab geteilten Schild, auf deſſen
rechten Helfte ein halber gekrönter ſchwarzer
Adler

den Jahrhundert herzuleitenden Umſchrift: Armı
Caroli magni Imperatoris fundatoris huius ec-
cleſie beate virginis., auszeichnet.

Zwiſchen den Jahren 1208. und 1214. wurde
das Kloſter zu Feuchtwang in ein Kollegiatſtift ver-
wandelt, und auf zwölf Kanonikate eingerichtet.
Der Kaiſer Otto IV. nahm es in ſeinem und des
Reichs beſondern Schutz, und verſchiedene Päbſte
und Biſchöffe verliehen ihm allerhand Vorzüge und
Freiheiten, ſo daß ſich viele adeliche Perſonen um
Kanonikate an dieſem Stifte bewarben.

Vor der Reformation ſtund dieſes Stift unter dem Diöceſanrecht des Biſchofs zu Augsburg;
Markgraf Albrecht erhielt aber ſchon im Jahr
1446. von Pabſt Eugen dem vierten die Befugnis,
zu daſiger Probſtey und einigen Kanonikaten tüchtige Subiecte vorzuſtellen. Den Schutz über die
weltlichen Rechte des Stiffts hatte aber bereits
Burg

Adler im goldenen — auf der linken Seite
aber, im weiſen oder ſilbernen Feld, fünf gol-
dene Lilien zu ſehen.

Burggraf Friederich der fünfte, von Bischof Burck=
hard zu Augspurg im Jahr 1376. erhalten.

Nach der eingetrettenen Religionsbesserung
wurde von Markgraf Georg den frommen, das
Stift Feuchtwang, wie mehrere in den anspachi=
schen Landen fundirt gewesene Klöster, aufgehoben,
und in ein weltliches Verwalteramt verwandelt.

Bis zum Jahr 1376. war die Stadt Feucht=
wang dem Reich ohnmittelbar unterworfen. Kaiser
Carl der vierte versetzte dieselbe damals an Burg=
graf Friedrich V., welche Reichspfandschaft auch
1406. vom Kaiser Ruprecht erneuert und mit noch
einigen Ortschaften vermehrt wurde.

Kühnhard ein gut gebauter Weiler, nur
eine halbe Stunde vom Pfarrdorf Mosbach gele=
gen. Hier trift man eine sonderbare altherkömm=
liche Gewohnheit an. Mitten im Weiler steht ei=
ne sehr hohe Tanne oder Hahnenbaum *). An die=

N 5
sem

*) Diese Bäume, welche man in den meisten anspachi=
schen Dörfern antrift, werden an der Kirchweihe
ge=

sem hängt ein zimlich gröser, aus einem Stück ge-
schnißter Schlegel, an welchem 5. Mann zu heben
haben. Hat nun ein Weib mit ihrem Mann Un-
einigkeit, und rauft oder schlägt sie selbigen, so
wird augenblicklich der Schlegel herabgenommen
und dem Mann an die Hausthüre gehängt. Dieser mus alsdenn um deßen Wiederwegnahme bey
dem Bauernmeister ansuchen, und so bald dies be-
willigt ist und von der Gemeinde geschieht, mit
solcher in das Wirthshaus gehen, dort einen Gulden und 15. Kreuzer erlegen, und dies Geld mit
vertrinken helfen. Will er nicht mittrinken, so
wird er noch mehrers gestraft. Verunehrt er aber
gar den Schlegel selbst, so hat er die ganze Gemeinde beleidigt und er setzt sich sogar dadurch einer
amtlichen Strafe aus. Ueber diese Gewohnheit
hält die Gemeinde zu Kühnhard so stark, daß hierinnen kein Bruder den andern verschont. Wahrscheinlich nur deswegen, weil es dabey zu trinken
giebt

geputzt und der gewöhnliche Kirchweihplan um selbi-
ge aufgeführt. Bey der ersten Kirchweih wird mehrenteils um den Preis eines Lammes, bey der Nach-
kirchweih aber um einen Hahn getanzt. Daher
der Name Hahnenbaum.

giebt. Doch hat dieser Schlegel auch noch einen
andern Nuzen. Fällt im Winter starker Schnee,
so nimmt die Gemeinde selbigen herab, schleift ihn
durch 2. oder 4. Ochsen nach Mosbach, und
bricht sich dadurch an den Kirchentagen die Bahn.

Schopfloch ein ansehnliches Pfarrdorf mit
einem Schlößlein. Einige Einwohner legen sich
besonders auf die Nachziehung guter Obstbäume,
und verkaufen jährlich mehrere hunderte derselben
im Lande und in den benachbarten Gegenden.

Wieseth ein Pfarrdorf, besonders merkwürdig wegen der in der dortigen St. Veitskapelle
befindlichen grotesken Figur des heiligen Veits,
der hier nicht wie in Veitsbronn *) ein Viehdoktor, sondern ein berühmter Augenarzt ist.
Das Zwerchlein hat man erst vor etlichen Jahren
mit groben Kalch und rother Hausfarbe gar fein
aufs neue geschminkt. In den ehemaligen finstern
Zeiten, (leider! auch ieht noch finster genug!)
wurden durch eine Oeffnung vor dem grosen Altar,

*) f. S. 91.

tar, der, in einem Bogen über den Wiesetfluß gutgebauten Veitskapelle, Baumzweiche in das unten hindurch laufende Waſſer getaucht und mit den daran hangen gebliebenen Tropfen die kranken Augen beſtrichen. Das ſoll nun wol ietzt nicht mehr geſchehen. Indeſſen wird noch iährlich am Sonntag vor Viti eine Kirchweihpredigt gehalten, und darauf die Kapelle vier Wochen lang offen gelaſſen, während welcher Zeit es iedermann frey ſtehet zu opfern. Seit einigen Jahren will man eine zimliche Abnahme dieſer Opferungen bemerkt haben. Mögte doch dieſe Zwerchsfigur bald ganz ſeinen Glauben bey dem getäuſchten Landmann zur Ehre unſrer vermeintlichen Aufklärung verlieren! —

Oberamt
Gunzenhausen.

Die Gränzen des Oberamts Gunzenhausen, welchem folgende vier Aemter, nemlich:

1. Das Kastenamt Gunzenhausen,
2. Das Stadtvogteiamt allda,
3. Das Verwalter = und Vogtamt Weimersheim und Flüglingen, und
4. Das Stiftamt Wilzburg oder Klosterverwalteramt Weisenburg,

einverleibt sind, erstrecken sich gegen Morgen: an die Hochstift eichstettische Lande und das Oberamt Stauf; gegen Abend: an die Oberämter Wasser = und Hohentrüdingen, ingleichen an die fürstlich öttingenspielbergische Lande; gegen Mittag: an die Grafschaft Pappenheim; und gegen Mitternacht: an das Oberamt Windspach.

Die

Die Lage dieses, sowohl nach seiner Länge als Breite 6. Stunden betragenden Landesdistrikts, ist ungemein angenehm und größtenteils eben. Die wenigen, hin und wieder sich vorfindenden Anhöhen sind ganz unbeträchtlich.

Der Erdboden ist fett und gut; nur in einigen Gegenden scheint derselbe zu stark mit Sand gemischt zu seyn.

Die gewöhnlichsten Getraid Sorten welche der Landmann durch den Feldbau gewinnt, sind: Korn, Gersten, Dinkel und Haber; — andere Erzeugnisse, als: Erbsen, Linsen, Wicken, Flachs, Crapp oder Färberröthe, einiger Hopfen, Klee, Tabak, und Rangres oder Burgunderruben, gehören teils zur Nahrung in das Hauswesen oder zur Viehzucht, teils werden sie auch, besonders Erbsen, Linsen und Crapp, mit den Ueberflus des erbauten Waizen- und Gerstengetraides verkauft.

Da der Altmühlfluß das Oberamt Gunzenhausen durchstreicht, und den daran gelegenen Wiesen die benötigte nützliche Feuchtigkeit mittheilet, so sind dieselben von besonders guter Beschaffenheit. Wie denn der Altmühlgrund überhaupt die Vorrathskammer des Heufutters für die umliege de Ge-

Gegend genennt werden kan. Nur ist es zu bedauern, daß dieser Fluß sich gar oft eben zur Zeit
der Heuärnde ergießt, und alsdenn einen unwieder-
bringlichen Schaden verursacht.

Bey dem grosen Vorrath an gutem Futter
fehlt es allerdings nicht an der Rindviehzucht,
die denn auch in dieser Gegend so vortreflich als
irgendwo gefunden wird, und durch den damit getrieben werdenden Handel grosen Nutzen verschaffet.

Eben so kommt die Pferdezucht sehr empor;
auch wird die Bienenzucht hier mehr als in den
übrigen Gegenden des Fürstentums betrieben.

Die Fischerey ist, gegen die vorigen Zeiten,
nicht mehr viel beträchtlich, und die schmackhaften
Altmühlkrebse werden immer seltener.

Das Oberamt Gunzenhausen hat auch einen
reichen Vorrath an Waldungen, welche allein
4098. Morgen betragen. Der sogenannte
Münchswald und die gunzenhauser Haide sind
darunter die beträchtlichsten. Mehrenteils wachsen in diesen Wäldern Forln, Fichten, Eichen,
Buchen und Birken, hin und wieder auch Tannen,
Erlen, und andere Holzsorten. Eine besondere
Art Vögel, welche sich nur in den nahe um Gun-

Zweyter Th.   O   zen-

zenhausen gelegenen Waldungen in groser Anzahl aufhalten, scheinet mir einiger Bemerkung würdig zu seyn. Man nennet sie Rügen, und sie gehören mit zu einer Art der bekannten Dohlen. Sie bauen nicht selten funfzehen bis zwanzig Nester auf eine Forl, Baum an Baum, in Gesellschaft hin. Die jungen Rügen setzen sich, so bald sie etwas mit Federn bewachsen sind, ausserhalb der Nester, von welchen alsdenn an manchem Tage zwey bis dreyhundert herabgeschossen werden. Sie dienen vielen Einwohnern zur Speise, nachdem sie die Haut abgezogen, die Rügen in Essig gebaizt, und sie nach Art der wilden Tauben zubereitet haben.

Die Bauern im Altmühlgrund, besonders in den Ortschaften Aha, Sausenhofen, Sammenheim, Dittenheim, Windsfeld, Dornhausen, Gundelsheim rc. stehen in sehr guten Vermögensumständen, die sich nicht selten von sechs bis auf dreisig und vierzigtausend Gulden erstrecken. Ihre Wohnungen sind gut gebaut, und mehrenteils gelb und roth, oder blau und weis angestrichen. Ihre Tracht besteht aus schwarzen bock- oder wildledernen Hosen; rothen scharlachenen Brustfleck, nicht

nicht selten mit silbernen Knöpfen besetzt, und über
solchen einen grün seidenen mit Zierrathen gestik-
ten Hosenträger. Tuchene oder schwarzbarchantne
Kleider; grün sammetne Pelzmützen und öfters
silberne Schnallen in den Schuhen. Die Bäue-
rinnen bedecken ihren Kopf mit einer kottonen mit
breiten Bande besetzten Haube; über diese thürmen
sie noch eine dergleichen sehr hohe seidene oder fein
abgenähte weise, mit handbreiten Spitzen. Ihre
langen Röcke sind mehrenteils rosenroth oder per-
lenfarb und in einige hundert Falten gelegt.

Hin und wieder findet man Bauern, die so
politisch, wie die Thorschreiber sind. Deswegen
hört man auch eben so oft, daß der Bauer den
Juden betrogen hat, als dieser jenen. Aberglau-
be herrscht durchgängig in dieser Landesgegend ent-
setzlich stark. Daher denn viele einfältige angeerb-
te Meinungen und für die guten Sitten schädliche
Gebräuche. Nur etwas weniges hievon als Bei-
spiel: wenn ein naher Verwandter in den heisesten
Sommertagen verstirbt, so darf das ganze mit
ihm versippschaftete weibliche Geschlecht, sich in
Jahr und Tagen ohne schwarzen Kittel bey kei-

ner

ner Feldarbeit sehen lassen, wenn auch die Witterung zum zerschmelzen heiß wäre. — In den
meisten Ortschaften des Oberamts bleiben bey einer
ländlichen Hochzeit, Gespielin oder Brautiungfer
und Brautführer über Nachts im Hause, in der
Absicht, der Braut und dem Bräutigam das zu
Bette gehen zu verwehren, und dadurch die Keusch-
heit der erstern zu bewachen. Da geht es denn
freilich nicht ohne Unfug ab; vielmehr vergessen öfters Gespielin und Brautführer über ihre eigene
Herzensangelegenheit die ihnen vorgeblich obliegen-
de Bewachung. — Eine Gefälligkeit verdient
ja auch gleiches von der andern Seite. —

So gros der Wolstand des Bauern im Altmühlgrund ist; so gering ist derselbe in den ent-
ferntern Ortschaften, z. E. in Frickenfelden,
Brombach, Steinberg, Langlau, Haundorf, und
dasige Gegend. Die Einwohner dieses Bezirks
sind gerade durchgängig das entgegengesetzte von ienen. Größtenteils arm, in kleinen mit Stroh
gedeckten Hütten wohnend, in ein geringes schwarz-
zwillchnes Gewand gekleidet, und die Schuhe mit
Bändeln gebunden. — Hat iener 6. bis 8. Zug-
pferde,

pferde, 20. und mehrere Stüke Rindvieh im
Stalle; so besizt dieser etwann ein einziges dürres
paar Oechslein; und gehts im Pflügen oder andern Feldarbeiten hart her, so spannt er sich gedul-
dig als Haupt — selbst vor.   Bey dem allen er-
leichtert ihn doch die Zufriedenheit sein Schicksal. —

Von Fabriken und Manufakturen ist das gunzenhauser Oberamt gänzlich entblößt, man müßte
denn hier der gewöhnlichen Handwerker gedenken,
unter denen sich aber keines besonders auszeichnet.

Mit der hohen fraischlichen Gerichtsbarkeit gehören folgende Ortschaften zu diesem Oberamt:

	Unterthanen.	
	gänzlich Anspachische	fremde Angehörige
Absperg ein teutschordischer Fleken, ist zwar im Bezirk des Oberamts Gunzenhaus-sen gelegen, hat aber sei-nen eigenen kleinen Fraisch-bezirk.		
Aha ein Pfarrdorf	27	30
Aichenberg ein Weiler	7	12

D 3   Ales-

	Unterthanen.	
	gänzlich Anspachische	Fremde Angehörige
Alesheim ein Pfarrdorf	5	68
Altenmuhr, ein adelich von lentersheimischer Rittersitz und Pfarrdorf	—	66
Au oder auf der Au e. W.	2	—
Auhof (der)	—	1
Banzenmühl (die)	—	1
Besenmühl (die)	—	1
Beutelmühl (die)	—	1
Blosenhof (der)	1	1
Brand e. von lentersheiml. W.	—	12
Breymühl (die)	—	1
Brombach ein Filialkirchdorf	10	5
Bubenheim ein Pfarrdorf	17	12
Büchelberg e. W.	8	13
Bürckenhof (der)	—	1
Bürckenmühl (die)	—	1
Cronheim ein eichstettisches Pfarrdorf	13	43
Dannhausen ein anspachl. Pfarrdorf mit mehrerley fremden Unterthanen besetzt	—	27

Demetz

	Unterthanen.	
	gänzlich Anspachische	Fremde Angehörige
Demetshof (der)	—	2
Dittenheim ein Pfarrdorf	55	42
Dornhausen ein Pfarrdorf	30	12
Dorschbronn e. Filialkirchdorf	6	20
Edersdorf e. W.	11	1
Ehla e. W.	8	3
Ellingen ein teutschordisches Städtgen von etwan 140. Häussern, das auch zugleich der Sitz des Herrn Landkommenturs ist, und seinen eigenen Fraischbezirck hat.		
Emmetzheim ein Pfarrdorf	1	37
Enderndorf e. W. und von haxsdörferisches Gut und Schloß	—	23
Fillgenheerd e. W.	1	11
Frickenfelden e. W.	17	7
Fuchs- oder Schmarrnmühl (die)	—	1
Furthmühl (die)	—	1
Galgenmühl (die)	—	1

Gei-

	Unterthanen. gänzlich Anspachische	Fremde Angehörige
Geiselsberg ein eichstettl. Weiler.	—	7
Geißlohr e. W.	4	3
Gräfenmühl (die)	—	1
Gräfensteinberg e. Pfarrdorf	12	28
Griesmühl (die)	—	1
Gundelshalm e. W.	2	8
Gundelsheim e. Pfarrdorf	5	22
Gundersbach e. teutschordl.W.	—	10
Gunzenhausen eine Stadt	289	—
Guzenmühl (die)	—	1
Habermühl (die)	—	1
Hagenbach	—	1
Hattenhof e. W.	9	—
Haundorf e. Pfarrdorf	28	11
Hessenmühl (die)	—	1
Hettingen ein teutschordisches Dorf mit einer anspachil. Pfarrey	—	39
Heiligblut eine Kapelle.		
Höfen e. W.	—	2
Höhenmühl (die)	—	1

Hol-

	Unterthanen.	
	gänzlich Anspachische	Fremde Angehörige
Holzingen ein Pfarrdorf	21	8
Höheberg e. W.	2	5
Hürlbach ein Filialkirchdorf	7	3
Igelspach e. W.	2	15
Kalbensteinberg e. nürnbergl. Pfarrdorf	—	26
Kazenhochstatt e. Pfarrdorf	20	8
Keylberg e. W.	—	5
Köhlheim e. W.	19	—
Langla ein teutschordischer Weiler	—	10
Langeweidmühl (die)	—	1
Laubenzeddel ein Pfarrdorf	19	44
Lauterbronnmühl (die)	—	1
Lehewiesenmühl (die)	—	1
Leidingendorf e. W.	1	2
Lengenfeld e. W.	1	3
Lettenmühl (die)	—	1
Lindenbühl eine herrschaftl. Wildmeisterswohnung.		
Maicha e. W.	8	5

D 5

	Unterthanen.	
	gänzlich Anspachische	Fremde Angehörige
Mazenbach e. W. teutsch= ordisch	—	12
Mazenhof (der)	2	—
Moßkorb e. W.	2	13
Müssenhof (der)	—	1
Nesselmühl (die)	1	—
Neuenmuhr ein freiherrl. von lentersheimischer Ritterfitz und Filialkirchdorf	—	43
Neuewalckmühl (die)	—	1
Neuherberg und Hammer= mühl (die)	—	2
Neumühl (die)	—	1
Niederhofen e. W.	27	—
Obenbronn e. W.	4	1
Obendorf ein einzelner Hof	—	2
Oberaspach ein Pfarrdorf	19	3
Obererlbach ein eichstettisches Filialkirchdorf	—	24
Oberhabenbach e. W.	5	4
Oberhochstatt ein Pfarrdorf	45	4
Oberwurmbach e. W.	17	7

Ott=

	Unterthanen.	
	gänzlich Anspachische	Fremde Angehörige
Ottmannsberg und Marels= berg e. nürnbergl. W.	—	5
Oppmannsfeld e. teutschordil. Filialkirchdorf	—	10
Oefeleinsmühl (die)	—	1
Pflaumfeld ein Pfarrdorf	22	2
Pfchefeld ein Pfarrdorf	5	61
Ramsberg e. vermischtes W.	—	32
Rehebühl ein teutschord. W.	—	12
Reitberg (der)	1	—
Rindern e. W.	1	10
Rögelsberg (der)	—	1
Röthhof (der)	—	1
Sammenheim ein Pfarr= dorf	21	42
45. Häuser liegen in Ob. A. hohentrübinger Fraisch.		
Saufenhofen e. Pfarrdorf	24	8
Scheermühl (die)	—	1
Schlungenhof e. W.	17	12
Schmalwiesen e. W.	3	7
Schnackenmühl (die)	1	—

Scher=

	Unterthanen.	
	gänzlich spachische	Fremde Angehörige
Schernertshof (der)	—	2
Schölhof (der)	—	1
Schweina e. W.	4	10
Seegmühl (die)	—	1
Seutersdorf e. W.	5	10
Siebenbronnmühl (die)	—	1
Sorghof (der)	—	1
Stadeln e. W.	8	10
Steinabühl e. W.	5	8
Steinacker e. W.	—	2
Stetten ein Pfarrdorf	19	2
Stixenhof (der)	—	1
Stockheim e. W.	1	5
Stopfenheim ein teutschordischer Marktflecken	3	91
Störzelbach e. W.	1	19
Streitdorf e. W.	22	11
Sünderloch e. W.	2	2
Theilenhofen e. Pfarrdorf	1	56
Trommetsheim e. Pfarrdorf	10	52
Teuffelbach e. W.	1	5

St.

	Unterthanen.	
	gänzlich Anspachische	Fremde Angehörige
St. Veit e. teutschordisch. Pfarrdorf	—	4
Veitserlbach e. W. teutsch-ordisch	—	14
Unteraspach e. Pfarrdorf	19	14
Unterhambach e. W.	16	3
Unterwurmbach ein Filial-kirchdorf	68	6
Wachenhofen ein Filialkirch-dorf	2	21
Wachstein ein Pfarrdorf	2	26
Walckmühl (die)	1	—
Wald ein freiherrl. von Fal-kenhausischer Rittersitz mit einer anspachischen Pfar-rey	2	18
Weimersheim ein Pfarrdorf	38	24
Weiboldshausen e. Pfarrdorf	3	39
Weisenburg eine Reichs-stadt enthält ohngefähr vierthalbhundert Häuser, und hat innerhalb der		

Stadt-

	Unterthanen.	
	gänzlich Anspachische	Fremde Angehörige
Stadtmauern ihre eigene Fraisch.		
Wildenbergen c. W.	4	1
Windsfeld c. Pfarrdorf	27	17
Wölfershof (der)	—	1
Wolckerszell ein teutschordischer Weiler	—	13
Wülzburg eine anspach. Bergvestung	—	—
Zehendhof (der) und die Mühl	2	—
Zollmühl (die)	—	1

zusammen 1. Stadt; 1. Vestung, 1. Marktflecken, 33. Pfarr- und 8. Filialdörfer, 1. Kapelle, 49. Weiler, und 44. einzelne Höfe oder Mühlen, worinnen sich 1086. anspachische immediat Unterthanen, und 1474. ausherrische Angehörige befinden; welche letztere mehrenteils dem Teutschenorden, dem fürstlichen Haus Oettingen und

und den Reichsstädten Nürnberg und Weisenburg gehören.

Unter den vorbemerkten Ortschaften sind folgende einer nähern Betrachtung würdig:

Absperg ein teutschordischer Flecken zur Kommende Ellingen gehörig. Er ist mit katholischen und evangelisch-lutherischen Einwohnern besetzt, und hat deswegen auch eine katholische und eine evangelische Pfarrey. letztere genieset den Vorzug des Genusses der Zehenden, der Hochzeit, Kindtauf und Leichengebühren auch von katholischen Einwohnern.

Der teutsche Orden hat wegen dieses Fleckens Sitz und Stimme bey dem Ritterkanton Altmühl.

Dornhaussen ein mittelmäsiges Pfarrdorf, woselbst in vorigen Zeiten die von Absperg einen Sitz oder Burgstall hatten, von dessen Ruinen aber nichts mehr als der Platz worauf er gebaut war, gezeigt werden kan. Nahe bey diesem Dorfe fand man vor 20. Jahren, bey Ausreutung eines Holzes, römische Begräbnisplätze. Die Aschenkrüge waren aber so mürbe, daß man, aller Mühe ohngeachtet, nur Stückgen von der Gröse eines
nes

nes Thalers erhalten konnte. An der Straſſe nach
Gundelsheim iſt ein, dem Beobachter auffallender
Platz, auf einen Hutwaſen, in welchem ſich viele
Vertieſungen von 8. bis 12. Schuhen im Durch-
ſchnitt, eine an der andern befinden. Woher dieſe
eigentlich entſtanden, oder was darunter zu ſuchen
ſey, iſt zur Zeit unbekannt, weil noch niemand von der Neugierde ſo gereitzt wurde, daß
man den geringen Aufwand den das Nachgraben
verurſachen mögte, gewagt hätte.

Ellingen ein teutſchordiſches Städtgen und
Sitz des Herrn Landkommenturs, der daſelbſt in einem vortreflichen prachtvollen Schloße wohnet, hinter welchem auch ein ausnehmend gut eingerichteter
und weitläuftiger Garten befindlich iſt.

Emmetzheim ein Pfarrdorf, beſonders merkwürdig wegen der, bis vor wenigen Jahren dort
zu ſehen geweſenen drey alten heidniſchen Gö-
tzenſteine, die wahrſcheinlich Reſte des ehemals
daſelbſt geſtandenen Götzentempels waren. Gegenwärtig ſind dieſe gewis ſchätzbaren Altertümer teils
in Stücken zerſchlagen, teils vermauert. Freilich
gaben dieſe Bildniſſe zu vielen groben Aberglauben

An-

Anlaß, und mehrere schwangere Bauernweiber, glaubten dadurch Erleichterung bey der Geburt zu erhalten, wenn sie öfters das Bildnis des heidnischen Abgotts Priapus zum Ruhestein ꝛc. gebrauchten. — Inzwischen ist es dennoch würklich zu bedauern, daß diese Altertümer dem gegenwärtigen und künftigen Geschichtforscher ganz entzogen wurden, da es doch nur wenig gekostet haben würde, sie, durch besondere Aufbewahrung dem Blick des abergläubischen Pöbels zu entziehen.

Ueberhaupt verdiente der Garten des Wirths zu Emmetzheim würklich eine genaue Durchsuchung in der Tiefe; denn man fand nicht nur vor wenigen Jahren bey Grabung eines Kellers die Grundmauer eines alten Götzentempels, sondern es ist auch schon das ganze Terrain dieses Gartens so hökerigt, daß man deutlich siehet, daß unter der Oberfläche noch Mauern und vielleicht manche seltene Bildnisse heidnischer Gottheiten ꝛc. verborgen liegen.

✝ Gunzenhausen eine wolgebaute anspachische Stadt an der Altmühl. Sie ist mit einer Mau-

Zweyter Th. P

er umgeben, und kan durch drey Thore verschloſſen werden.

Oeffentliche Gebäude finden sich daselbſt:

1. Die groſe **Pfarr**⸗ oder **Stadtkirche**, im 15. Jahrhundert erbaut;

2. Die **Hospital**⸗ und

3. Die **Gottesakerkirche**.

4. Das **Oberamthaus**, in welchem der höchſtſelige Herr Markgraf Carl Wilhelm Friederich viele Jahre lang reſidirte.

5. Das **Hospital**, von Burckhard von Seckendorf, und Annen, deſſen eheliche Wirtin im Jahr 1352. geſtifftet.

6. Eine **Getraidſchranne**; und

7. ein **Schieshaus** zur Uebung und zum Vergnügen der Bürgerſchafft.

Gunzenhauſen war bereits im 9. Jahrhundert bekannt. Ob nachher das im 11. Säkulum sich vorfindende adeliche Geschlecht, wovon Engelmanus de Guncenhauſen und Cunrad de Gunzenhuſen bekannt ſind, Güter allda beſeſſen; oder ob der Ort das Stammhaus dieſer ausgeſtorbenen Famī⸗

Familie war, kan mit Zuverläßigkeit nicht bestimmt
werden. Inzwischen ist dieses gewis, daß zu Zeiten des teutschen Königes Ludovici pii, 824.,
ein Kloster daselbst stund, und daß dieses die erste
Veranlassung zu Erbauung der Stadt gegeben haben mag.

Im 13. Jahrhundert bis 1349. gehörte der
Ort den Grafen von Oettingen. In letztgedach-
tem Jahre verkaufte denselben Graf Albrecht, an
Burkhard von Seckendorf zu Jochsberg gesessen;
dessen Sohn Wilhelm von Seckendorf aber, 1368.
an Burggraf Friederich den fünften von Nürnberg.

Die im ersten Theil S. 129. erwähnte römische
Landwehre oder Teufelsmauer, durchstreicht die
Vorstadt von Gunzenhausen ohnfern des Hospitals;
und die Spuren eines nahe an der Stadt auf einer
waldigten Anhöhe ehehin gestandenen, itzt verfalle-
nen Kastrums, werden für Ueberbleibsel eines vesten alten römischen Thurms in der Landwehre gehalten *).

P 2

Die

*) f. Döderleins Vorstellung des alten römischen
Valli oder Landwehre. S. 42. und 60.

Die Nahrung der gunzenhauser Bürgerschaft bestehet lediglich im Feldbau, der Viehzucht
und Handwerkern. Die Ledergerberey ist vorzüglich emporgebracht, und die sogenannte Steinfarbe
ist ein ansehnlicher Nahrungs- und Handelsartikel
mehrerer Einwohner.

Unter die besten dortigen Gasthöfe gehören die
Post, die Adler- und Engelwirthschaften.

Auffallend ist es, daß der größte Theil der
Einwohner, sowol in der Stadt selbst, als in der
umliegenden Gegend, allen möglichen und abge-
schmacktesten Aberglauben ergeben sind, und mit
einer gewissen Aengstlichkeit den ererbten, öfters kin-
dischen, altväterlichen Meinungen nachleben. Zu
diesem Uebel gesellet sich leider auch das noch grösere:
der Luxus, welcher freilich bey dem fast durch-
gängigen Wolstand der Einwohner, länger als in
andern Gegenden ohne sichtbare schlimme Folgen
mitgemacht werden kan. Denn so ist es z. B. gar
keine Seltenheit, bey der Leiche eines Kindes, das
der Zufall aus einer ansehnlichen Freundschaft ge-
bohren werden ließ, um 25. und mehrere Gulden
leblose italienische Blumen und Kränze in den Sarg
ge-

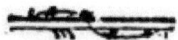

geschenkt zu sehen, die nach wenigen Stunden entweder mit in die Erde verscharret, oder, wie es an
mehrern Orten die üble Gewohnheit mit sich bringt,
an die Gallerien in den Kirchen gehangen werden *).
Damit ists aber noch nicht zu Ende, denn nach der
Leiche verzehrt man wohl auch noch 30. bis 40.
Maas Wein, und für 10. bis 12. Gulden Speck-
kuchen.   Letzteres geschieht auch bey Kindtaufen.

Wie unzweckmäsig wird doch nicht oft das klin-
gende Metall verwendet, das in unsern Zeiten immer seltner wird, und nur mit Schweis und Arbeit — solls anders Seegen bringen — verdient
werden kan !   Hier verschwendet man Guldenweise
in unnützer Tändeley; — und versagt dabey vielleicht mit hartem geitzigen Herzen dem Armen eine
kleinere Gabe, und läßt ihn — hungern.

Kalbensteinberg, ein nürnbergisches Pfarrdorf und Kirche, in welcher die besonders merkwürdige Gruft des ehemaligen adelichen Geschlechts

P 3   der

der Rieter von Kornburg anzutreffen ist. Sie hat
die Eigenschaft, daß die darinnen ruhende Körper
in langer Zeit nicht verwesen, woran die trockene
Lage der Gruft, — keineswegs aber die Heiligkeit
der dort schlafenden Personen — Schuld seyn mag.
Die Gruft befindet sich mitten im Chor der Kirche.
Von ieder Seitenwand des Chors ist ein Raum
von 10. bis 12. Schuhen mit trockener Erde aufge-
fült. Dies verhindert, daß nicht die mindeste
Feuchtigkeit sich von aussen herein ziehen kan. Das
innere des Begräbnisses ist mit trockenen Quater-
steinen ganz ausgebaut, und hat 3. Oeffnungen,
eine nach der Aussenseite, durch einen unterirrdi-
schen Dohl, um den Eingang der äußern Luft und
die Austrocknung der Gruft zu befördern. Zwey
andere Luftlöcher aber gehen über sich in die Kirche,
wodurch die feuchten Dünste in die Höhe getrieben
werden. Die Körper gehen also daselbst durch den
trocknen Weg in Verwesung über, welcher natürlich viel länger dauert, als der nasse. Unter denen
in dieser Gruft stehenden Särgen zeichnen sich vorzüglich folgende aus: 1) Der Sarg in welchem
der Leichnam des Herrn Wolfgang Philipp von
Leu-

Leubelfing ruht, der am 30. Merz 1687. verstarb. Er ist noch nicht ganz in sein Nichts über-
gegangen. Die Kleider sind verweßt; die Haut
noch ganz, das Fleisch, unter derselben ist verzehrt,
die Beine sind noch ganz und zusammenhangend, aber
der Kopf hat sich vom Körper abgerissen. 2) Der
Sarg in welchem Fräulein Anna Katarina von
Lindenfels liegt, die auf einer Reise am 10. Jul.
1710. in Anspach, alt 18. Jahr, verstarb. Man
merkt an ihr noch sehr deutlich die Kleidung, Schnür-
brust, Schuhe 2c. Wenn man sie bey einem Fus
anfaßet, so bewegt sich der ganze Körper, und man
sieht, daß er zusammenhange; doch zeigt das Ge-
sicht, sonderlich die Nase und Lippen genug Verwesung. 3) Der Sarg der ersten Gemalin des
letzten Herrn von Rieters, gebohrnen von Lindenfels, 1732. gestorben. Sie lag noch vor einiger
Zeit, ehe der Sarg vernagelt wurde, wie auf einem Paradebette mit allem Putz ohnverweßt, in
selbigem. Endlich 4) der Sarg des letzten Herrn
von Rieters selbst, 1753. gestorben. Bey diesem war alle Kleidung ganz unverändert, auch sogar das Gesichte kenntlich, bis man vor weniger

P 4   Zeit

Zeit den Sarg ebenfalls vernagelte. Vielleicht war
ich bey Beschreibung dieser Gruft zu weitläuftig.
Allein es schiene mir deswegen nötig zu seyn, weil
wahrscheinlich die natürlichsten Zufälle von jeher die
Ursache gewesen seyn mögen, daß hie und da Körper unverweßt blieben, die die fromme Einfalt und
Pfaffentrug nachher als Heilige ihres eigenen
Nutzens wegen aufgestellt und das leichtgläubige
Volk getäuscht hat. Selbst diese erstbeschriebenen
Körper in der kalbensteinberger Gruft, werden
von einem gewissen angränzenden katholischen Geistlichen für grose Heilige gehalten. Könnten es diese, in ihrem ietzigen Zustand wissen oder erfahren,
wahrhaftig sie würden sich selbst darüber wundern,
und den Mann — bedauern.

Eine zwote Merkwürdigkeit der kalbensteinberger Kirche, ist ein historisches Gemählde das
den griechischen Martyrer Theodor oder Pheodor,
und seine Schicksale vorstellt. Die Innschriften
sind mit sclavonisch russischen Buchstaben, auf
einer vergoldeten Tafel, welche 4½. Schu lang und
4. Schu breit, und mit dreizehen Gemälden von
aller-

allerley bunten Farben geziert ist. Wie es hieher
gekommen, weis man nicht. Das mittlere Haupt=
gemählde stellt den h. Theodor in colossalischer Stel=
lung, mit einem starken Bart, Harnisch und krie=
gerischer Rüstung vor. Auf der rechten Schulter
sieht man einen erznen Helm, der dem, mit einem
Nimbus umgebenen Haupt entfallen ist; hinter der
linken Schulter aber einen runden Schild mit ei=
nem Löwenkopf. In der rechten Hand hält er ein
dreifaches Kreuz, in der linken einen langen Speer.
Die Brust ist mit einem Panzer verwahrt, auf
dessen Mitte ein Christus Kopf mit einem kreuz=
weis über die Schulter laufenden Band angehängt
ist. — Die übrigen zwölf Seitengemählde stellen
die Geburt, Thaten, standhaftes Bekenntnis der
christlichen Religion und den Märtyrer Tod des
heil. Theodors vor.

Theilenhofen ein ansehnliches Pfarrdorf,
in dessen Gegend römische Begräbniße gefunden
werden. *)

P 5

Wei=

*) Wägemanns Tractätlein vom Druidenfus am
Hainenkamm und an der Altmühl. S. 35.

Weisenburg im Norbgau eine freie Reichsstadt, welche die Brandenburg anspachl. Lande um-
schliesen. Sie liegt am Fus des Berges auf welchem die Vestung Wülzburg erbauet ist, und enthält ohngefähr 350. Häusser. Dem hochfürstl.
Hause Brandenburg stehet auch dortselbst das, zwischen dem weisen Thurm und dem Frauenthor befindliche Kloster mit deßen Gebäude, Kirche,
und Eingehörungen, auch allen sonstigen Rechten
und Gerechtigkeiten, desgleichen das Ius patronatus bey der weisenburger Stadtpfarre zu. In dem
gedachten Kloster wohnet der iedesmalige anspachische Beamte des Stifts Wilzburg, welcher zugleich
die Einkünfte und Gerechtsame dieses höchsten Hauses in Weisenburg mit besorget.

Wülzburg eine Bergvestung, mit 5. Ba-
stionen, einem tiefen Graben und verschiedenen
Aussenwerken umgeben und verwahrt. Sie ist an
der pappenheimischen Gränze, allernächst der vorgedachten Reichsstadt Weisenburg erbauet, und mit
einem drey Geschos hohen Schloße, einer Pfarr-
und Garnisonkirche, und den Wohnungen für
ei-

einen Kommandanten und andere nötige Personen;
mit Behältnissen für Staats = und andere Gefan=
gene; und mit einem 478. Schuh tiefen Ziehbron=
nen versehen. Der vor diesem mit Lebensgefahr
zu passiren gewesene Fuhrweg, von Weißenburg
herauf, ist durch die Anstalten des jetzigen Herrn
Kommandanten von Plotho chausseemäßig hergestellt,
auch der Fusweg verbessert, und mit Lindenalleen
bepflanzt worden. Bis gegen das Ende des 16.
Jahrhunderts war Wülzburg ein berühmtes Bene=
diktinerkloster, und von dem fränkischen Könige
Pipin und dessen Sohn Carl den Grosen gestiftet.
Ersterer hielt sich oftmals in dieser Gegend, der
Jagd wegen auf, und der Legende zu Folge soll
er einst auf diesem Berge unter einem Baum ein=
geschlafen = und durch den gehabten Traum veran=
laßt worden seyn, allda eine Kapelle zur Ehre des
h. Nikolaus, im Jahr 764. zu erbauen. Sein
Sohn Carl der Grose, der im Jahr 793. die bee=
den Flüsse: Altmühl und Rezat, ohnfern Wülz=
burg vereinigen wollte, um die Schiffarth von der
Donau in den Rhein herzustellen, *) hielt sich da=
mals

*) s. ersten Theil S. 233.

mals einige Zeit in dieser Gegend auf, besuchte
die von seinem Vater gestiftete Kapelle, und lies
dabey ein Benediktinerkloster erbauen, welches er
mit dem Daumen des h. Apostels Peter, und dem
Leib des heil. Kornels beschenkte.

Durch die Begnadigungen und gestattete Freiheiten einiger nachgefolgten Kaiser, Könige und
Päbste, auch anderer mildthätiger Personen, kam
dieses Kloster nach und nach sehr in Aufnahme, und
stund unter des Kaisers- und Reichs unmittel-
barem Schutz, solange bis Kaiser Sigmund denselben den Burggrafen von Nürnberg um so ohn-
bedenklicher übergab, als das Kloster ohnehin in
deren Landesbezirck gelegen war.

Bis zum Jahr 1523. konfirmirten die Herren
Burggrafen von Nürnberg und Markgrafen von
Brandenburg die von Zeit zu Zeit vorgefallene Abts-
wahlen; von ienem Jahr an aber besetzten sie diese
Stelle nach eigenem Gefallen, wie denn auch Abt
und Konvent des Klosters Wülzburg vor den burg-
und markgräflichen Gerichten zu stehen hatten, und
die-

diesem Hauſe mit Reiß- und Folgen, Frohnen,
Dienſten und Steuern unterworfen waren. Wenige
Zeit vor der Reformation, nemlich im Jahr 1523.
wurde das Kloſter Wülzburg in eine fürſtliche
Probſtey verwandelt, und die Einrichtung alſo getroffen, daß für die Zukunft iedesmalen ein ge-
fürſteter und ein infulirter Probſt, nebſt einem
Dechant und zween Kanonikern allda angeſtellt
ſeyn ſollten. Gleich darauf wurde auch die erſte
Stelle dem Prinzen Gumprecht; und in der
Folge 1531. dieſelbe ebenfalls dem Prinzen Friederich, beeden Söhnen des Markgrafen Friede-
derichs von Brandenburg übertragen. Unter der
Verwaltung des letztern, vornemlich aber nach deſſen 1536. erfolgtem Tode, und der inzwiſchen
eingetrettenen Reformation, gewann die bisheri-
ge Einrichtung eine andere Geſtalt. Es wurde
nemlich im Jahr 1537. Chriſtoph Marſchalck zu
einem beſondern Amtmann dahin verordnet, die
Adminiſtrirung der Kloſtergefälle einem eigenen
Verwalter anvertrauet, und endlich nachher 1588.
auf Befehl Markgrafs Georg Friederich, die Klo-
ſtergebäude in eine Veſtung umgeſchaffen.

Zu

Zu dem ehemaligen Kloster = oder Probsten Wülzburg gehörte auch das bereits bey Weisenburg bemerkte augustiner Frauenkloster. Daher es denn kommt, daß der in Weisenburg wohnende anspachische Beamte die Gefälle und Gerechtsame beeder Klöster zugleich zu besorgen hat.

Oberamt
Hohentrüdingen.

Das Oberamt Hohentrüdingen begreift einen
der fruchtbarsten Distrikte des Fürstentums unterhalb des Gebürgs in sich, der nach der Länge und
Breite 4. Stunden beträgt. Es liegt dasselbe vier
Meilen von Anspach, gegen Mittag, auf dem
sogenannten Hainencamp *), und gränzet gegen
Mor-

*) Vielleicht besser: Hunnencamp, Campus Hun-
norum, (Feld der Hunnen) wie Herr Hofrath
Zapf in Augsburg, gelegenheitlich einer, in
Bernoulli's Sammlung kleiner Reisebeschrei-
bungen, eilfter Band, S. 268. abgedrukten lit-
terarischen Reise in einen Theil von Franken,
Baiern und Schwaben, zu beweisen sucht. Die
Hunnen hatten bekanntlich im Nordgau ihren
Hauptaufenthalt und richteten da viele Verhee-
rungen an. Auf dem grosen weitläuftigen Distrikt der unter dem bisherigen Nahmen Hainencamp bekannt war, sieht man auch noch

Zweyter Th.   Q   Spuren

Morgen an das Oberamt Gunzenhaufen und die Grafschaft Pappenheim; gegen Abend an das Oberamt Waſſertrüdingen, und das Fürſtenthum Oettingen; gegen Mittag an einen kleinen Teil der kurbaiernſchen Lande, an das Fürſtentum Pfalz-neuburg, und an die Grafschaft Pappenheim; gegen Mitternacht an die beeden Oberämter Waſſertrüdingen und Gunzenhaufen, und das Für-ſtentum Oettingen.

Die Lage des Oberamts Hohentrüdingen iſt in einer Gegend, welche mehrenteils hohe Berge und Thäler in ſich faßt; nur in dem Diſtrikt wo daſſelbe an die Wörnitz und Altmühlflüſſe gränzet, finden ſich ſchöne Ebenen und Wiesgründe. Der Erdboden iſt von mancherlei Farbe, meiſtens aber von beſonderer Güte. In dem einverleibten Klo-ſterverwalteramt Solnhofen, iſt derſelbe auſſeror-dentlich ſteinigt, leicht, und mit rothen Thon ver-mengt.

Spuren von aufgeworfenen Schanzen, Gräben, und Wällen. Attila König der Hunnen, ſoll in dieſer Gegend ſein Hauptlager gehalten ha-ben, wozu, in manchem Betracht die Lage, und der nahe dabey befindliche, damals äuſſerſt groſe Wald ſehr vorteilhaft geweſen ſeyn mogte.

mengt. Im Richteramt Wettelsheim findet sich
wenige schwere und thonigte Erde, vielmehr ist sie
fast durchgehends mit Sand und Steinen gemischt.
Man sollte glauben, daß die vielen kleinen Steine,
welche in dieser Gegend auf den Feldern liegen,
auch die Fruchtbarkeit des Erdbodens verhinderten.
Allein sie erzeugen gerade das Gegenteil; sie erhalten vielmehr denselben loker, und vertreiben das in
den Aekern so gerne wachsende Unkraut. Der
Landmann baut daher von den Getraidsorten: Waizen, Korn, Dinkel oder Spelz, Gersten und Haber, so vieles, daß er durch den Verkauf seines
Ueberflusses reichliche Nahrung erhält. Auch Erbsen, Linsen, Wiken, Hirß, Kraut, Ruben und
Erdbirn, etwas Hanf und Flachs, wovon die sie-
ben ersten Produkte dem Landmann beinahe zur täglichen Speise dienen, gedeihen hier im vorzüglichsten Grade.

Im Wörnitz- und Altmühlgrund sieht man die
futterreichsten Wiesen; trift diese aber auch noch in
andern Gegenden des hohentrüdinger Oberamts,
besonders in denen zwischen den Bergen befindlichen

Q 2   mit

mit Bächen und den reinsten Quellen gesegneten Thälern an.

Merkwürdig scheint mir, daß des guten Ertrags der Wiesen ohngeachtet, diese in geringerem
Werthe stehen, als die Aecker. Ein Tagwerk der
besten Wiesen, (oder 360. ☐ Ruthen iede zu 12.
Schuh gerechnet), wird, in dieser Gegend nirgends über 6. bis 700. fl. verkauft, dahingegen
ein Morgen Aker, von eben iener Gröse, öfters
den Werth von 800. fl. bis 1000. fl. erhält. Der
Unterschied mag wahrscheinlich daher entstehen, daß
entweder die Anzahl der besten Aecker geringer ist,
als dieienige der Wiesen, oder, daß der Bauer
die öftern Ueberschwemmungen der Altmühl und
Wörnitzflüsse fürchtet, welche nicht selten auch während der Heuärnde aus ihren Ufern tretten, und
seine Hoffnungen vereiteln.

Da die Felder in dieser Gegend mehrenteils
an Anhöhen und Bergen gelegen sind, und der
Landmann des steinigten Bodens wegen die Pferde
zu seinem Anspann besser gebrauchen kan, als Ochsen; so gewinnet dadurch die Pferdezucht besonders

ders; ohne iedoch die Rindvieh=Schaaf= und Schweinzucht vernachläſſiget zu ſehen. Auch durch die Bienenzucht erwerben ſich viele Einwoh= ner merklichen Vorteil.

Die Fiſcherei iſt nur für dieienigen Landleute einträglich, welche an den Altmühl= und Wörnitz= flüſſen wohnen. Sie ziehen auch iährlich einen nahmhaften Gewinnſt aus den gefangen werdenden Hechten, Karpfen und Krebſen. Die Rohrach, ein das Oberamt durchſtreichender Bach, und vor= züglich der Möhrenbach bei Treuchtlingen, lie= fern ſchöne Forellen von vortreflichem Geſchmack. Die ehemals angelegt geweſene Weiher aber, ſind ſeit langen Jahren zum Wieswachs eingerichtet worden.

Die herrſchaftlichen und Gemeindwal= dungen betragen 10127. Morgen. In ſelbigen wächſet mehr Laub= als Nadelholz, und zwar Ei= chen, Eſchen, Elſenbirn, Erln, Maßholder, Ahorn, Ruſchen, Weiß= Roth= und Steinbu= chen, Birken und Eſpen, auch darunter die meh= reſten dieſer Holzſorten in ungewöhnlicher Gröſe; hingegen wird man von den Sorten der Nadelhöl=

zer

zer nur Fichten und Tannen, und diese nicht zu häufig, Forln aber gar nicht ansichtig. Für die letztere Gattung, welche nur schlechten Sandboden liebt,
mag das Erdreich zu gut seyn. Schade ist es, daß
die iungen Schläge in verschiedenen Gemeindwaldungen, nach einem althergebrachten Recht, mehrenteils zur Hutschaft des Viehes misbraucht werden, welches die iungen Limpfe der Bäume und
Stauden abbeiset, und dadurch in Zukunft einen
Holzmangel für die Nachkömmlinge befürchten
läßet. —

Der Obstbau wird hier sehr cultivirt. Aepfel
Birn, Zwetschgen, Welsche-Zeller-und Haselnüße
besonders aber mancherlei Arten Kirschen, werden
so reichlich gebauet, daß in einem Obstiahr mancher Unterthan nur aus letzterer Frucht allein, 30.
bis 60. Gulden erlöset.

Eigentliche Fabriken sind im Bezirk des Oberamts Hohentrüdingen nicht errichtet. Die Nahrung der Unterthanen besteht vorzüglich im Feldbau, der Rindvieh- und Pferdezucht. Selbst die
darinnen ansäßige Handwerksleute besitzen mehrenteils noch Feldgüter daneben, die sie so gut als

sichs

ſichs nur immer thun läßet, benutzen. Unter dieſer Gattung Einwohner zeichnen ſich die Häfner zu Heidenheim und Treuchtlingen durch das von ihnen gefertigt werdende Geſchirr beſonders aus, welches ſeiner Güte wegen ſtarken Abgang findet.

Der Marmorſchieferbruch, *) und die Glashütte bei Solnhofen, dann der neuangelegte Eiſenhammer in Hechlingen verſchaffen vielen Einwohnern dortiger Gegend, Arbeit und Nahrung.

Unter die natürlichen Seltenheiten des Oberamts möchte, außer den gedachten Marmorbruch, auch:

Der Käßbronnen, ein ehemaliges Geſundheitsbad, desgleichen einige andere Bronnen, ohnweit Heidenheim, welche alles, was man hineinwirft, in kurzer Zeit mit einer diken ſteinartigen Rinde überziehen, und dann die Kloſterquelle im ſogenannten Kreutzgarten des Kloſters, den der iedesmalige Verwalter deſſelben im Genuß hat, zu rechnen ſeyn.

Q 4   Der

*) Die ausführliche Beſchreibung dieſes allerdings merkwürdigen Marmorbruchs findet man in den nächſtfolgenden Blättern bey dem Ort Solnhofen.

Der Ort dieser Quelle hat ein ganz antikes Ansehen, und man kan sich ihm nicht nähern, ohne
im Geist in das graue Alterthum versetzt zu werden.
Zwischen vier sehr massiven viereckigten Säulen,
die ehemals zur Zierde und Bevestigung einer Kapelle dienten, von deren, iezt zum theil mit einem
Ziegeldach bedeckten Ruinen, man auf ihre ehemalige
Gröse einen sicheren Schluß machen kan, quill
dieses herrliche Wasser, zu welchem auf beiden
Seiten 6. bis 8. steinerne Treppen führen. Auf
ieder Treppenseite geht von einer Säule zur andern
in einer Höhe von ohngefähr 6. Schuhen ein drey
Finger breiter eiserner Stab, welchen eine dicke Oehl-
farbe oder Firnis bis iezt für den Rost gesichert hat.
Nach der Tradition wurden in den ersten Zeiten
des Klosters hier die Heiden getauft und an diesen
Stäben eine Art Vorhänge bevestigt. — Man
sieht der Quelle ihren starken Zufluß nicht an, sie
scheint unbeweglich zu seyn, und doch strömt sie
auf der andern Seite des Klosters, in einer Manns-
dicke hervor und hält die nahe dabey befindliche
Klostermühle einzig und allein im Umtrieb. Die
Unterhaltung dieser Quelle, die doch vermuthlich
auf dem sogenannten Schaafberg bey Heidenheim
ent-

entspringt, hat noch den geringsten Aufwand nicht
erfordert, woraus man schliesen kan, daß die Ka-
näle — die iedoch unbekannt sind — ganz ausnehmend veste gewölbt seyn müssen. — Das sonderbare
der Quelle ist, daß sie bey allenthalbigen Wasser-
mangel stärker fließt und oft die 4te auch 6te
Treppe hinansteigt, so wie sie im Gegenteil ihren
immer gleichen Zufluß behält.   Im heißen Sommer ist ihr Wasser so kalt, daß es die Hände er-
starren macht, im strengsten Winter hingegen so
laulicht oder vielmehr warm, daß er nie seine Rechte an demselben behaupten — und es mit Eis
überziehen kan.

Die nähere Untersuchung dieser heidenhei-
mischen Wasser, wäre gewis eine angenehme und
nützliche Beschäftigung für den Naturforscher und
Chymiker!

Der sogenannte Güß- oder Theuerbron-
nen bey Auernheim, verdient hier gleichfalls eine
Stelle, besonders weil dieser in dortiger Gegend
schon zu so vielen Aberglauben Anlaß gegeben hat.
Denn der gemeine Mann hält diesen Bronnen für
einen untrüglichen Witterungspropheten, der die
theuern oder wohlfeilen Jahre, ie nachdem er fließt

oder

oder nicht fließt, vorher verkündiget. Daher auch
sein Nahme: Theuerbronnen. Die ganze Sache geht aber sehr natürlich her: der Bronnen liegt
in einem tiefen Thal zwischen zween hohen mit Holz
bewachsenen Bergen, etwan einige Ruthen höher
als der Fus des Berges eigentlich ist. Er bricht
nur alsdenn mit starkem Geräusch hervor, wenn
im Frühjahr der Schnee durch ein Thauwetter plötzlich schmilzt, oder wenn in andern Monaten starke
und anhaltende Regengüsse erfolgen. Wahrscheinlich hat derjenige Berg, an dessen Fuß der Bronnen zu finden ist, eine zimlich grose Höhle oder
Wassersack, denn auf der entgegengesezten oder
Mitternachtseite eben dieses Berges, gibt es etliche
Quellen die immer flüssig sind, sie liegen aber viel
tiefer als die Oeffnung des gegen Mittag liegenden
Theuerbronnens. Wenn nun durch anhaltende Regengüsse, oder durch den plötzlich geschmolzenen
Schnee, die innere Höhle des Berges so stark an-
gefüllt ist, daß es den oben auf der Mittagseite
befindlichen Kanal oder Oeffnung erreicht, so mus
das Wasser allerdings wegen des starken Abfalls
mit Geräusche hervorbrechen, und so bald es in
der Höhle die gehörige Höhe wieder erreicht hat,
auch

auch wiederum zu fliesen aufhören. — Ist nun
dieser Bronnen im Jahre oft und stark gelaufen,
so mußten viele und starke Regengüsse erfolgt seyn.
Die nasse Witterung war den Feldfrüchten schädlich. Sie stiegen im Preise und die Prophezeihung
des unschuldigen Bronnens traf ein. Der Aber-
glaube, der so gerne Wunder sieht, sah also auch
hier dasselbe; sieht es noch iezt, in den sogenannten aufgeklärten Zeiten nicht selten; und dörfte
doch nur in diesem und andern Fällen der Natur
nachspüren, um von seiner Krankheit geheilet zu
werden. —

Ueberhaupt scheint es, daß sich in der Gegend des Hainenkamps noch manche sonderbare,
aus den ältesten Zeiten herzuleitende abergläubische
Meinungen erhalten haben. Bey dem allen aber
verdienen die Einwohner des Oberamts Hohentrüdingen das Lob eines besondern Fleisses in ihrer
häußlichen und Feldarbeit. Der größte Theil derselben ist gutdenkend, getreu gegen seine Landes-
herrschaft und billig gegen den Nächsten. Ihre
Lebensart ist nicht kärglich, sie besteht in nahr-
haften abwechselnden Speisen, mehrere finden auch
Geschmack am Koffee; — doch sind sie mehr zum
sparen

sparen als verschwenden geneigt. Die Berauschung
meiden sie sorgfältig, um dadurch in keine schlimme
Folgen verwickelt zu werden. Die Kleidung des
gemeinen Hauffens ist bey dem Bauer schwarzes
oder dunkelbraunes Tuch, lederne enge Hosen, braun
wollene Strümpfe, Schuhe mit Schnallen, bey einigen aber noch nach alter Mode mit Nesteln gebunden. Nur in Ansehung des Huts ist die Tracht
verschieden. Im Altmühlgrund wird er dreifach
aufgeschlagen, im Hainenkamp und in der Wörniz-
gegend aber nur zweifach. Ein Theil der Einwohner trägt auch runde Hüte. Unverheiratete Mannsleute tragen sich auf ähnliche Weise, wie die Verheirateten, nur mit dem Unterschiede, daß sie daneben noch mit rothtuchenen Brustflecken mit weiß-
metallenen oder versilberten Knöpfen, Staat
machen. Die Weiber tragen schwarze Hauben mit
weisen Spitzen, schwarze oder braune in viele Falten gelegte Röcke von Zeuch. Mädchen tragen
bundfarbige Hauben mit schwarzen Spitzen, gefärbte oder seidene Halstücher, roth oder blaue
Röcke von Zeuch, auch bey Regen und Sonnen-
schein grose schwarze Filzhüte. Der größte Staat
ist, wenn ein Mädgen viele Röcke übereinander

an sich hat. Ihre Wohnungen sind geräumig, und viele derselben von Steinen erbaut, auch größtenteils mit gebrannten Ziegeln, an der Altmühl hinab auch zum Teil mit solnhofer Marmorplatten bedachet. Daher haben die meisten Ortschaften im Oberamt Hohentrüdingen ein gutes Ansehen.

Zu dem bisher nach seiner manichfaltigen ökonomischen und natürlichen Beschaffenheit beschriebenen Oberamt Hohentrüdingen, gehören folgende herrschaftliche Aemter:

1) Das Klosterverwalteramt Heidenheim.
2) Das Kastenamt Hohentrüdingen.
3) Das Richteramt Heidenheim.
4) Das Verwalteramt Berolzheim.
5) Das Verwalteramt Rechenberg oder Ostheim.
6) Das Klosterverwalter- und Richteramt Solnhofen,
7) Das Verwalteramt Treuchtlingen, und
8) Das Richteramt Wettelsheim.

Die hochfraischlichen Gerechtsame, werden durch das Kastenamt Hohentrüdingen und Richteramt Heidenheim besorgt. Inzwischen haben auch die

die beeden Aemter Solnhofen und Treuchtlingen
ihre eigene Fraischbezirke.

In dem Jurisdiktionsbezirk des Kastenamts
Hohentrüdingen und Richteramts Heidenheim,
liegen folgende Ortschaften:

| | Unterthanen. | |
	gänzlich Anspachische	Fremde Angehörige
Altentrüdingen ein Pfarrdorf	50	6
Davon liegen 32. in Ober- amts wassertrüdinger Fraisch.		
Auernheim ein Pfarrdorf	46	20
Balfen- oder Rohrmühl (die)	1	—
Berolzheim ein Marktfle- cken	123	—
Bühlhüttenmühl (die)	—	1
St. Catharinenberg eine Kapelle.		
Cronhof (der)	—	1
Deggersheim ein Pfarrdorf	42	—
Dittenheim ein Pfarrdorf	68	42
Döckingen ein Pfarrdorf	59	15
Dornmühl (die)	1	—

Egen-

	Unterthanen.	
	gänzlich Anspachische	Fremde Angehörige
Egenthal ein Weiler	2	—
Ehlau e. W.	10	3
Enhofen f. Hechlingen.	—	—
Falbenthal e. W. und freiherrlich von Eichlerischer Rittersitz	—	10
Fuchsmühl (die)	1	—
Gärtnershof (der)	1	—
Geilsheim ein Pfarrdorf	85	16
Grosholzhof (der)	—	1
G'stadt e. W.	3	2
Haasmühl (die)	1	—
Hasenmühl (die)	—	1
Hagenhof (der)	1	—
Haid e. W.	1	8
Hainsfarth ein Pfarrdorf	22	82
Hechlingen und Enhofen ein Pfarrdorf	81	41
Heidenheim ein Marktflecken	226	—
Hohentrüdingen e. Pfarrdorf	50	—

Höfen»

	Unterthanen.	
	gänzlich Anspachische	Fremde Angehörige
Höfenhof (der)	—	1
Hungerhof (der)	—	1
Hußingen ein Pfarrdorf	45	10
Kirschenmühl (die)	1	—
Kohlhof (der)	1	—
Krämershof (der)	2	—
Kreuthof (der)	1	—
Kurzenaltheim ein Pfarrdorf	33	—.
Laub ein grofes pfälzisches Pfarrdorf in welchem 11. Unterthanen in diffeitiger Fraisch liegen	—	11
Leoleinsberg (der)	1	—
Lerchenbühl e. W.	1	3
Ludesmühl (die)	—	1
Marienbronn (e. W.) und ehemalige Probstey	2	—
Mauskreuth e. Hof	—	2
Meyerbruk und Heuhof	2	—
Meinheim ein Pfarrdorf	31	53
Mögersheim im Ries ein Pfarrdorf	19	77

Obels.

	Unterthanen.	
	gänzlich Anspachische	Fremde Angehörige
Obelshof (der)	2	—
Oberapenberg e. W.	8	—
Oberweiler e. W.	3	1
Ostheim ein Pfarrdorf	74	1
Panghard e. W.	6	—
Pappiermühl (die) bei Wolfbr.	1	—
Pfeifhof (der)	2	—
Pfladermühl (die)	1	—
Polsingen ein adel. von wöll- warthl. Rittersitz und an- spachil. Pfarrey.	—	40
Rechenberg ein altes ruinir- tes Schloß	—	—
Rohrach e. W.	16	—
Roßmannsdorf e. W.	9	—
Sammenheim ein Pfarrdorf	25	37
Scheken oder Hehrmühl (die)	1	—
Schlittenhard e. W.	5	—
Schnecken- oder Ziegelmühl (die)	1	—
Seegmühl (die) bei Windisch- haußen	1	—

Zweyter Th.   R   Seeg-

	Unterthanen.	
	gänzlich Anspachische	Fremde Angehörige
Seegmühl (die) bei Wolfsbr.	1	—
Stahlmühl (die)	1	—
Steinhard ein freiherrl. von crrilsheiml. Fidei=Commiß Gut und Pfarren	—	33
Trendel ein Filialkirchdorf	—	32
Unterapenberg e. W.	2	4
Unteraumühl (die)	—	1
Untermühl (die)	1	—
Unter= oder Rudelsmühl (die)	—	1
Ursheim ein Pfarrdorf	56	4
Wachfeld e. W.	4	—
Westheim ein Pfarrdorf	76	8
Wettelsheim ein Marktflecken	109	—
Wieshof (der)	—	1
Wiesmühl (die)	1	—
Wilhelms= oder Wolfsmühl (die)	—	1
Windischhaußen ein Pfarrdorf	13	9
Windsfeld ein Pfarrdorf	20	17

Wolfs=

	Unterthanen.	
	gänzlich Anspachische	Fremde Angehörige
Wolfsbronn e. W.	14	8
Wörnfeld e. teutschordl. W.	—	4
Ziegelhütte (die) bei Stein- hard	—	1
Zirndorf e. W.	3	—
Zollmühl (die) bei Wettelsh.	—	1
Zum Fraischbezirk des Ver- walter- und Richteramts Solnhofen gehören:		
Eßlingen e. W.	6	4
Hochholz e. W.	10	2
Solnhofen ein Pfarrdorf	81	—
Uebermannshofen ein Filial- kirchdorf	10	11
Zimmern e. W.	11	8
In dem Fraischbezirk des Verwalteramts Treucht- lingen liegen folgende Ortschaften:		
Brenneisenmühl (die)	1	—
Eulenhof (der)	2	—
Heinischhof (der(	1	—

	Unterthanen.	
	gän·lich Anspachische	Fremde Angehörige
Lohemühl (die) oder Weiherhauß	2	—
Möhrenbergshof (der)	2	—
Nähermühl (die)	1	—
Oberheumödern e. W.	10	—
Schürmühl (die)	1	—
Seeg·oder Reißmühl (die)	1	—
Siebeneichhof (der)	2	—
Treuchtlingen ein Marktflecken	123	1
Unterheumödern e. W.	3	—
Ziegelhütte (die) bei Heinischhof	1	—
Zollmühl (die)	1	—
Zum 14. Nothhelfern eine Kapelle	—	—

zusammen also: 4. Marktflecken, 23. Pfarrdörfer,
2. Filialdörfer, 23. Weiler, 2. Kapellen, 49.
einzelne Höfe und Mühlen, welche 1685. anspachische Unterthanen und 638. fremdherrische Angehörige in sich faßen. Die letztern gehören größtenteils

teils dem teutschen Orden, dem fürstlichen Hauße Oettingen, dem Hochstift Eichstett, dem gräflichen Hause Pappenheim und mehrern Reichs ritterschaft- lichen Familien.

Unter diesen erstangezeigten Ortschaften sind die merkwürdigsten folgende:

Auernheim ein gutgebautes Pfarrdorf. Die dortige Kirche liegt, auf der höchsten Höhe des Hainenkamps, und, dem Augenmaas nach, höher als die Veste Wülzburg. Daher ist denn auch die Luft in dieser Gegend so subtil und kalt, daß es meistens um vier Wochen ehender Winter, und eben soviel später Frühling wird, als in dem be- nachbarten Altmühlgrund. Das Dorf liegt an der Südseite des Berges und hat einen natürlichen Witterungskalender. Denn so erfolgt, zum Bei- spiel: wenn man Morgens oder Mittags gegen Südost iene Gebürge sehen kan, welche Tyrol von Baiern scheiden, eine schnelle Veränderung des Wetters und gemeiniglich ein warmer Regen. Die Aussicht von diesem Berge ist übrigens unbeschreib- lich schön.

Berolzheim ein ansehnlicher Marktflecken, mit einem alten gröstenteils ruinirten Schloß, und

R 3   zwoen

zwoen mit befondern Pfarrern verfehenen Kirchen.
Im Jahr 1667. gelangte der Ort von den Grafen
Wolf Philipp und Franz Chriſtoph von Pappen=
heim an Markgraf Albrecht, welcher denſelben,
dem Oberamt Hohentrüdingen einverleibte und einen
eigenen Beamten hieher ſetzte. Im Jahr 1783.
brande dieſer Marktflecken bis auf 40. Häuſer
gänzlich ab ; da aber dieſe Gebäude durch die er=
richtete Brandaſſekurationsſocietät geſichert waren,
ſo ſind die Brandſtätten wiederum ſämmtlich be=
bauet, und der Ort mit neuen ſchönen Häußern ge=
zieret worden.

Hechlingen, ein weitläuftiges Pfarrdorf.
Man findet hier viele natürliche Merkwürdigkeiten;
beſonders die im 15. Abſchnitt des erſten Theils
S. 228. bemerkten Verſteinerungen.

In den heidniſchen Zeiten verehrte man hier
die Göttin Heka, welcher bekanntlich Hunde ge=
opfert wurden, wovon noch eine hieſige Feldgegend
der Hundsruk genannt worden ſeyn mag. Wenn
man auch das Wort Klinge nach deſſen wahren Be=
deutung, nemlich einer zwiſchen Bergen und Wald
liegenden Feldenge, hiezu annimmt, ſo mag der
Ort oder die Gegend in den älteſten Zeiten Heka
Klingen

Klingen geheisen, und sich endlich durch eine
mildere Aussprache in Hechlingen verwandelt
haben.

Sowohl die vielen tausendjährigen Eichen,
als ein durch Kunst gemacht zu seyn scheinender
grüner Hügel, das Druidenberglein genannt
auf dessen Oberfläche gegen 15. Personen stehen
können, würde schon vermuthen lassen, daß hier
ehemals ein Druidensitz gewesen wäre, wenn diese
Muthmassung auch nicht dadurch bewiesen würde,
daß man noch itzt ohnfern der Stahlmühl, auf einem mit Bäumen und Gebüschen bewachsenen Berg
den Umkreis eines ovalrunden ehemaligen Heiden-
tempels, nebst dreen aufrecht stehenden Steinen
wahrnimmt, unter welchen sich ein tiefes Loch vor-
findet, worein das Blut der Geopferten flos.

Im ersten Viertel dieses Jahrhunderts, war
noch der ganze heidnische Opferaltar vorräthig.
Er bestund aus 8. aufrechtstehenden Steinen,
auf welchen der grose, 10. Schu lange und 4.
dergl. brete Opferstein lag, in dessen Mitte eine
Rinne eingehauen war. Unwißenheit oder Nach-
läßigkeit gegen schätzbare Altertümer verstattete,
daß man diese Steine bis auf obige dreye hin-

weg-

weggenommen und zu andern Gebäuden verwendet
hat. *)

Heidenheim, ein ansehnlicher und volkreicher
Marktfleken, in welchem vor der Reformation eine
benedictiner Abtei und Kloster anzutreffen war.
Seiner Lage nach gehörte der Ort in den mittlern Zeiten, zu dem Pago Sualafeld, dem Hainen-
Camp, und insonderheit zur ehemaligen Grafschaft Truhendingen.

Wuni-

*) Der selige Herr Hofrath Stieber führt bey Be-
schreibung dieses Orts in seiner historisch topographischen Nachricht vom Fürstentum Anspach
S. 463. noch an, daß auf das gedachte Druidenberglein keine Viehheerde zum weiden gebracht werden könne, sondern das Vieh mit
strozenden Schwänzen davon liefe. Da ich
keine Ursache hievon einsah, indem das Vieh gewis nicht, noch ietzt, einen Geruch, von dem,
vor tausend Jahren hier vergoßen wordenen menschlichen Opferblut haben konnte; so zog ich hierüber
genaue Erkundigung ein, und erfuhr, daß man
in Hechlingen gar nichts davon weiß, und
daß die Viehheerde auf dem Druidenberglein eben so ruhig, als in andern Gegenden
geweidet würde.

Wunibald, ein Bruder des erſten eichſtettiſchen Biſchofs Willibald, beede aus England ge-
bürtig und aus königlichem Geblüte entſproßen,
ſtiftete um das Jahr 750. mit ſeines Bruders
biſchöflichen Bewilligung in dieſer Gegend ein Kloſter
für Manns- und eine Kapelle oder Klöſterlein für
Frauensperſonen. In beeden führte er die Regeln
des heil. Benedicts ein, und ſtund erſterem als
Abt in eigener Perſon, dem Frauenklöſterlein aber
ſeine Schweſter Walpurgis als Aebtißin vor.

Wunibald ſtarb im Jahr 761. und Walpurgis 776. Beede wurden in dem durch ſie fundir-
ten Kloſter begraben. Ihre Grabmale, welche in
den Jahren 1483. und 1484. erneuert wurden, ſind
noch in der Kloſterkirche gegen dem Chor, mit
ihren eingehauenen Bildnißen zu finden.

Ob noch einiger Ueberreſt der Gebeine dieſer
beeden nachher unter die Heiligen geſetzten Ge-
ſchwiſtrigte in Heidenheim vorhanden iſt, kan mit
Zuverläßigkeit deswegen nicht geſagt werden, weil
man bis ietzt noch keines dieſer Gräber geöffnet hat.
Nach einigen Schriftſtellern, ſoll der ganze Leib
der Walpurgis im Jahr 850. nach Eichſtett gebracht worden ſeyn, nach andern hingegen nur die

R 5   Bruſt-

Brustgebeine derselben. Da aber im Jahr 1606, der damalige Bischof zu Eichstett, um die Verabfolgung sämmtlicher Gebeine der h. Walpurgis, in Anspach ansuchte, gleichwol aber nicht zu finden ist, daß ihm seine Bitte gewähret wurde; so scheinet dies genug Beweises zu seyn, daß Eichstett nicht alle Gebeine dieser angeblichen Heiligen besitze. In Heidenheim ist die Mirakulkraft der Walpurgis längstens erloschen; in Eichstett aber schwitzet ein kleiner Theil ihrer Gebeine bekanntlich noch alle Jahre eine übergrose Quantität heiliges Oehl.

Die Schutzgerechtigkeit über das Kloster Heidenheim stunde den Herren Burggrafen zu Nürnberg schon einige Jahrhunderte vor der Reformation zu. Den eigenthümlichen Besitz des Fleckens aber erhielten sie erst im Jahr 1404.

Zur Zeit der Reformation, 1528., brachte Markgraf Georg der Fromme seine erworbenen Rechte in Ausübung; Er säcularisirte das Kloster, und verwandelte es in ein weltliches Verwalteramt, in welcher Verfaßung sich daselbe auch noch gegenwärtig befindet.

Hohentrüdingen ein vestes Bergschloß und Pfarrdorf, und das alte Stammhauß der ehemaligen

maligen anſehnlichen Grafen von Truhenbingen.
In den ältern Zeiten hatte dieſer Ort mancherlei
Beſitzer, bis er um die Mitte des 14. Jahrhunderts
von Graf Ludwig zu Dettingen an das burggräfliche
Haus kam, bei welchem derſelbe anfangs nur kurze
Zeit blieb. Denn Burggraf Friederich V. ver-
ſchrieb Hohentrüdingen zur Ausſteuer, ſeiner im
Jahr 1366. an Pfalzgraf Rupprecht dem iüngern,
(nachherigem Kaiſer) vermälten Prinzeſſin Eliſa-
beth. Im Jahr 1404. kam der Ort Hohentrüdingen, nebſt dem Markt Heidenheim, durch Ver-
gleich wieder an Burggraf Friedrich VI. nachherigem
erſten Kurfürſten zu Brandenburg, von welcher
Zeit an beede Orte mit ihren Zugehörungen bei
dem Burggraftum verblieben.

Rechenberg, ein ehemaliges veſtes Schloß,
von welchem nur noch wenige Mauern zu ſehen
ſind. Es war das Stammhauß des ehehin ſehr
begütert geweſenen adelich fränkiſchen Geſchlechtes
von Rechenberg, nach deßen Erlöſchung daſſelbe
im Jahr 1533. dem hochfürſtl. Haus Brandenburg heimfiel.

Solenhofen, gegenwärtig ein ansehnliches
Amts- und Pfarrdorf, ehemals eine berühmte Be-
nediktinerprobstey, an dem Altmühlfluß gelegen,
und von dem Einsiedler Sola zu Carl des Grosen
Zeiten anfänglich gestiftet. Nach verschiedenen
Schriftstellern *) soll derselbe im Jahr 743. oder
760. gestorben, und in das von ihm fundirte Kloster begraben worden seyn. Sein Grabmal wird
noch im innern der Kirche, gegen Mitternacht ge-
zeiget; ist aber, seiner äussern Gestalt nach, sehr
unansehnlich, und verwahrt gegenwärtig weder
Sarg noch Gebeine mehr. Vermuthlich sind letztere, im Jahr 1743., bey Erneuerung der Kirche, zugleich mit denen, auf das ältere Altarblat
gemahlt gewesenen, und durch den heiligen Sola
angeblich gewürkt wordenen Wundern, aus über-
triebenem Religionseifer oder Gleichgültigkeit gegen
schätzbare Altertümer, zu Grunde gegangen. —
Der Einsiedler Sola soll, in seinem Leben, sich
meistens in einer Höhle aufgehalten haben, welche
zur Zeit noch vorhanden ist, und Solaloch genennt

*) s. Stiebers hist. topographische Nachricht von
   dem Fürstentum Anspach. S. 764.

nennt wird. Man findet sie auf dem einige hundert Klafter hohen Käppeleinsberg, bey Solenhofen, gegen Morgen, von welchem man eine
sehr schöne Aussicht genießt. Der Eingang in diese Höhle ist aber dermalen so niedrig, daß man
auf den Händen hineinschlüpfen mus. Die Natur
hat sie nicht selbst gebaut; sie mus mit vieler Mühe durch Menschenhände in den harten Felsen gegra-
ben worden seyn. Sie ist 16. Schritte lang und
etwan 5. Schu hoch. Das Licht fällt durch einige Felsenritzen hinein, jedoch so schwach, daß kaum
zwey Personen einander sehen können. Von der
ehemals auf diesem Berg, ohnfern der Höhle gestandenen Kapelle ist gegenwärtig nichts mehr zu
sehen.

Nach Sola's Tode, wurde seiner angeblich
letzten Willensverordnung gemäs, das neuerrichtete
Kloster von dem Stift Fulda in Besitz genommen,
erweitert und bequemer eingerichtet. Die ältesten
Schutz- und Schirmherrn über dasselbe, waren
die ehemaligen Grafen von Truhendingen. Von
diesen gelangte die Schirmung an die Herren Burggrafen von Nürnberg und Marggrafen zu Brandenburg,

denburg, welche denn das Kloster, zufolge ihrer
Rechte bey der eingetretenen Reformation einzogen, und damit im Jahr 1 5 1 5. den Anfang machten. Seit diesem Zeitpunkt ist dasselbe in ein weltliches Amt verwandelt.

Die hauptsächlichste Nahrung für die solnhofer
Einwohner, schafft der nahe dabey liegende Marmorschieferbruch *). Er ist in mehrerm Betracht
zu merkwürdig, als daß nicht eine ausführliche
Nachricht von selbigem manchem meiner Leser angenehm seyn sollte.

Es ist keinem Zweifel unterworfen, daß alle
um Solenhofen gelegene Berge eben auch diese Art
Marmor enthalten. Der gegenwärtige Bruch
aber war iedesmals der größte und ergiebigste.
Er wurde im Jahr 1738. und 1739. entdekt,
und zwar, gegen die höchste Spitze eines ganz mit
Holz bewachsenen Berges, dessen Fus an den Ort
Solenhofen stößt. Weil das Holz der dasigen Gemeinde zuständig gewesen, so wurde der Steinbruch
mit landesherrlicher Erlaubnis unter die Gemeindrechte aus, und ieden zwölf Schuh in die Breite
zugeteilt, eine eigene Bergordnung vorgeschrieben,

und

*) s. den ersten Theil 226.

und eine förmliche Zunft mit einer Lade vor die
Steinbrecher, annebst auch ein ordentliches Berg-
gericht errichtet. Diesem stehet der Beamte als
Richter, ein Ober- und Unterberg- dann Geschau-
meister vor. Der Oberberg- und der Geschaumei-
ster haben kleine Streitigkeiten der gemeinen Meister zu untersuchen und beizulegen. Grössere
aber gehören vor den Beamten. Jeder Innwoh-
ner, der ein eigenes Gemeindrecht hat, ist berech-
tiget Steine zu brechen, wenn er zuvor Meister
worden ist. Hierzu mus er sich bey den Vorstehern melden, die ihn dem Amte vorstellen, woselbst er, ohne Anstand, ein- und ausgeschrieben
und zum Meister gesprochen wird, dabey aber angeloben mus, dem Gericht und der Bergordnung
gemäs zu arbeiten, und in zweifelhaften Fällen,
sich nach der Anweisung des erstern zu achten.

Der solnhofer blaßgelbe Marmorschiefer verdient seiner Reinheit und Härte wegen unter die
Marmorarten gerechnet zu werden, jedoch hält er
sich in der Luft und Wetter nicht lange, sondern
lößt sich, wegen der darinnen enthaltenen vielen
Kalchteile auf. Im trockenen aber dauert er ewig.

Die

Die gegenwärtige Beschaffenheit des Bruchs ist folgende: ehe man auf die brauchbaren Lagen oder Fliense kommt, mus der Berg 10. 12. auch 20. Fus tief abgeraumt werden; dann liegt gemeiniglich dünner Schiefer, welcher zur Belegung der Dächer gebraucht wird; etliche Schuh tiefer ein Stein öfters einen Schuh dick, der nichts als Brocken gibt; diesem aber folgt der tüchtige Stein, aus welchem Fusbodenstüke zu 2. 1½. und 1. Schuh im Quadrat und verhältnismäsiger Dicke von 1. 1½. auch 2. Zollen; desgleichen Treppen, Fensterbänke, Tische, und Grabsteine, zu 3. und 4. Zoll, auch noch dicker gemacht werden. Diese Gattungen werden wenig rauh, sondern meistens geschliffen und polirt verkauft. Der Verschluß geschiehet zwar zu Land in die Städte Anspach, Augsburg, Nürnberg, München, und Mannheim. Der Transport ist aber, wegen der Schwere des Steins sehr kostbar, weswegen der meiste Absatz in dem sechs Stunden davon entfernten Ort Stettberg an der Donau durch die dasigen Flosleute gemacht wird, welche den selnhofer Marmorschiefer nach Wien, Ungarn und bis in die Türkey verführen.

So

So viel auch die Taglöhner den Meistern, wegen der Beschwerlichkeit des Abraumens, und dessen Wegschaffung über die Berghänge, in die Tiefe hinunter, kosten; so erträgt doch ein guter Bruch dem Inhaber mehr als ein ansehnlicher Bauernhof in einer mittelmäsigen Gegend, zumalen die herrschaftlichen Abgaben leicht sind, und nur in wenigen procenten des baaren Erlöses, dann jährlich einen Gulden in die Gemeindkasse bestehen, auch das Meisterwerden nicht mehr als vier oder fünf Gulden beträgt.

Bey dem Abraum, und öfters in der Tiefe, gemeiniglich aber wo es Klüffte hat, werden viele seltene Versteinerungen gefunden. Vortrefliche Dentriten, Fische und Krebse, aus dieser Gegend sowol, als auch viele Gattungen Seethiere. Der Preis dieser Seltenheiten steigt in neuern Zeiten immer höher, und nicht selten wird ein schön und gutgezeichnetes Stück, von welchem sich beede concav- und convexe Theile erhalten haben, um eine, zwey, auch vier und sechs Dukaten verkauft.

Zweyter Th.　　　S　　　Im

Im Jahr 1785. wurde auch die hier ehemals ansehnlicher gewesene Glasfabrik wieder errichtet, und dadurch dem Ort einigermaſſen mehrere Nahrung verſchaft. Sie könnte aber dennoch in mancher Ruckſicht gröſſern Nutzen ſchaffen, zumalen die Waldungen in dortiger Gegend immer mehrers heranwachſen und der ehemalige Holzmangel verſchwunden iſt.

Wettelsheim, ein anſehnlicher Flecken, dem ein eigener Beamte und Pfarrer vorgeſetzt iſt. Er gehörte vor der Reformation dem Kloſter Wülzburg, welches denſelben im Jahr 1364. von Heinrich Marſchalk von Pappenheim erkauft hatte. Nach erfolgter Säkulariſation dieſes Kloſters, gelangte der Ort an das hochfürſtliche Haus Brandenburg Onolzbach. In der Gegend dieſes Flekens ſieht man häuffige natürliche Felſen, beſonders aber auf einem mit Buſchwerk bewachſenen Platz dreie derſelben nebeneinander, über welche ein noch gröſerer Felſen hervorragt, der ſich wieder zu den andern herabneiget, und dadurch eine natürliche Grotte machet, in welcher zwei bis drey Perſonen ſitzen können.

Oberamt Roth.

Das Oberamt Roth, welches aus dem Kasten= und Stadtrichteramt Roth, aus dem Richteramt Georgensgmünd, und Verwalteramt Friederichsgmünd, bestehet, die sämmtlich einem zeitlichen Kastner über= tragen sind, der denn auch die hohe Gerichtsbar= keit und das Polizeiwesen der dasigen Gegend be= sorget, gränzt gegen Morgen: an das kur= pfälzl. neuburgische Pflegamt Hilpoltstein; gegen Abend: an die eichstettischen Kastenämter Aben= berg und Spalt; gegen Mittag: an letzteres und das teutschordl. ellingische Gebiete, deßgleichen an das kurpfälzl. Pflegamt Heydek und Oberamt Gunzenhaußen; gegen Mitternacht aber an das Oberamt Schwabach, und kurpfälzl. Pflegamt Allersberg. Dieser Landesdistrikt begreift nach seiner größten Länge von Morgen gegen Abend 5. Stun=

den

den, und in die Breite 3. Stunden in sich, hat auch beinahe durchgehends eine ebene Lage, nur ziehen sich an den Ufern der beeden Flüße Rednitz und Roth und an der allersbergischen Gränze einige sanfte Anhöhen hin.

Die Erdfläche bestehet durchgehends aus Sand; nur gegen Eichelburg, Brunnau und Birlach hin, findet man größtenteils rothen Thon.

Der hauptsächlichste Bau des Landmanns, außer den vorgenannten drei Ortschaften, ist wegen des sandigten Erdreichs meistens Winter- und Sommerkorn, Erdbirn oder Kartoffeln und Hirß. An einigen Orten, wo sich zu andern Früchten schickliche Feldung befindet, werden zwar, außer jenen Produkten, auch Gersten, Waizen, Dinkel, Flachs und Kraut, aber sehr sparsam gebauet. In den drey Ortschaften, Aichelburg, Brunnau und Birlach hingegen, ist der Hauptbau Dinkel und Habern. Korn wird dort nur soviel, als ieder für sein Hauswesen gebrauchet, und dies nicht beständig; Gersten aber sehr wenig gebauet.

In der Markung der Stadt Roth selbst werden die mehresten Feldungen entweder mit Korn besäet, oder mit Tobak bepflanzet.

In

In dem größten Theil des Oberamts Roth, bedeutet die Ausfuhr des erbauten Getraides sehr wenig, wenn man die Ortschaften Untersteinbach, Wörnspach und Mauk ausnimmt. Denn der Landmann gewinnt nur von den beeden Sorten: Korn und Hirß einigen Ueberfluß, den er zum Verkauf widmen kan. Ausserdem sucht er von der Benutzung seiner Gutshölzer, welche zur Verkohlung angewandt, und in dieser Eigenschaft nach Fürth, Nürnberg und Anspach ꝛc. zum Verkauf geführt werden, sich einigen Erwerb zu verschaffen, wovon er die herrschaftlichen Abgaben und Steuern bestreitet.

Dagegen bringt der Tobakbau eine zimliche Summe Gelds ein. Dies Produkt geht meistens in gesponnenen Rollen oder geschnitten, in die benachbarte pfalz-baieril. Lande, auch nach Schwaben, und macht einen beträchtlichen Handlungs- und Nahrungszweig aus.

Das Oberamt Roth ist, im ganzen genommen, mit den vortreflichsten Wiesen gesegnet. Vorzüglich kan dieses von der Stadt Roth, desgleichen von jenen Orten des Oberamts, welche an den Rednitz, Roth und Aurachflüßen, oder am

S 4

Brum-

Brumbach liegen, als: Georgensgmünd, Petersgmünd, Hekenhofen, Bernlohe, Barnsdorf, Pfaffenhofen, Kauernhofen, Eckersmühlen, und Bai-
rischhöffstetten gesagt werden, deren Einwohner
mehrenteils dreimädige Wiesen besitzen, Die
übrigen Ortschaften müssen sich mit sogenannten
Feldwiesen behelfen, welche zwar auch durchgehends alle Jahre zweimal mit der Sense abgemähet werden, und nahrhaftes Futter, aber nicht
in der Menge tragen, als die bey den obengedach-
ten Orten befindlichen Grund = oder Wässerwie-
sen, deren letztere Benennung daher entspringt,
daß in die Flüße an welchen sie liegen, von Distrikten zu Distrikten gewiße Wöhre oder Stemmungen
erbaut sind, aus welchen dieselben jährlich von
Walburgis bis Bartholomaei, auch zum Theil bis
Michaelis, in gewißen Wochentägen gewäßert werden dörfen.

Die Pferdezucht ist im ganzen Oberamt
Roth unbedeutend. Kaum werden das Jahr über
im vollen Bezirk deßelben 5. bis 6. Fohlen gezogen.
Um so beßer ist hingegen die Rindviehzucht, zu-
malen in solchen Orten beschaffen, welche an den
Flüßen liegen und dadurch hinlängliches Futter zur
Nach-

Nachzucht des jungen Viehes gewinnen. Des,
wegen wird auch mit dem Rindvieh ein zimlich be,
trächtlicher Handel mehrenteils von der Judenschaft
zu Roth und Gmünd getrieben, von welchen viele
die Viehmärkte zu Nürnberg beinahe alle Wochen
mit einer Menge Ochsen, Stieren und Kühen be,
suchen. Die Bienenzucht wird äusserst vernach,
läßigt. Nur in einigen Orten giebt sich der Land,
mann mit derselben ab.

Die Fischerei ist für mehrere Einwohner
des Oberamts vorteilhaft. In der Rednitz und
Roth werden Aale, Hechte, Karpfen und Barben
von zimlicher Gröse gefangen; der Brumbach lie,
fert gute schmakhafte Krebse in Menge. Die
Weiherfischerei ist von keiner Bedeutung, weil
ausser dem rother sogenannten Schleifweiher sonst
kein beträchtlicher im Oberamt gefunden wird.

Die Waldungen machen den größten Schatz
des Oberamts aus. Sie betragen 2376. Mor,
gen und bestehen durchgängig aus Forln, Fichten
und Tannen. Laubholz findet man in dieser Gegend
nicht. Ausser diesen ansehnlichen herrschaftlichen,
Heiligen, und Gemeindhölzern, besitzet der Land,
mann bei seinem Hof oder Guth öfters noch 10.

20. bis 30. auch 50. Morgen Holz. Daher es denn, wie bereits oben gedacht ist, kommt, daß derselbe durch die Verkohlung einer Quantität Holzes sich die nöthige Baarschaft zu Bestreitung seiner Ausgaben und der herrschaftlichen Gefälle verschaffen, obgleich wenig erübrigen kan; denn der Feldbau wirft im Oberamt Roth, wegen der sandigten sterilen Erdfläche kaum so vieles ab, als seine häußliche Bedürfnisse erfordern. Der größte Theil des Landmanns in dortiger Gegend muß sich daher kümmerlich behelfen, und nur selten gelingt es einem oder dem andern sich von Schulden, die immer vom Vater auf den Sohn mit den Gütern übergehen, ganz frey zu machen. Seine ganze häußliche Einrichtung ist aber auch diesen Umständen vollkommen angemessen, und so einfach wie möglich. Er nimmt mit der härtesten Kost vorlieb, die größtenteils aus eignen Produkten, in Milch, Erdbirn, Hirß ꝛc; als festliche Speisen in Sauerkraut und selbst geschlachteten und gedörrten Schweinenfleisch; im Sommer aber zur Abwechslung in Petersil, einer bekannten Lieblingsspeise der nürnberger Gegend, und Kohlrüben, bestehet. Seine Klei-

Kleidung macht ein tägliches und festliches Gewand aus. Jenes ist ein schwarzer oder weiser Zwiller-kittel dann dergleichen Hosen und Brustfleck; und dieses aus schlechten schwarzen oder braunen Tuch und schwarzledernen Hosen. Bey dem allen ist der rother Bauer mit seiner Bestimmung und seinem Schicksal zufrieden, und sich bewußt, daß sein Loos Arbeit im Schweiß seines Angesichts, und der Lohn davor auch für ihn endlich der Tod ist.

Der Zustand der Fabriken und Manufaktu-ren im Oberamt Roth ist folgender:

a) Die lionische Drathfabrik in der Stadt Roth. Hier wird das Kupfer teils in ver-silberten teils in gelben Stücken zum feinsten Drath und Plett gezogen, und sonach in die entferntesten Lande, nach Italien, Spanien Portugall und in die Levante versandt. Die-se Fabrik ist dermalen in einem so blühenden Zustand, daß sich davon gegen 300. Perso-nen beederlei Geschlechts nähren, und mehre-re wöchentlich 8. 10. bis 12. fl. verdienen. Der reichliche Verdienst hat auf den rother Nahrungsstand einen grosen Einfluß.

b) Die

b) Die steinberger- und hüttlingerische Eisen-
drathzugfabrik. Errichtet im Jahr 1763.
Sie giebt zwar auch mehrern Personen Verdienst, er ist aber so geringe, daß er bei den
meisten Arbeitern nicht zu ihrem und der ih-
rigen Unterhalt hinreicht. Weswegen diese
Gattung Leute nicht selten dem Publikum zur
Last fallen.

c) Die Spiegelglasschleif- und Polierwer-
ker. Sie sind in gutem Gang, und die dabey angestellten Schleifer und Polirer haben
hinlänglichen Verdienst, der zur Nahrung
der Stadt vieles beyträgt.

Nur Schade, daß von den beeden Werkern,
das eine lediglich durch den Ausfluß eines Weihers,
und das andere durch ein geringes Bächlein getrieben wird. Daraus entspringt die nachteilige Folge, daß bei trokenem Sommer und wenigem Wasser dieselben öfters stille stehen, und sodann auch die
Arbeiter den Verdienst entbehren müssen.

d) Der Kupferhammer zu Roth. Auf diesem werden alle Sorten kupferne Geschirre,

vom

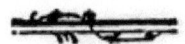

vom größten bis zum kleinsten für die Hand-
kupferschmidte ausgearbeitet.

e) Der Kupferhammer zu Ekersmühlen.
Dort werden nichts als die zum Drathziehen
bestimmte Kupferstangen in die rother, allers-
berger und freistätter lionische Drathfabriken,
ausgeschmidet.

f) Die Eisenhammerschmidten zu Ekersmühlen, Pfaffenhofen und Friederichsgmünd,
welche gute Nahrung haben.

g) Die quinatische und meyerische Pappiermüh-
len bei Petersgmünd. Beede fertigen alle
Arten Pappiere in vorzüglicher Güte. Das
Fabrikzeichen ist eine Fichte. In der quina-
tischen Fabrik werden besonders auch verschiedene Sorten holländischer Papiere sehr gut
nachgemacht.

h) Sechs und vierzig Posamentierer oder Bor-
tenmacher, welche gegen 100. Stühle im
Gang haben. Sie fertigen nicht nur lionische Gold- und Silberdreßen nach den schönsten Mustern, sondern auch Sammet und
andere Bänder, ganz und halbseidene Hosen-
trä-

träger, zwirnene Pferd- und Sattelgurte, u. d. g. wodurch von dem Auslande jährlich wenigstens 30000. fl. zum Vorteil des rother Publikums im Umlauf gesezt werden.

Bemerkenswürdige Naturproducte finden sich im Oberamt Roth nicht. Eben so auch keine sonderbare Gebräuche unter dem grosen Haufen.

Doch mag hieben diese Bemerkung nicht überflüssig seyn, daß bei dem Zusammenfluß der drei Flüsse Rednitz, Aurach und Roth ohnweit der Stadt, alle Ehescheidungen der sämtlichen anspachischen Judenschaft vorgenommen werden, weil in andern Gegenden des Fürstenthums die zu dieser Ceremonie nötigen dreierley zusammenfliesenden Wasser sich nicht vorfinden.

Der hohen landesherrlichen Jurisdiktion sind im Oberamt Roth nachstehende Ortschaften unterworfen:

Aichel-

	Unterthanen.	
	gänz :ch Anspachifche	Fremde Angehörige
Aichelberg ein Weiler	9	—
Altenfelden ein eichstettisches Filialdorf enthält wovon einige derselben in eichstettischer Fraisch gelegen sind.	—	17
Aspach ein Weiler	4	2
Aurau e. W.	2	11
Barnsdorf e. nürnbergl. W.	—	3
Bairischhöffstetten e. W.	12	—
Belmbrach e. W.	25	—
Bernlohe e. W.	14	—
Brunau e. W.	5	15
Brükleinsmühl (die)	—	1
Bürckach e. W.	9	—
Crohehof (der)	2	—
Crohemühl (die)	1	—
Eckersmühlen ein Pfarrdorf	11	25
Engelhof (der)	—	1
Fischhof (der)	—	1
Fotzen oder Kleehof (der)	—	1
Fesselsberg (der)	—	1

Friede

	Unterthanen.	
	gänzlich Ansbachische	Fremde Angehörige
Friederichsgmünd e. W.	19	—
Georgengmünd ein Pfarr-dorf	50	10
Guckenmühl e. pfälzisches W.	—	6
Haasenbruk	—	1
Haimpfarrich e. W.	4	4
4. davon liegen in kur-pfälzil. Fraisch.		
Harlach f. Ob. A. Schwabach.		
Haußlach e. W.	10	8
Hämmerleinsmühl f. Weiher-mühl.		
Kauernhofen e. W.	5	10
Killansdorf e. W.	1	8
Leonhardsmühl (die)	1	—
Mauck e. W.	14	—
Mebenberg ein Filialdorf den altschöllischen Erben ge-hörig	—	26
Meckenlohe e. W. f. Ob. A. Schwabach.		
Oberbreitenlohe e. W.	3	5

Ober-

	Unterthanen.	
	gänzlich Anfpachifche	Fremde Angehörige
Oberhammer, ein Kupfer-hammer	1	—
Oberheckenhofen e. W.	2	4
Oberſteinbach e. W.	4	8
Papiermühlen bei Peters-gmünd	2	—
Petersgmünd ein Filialkirch-dorf	18	20
Pfaffenhofen desgleichen	14	12
Ritterſpach ein Pfarrdorf	18	9
Roth eine Stadt	190 Häuſer	
Rothaurach ſ. Ob. A. Schwa-bach.		
Unterhammer (der) ein Eiſen-Senſen- und Zainhammer	1	—
Unterheckenhofen e. vermiſch-tes W.	—	4
Unterſteinbach auf der Haide e. W.	11	—
Unterſteinbach bei Ritterſpach e. W.	15	1
Wagnersmühl (die)	—	1

Zweyter Th.   T   Walleſ,

	Unterthanen.	
	gänzlich Anspachtische	Fremde Angehörige
Wallesau ein Pfarrdorf ·	10	14
Weinmannshof (der) ·	2	—
Wörnspach e. W. · ·	10	—
Weiher · oder Hämmerleins= mühl (die) · ·	—	1
Zwirkelhof oder Oberbirkach e. W. · · ·	5	3

zusammen also : 1. Stadt, 4. Pfarrdörfer, 4. Filialdörfer, 24. Weiler, und 12. einzelne Höfe oder Mühlen, in welchen sich 504. anspachische immediat Unterthanen und 233. ausherrische Angehörige befinden, welche letztere mehrenteils dem Hochstift Eichstet, Kloster Seeligenpforten, der Reichsstadt Nürnberg, und dem Kurpfalz neu= burgischen Hause gehören.

Unter diesen Ortschaften ist nur allein die Stadt Roth selbst, noch besonders zu bemerken:

Roth, eine mittelmäsige Stadt an dem Red= nitz= und Rothfluß, 5. Meilen von Anspach gele= gen. Sie ist mit einer Mauer umgeben, und durch 3. Thore verschlossen. Das fürstliche drey

Ge=

Geschoß hohe Schloß, in welchem der ledesmalige
Beamte seine Wohnung hat, lies Markgraf Georg
der Fromme im Jahr 1535. von dem Einkommen
der von ihm besessenen schlesischen Fürstenthümer
Ratibor und Oppeln erbauen; daher legte er auch
demselben den Namen Ratibor an der Redniz
bei, wie dieses die Inschrift in einer über dem Thor
bevestigten metallenen Tafel besagt *). Ausserdeme finden sich an öffentlichen Gebäuden noch: das
im Jahr 1533. erbaute Rathhauß; die Stadtkirche; die heiligen Kreuz oder Gottesakerkirche,
und ein zum Vergnügen und Uebung der Burgerschaft erst im Jahr 1756. erbautes Schieshaus.
Die Anzahl der Häusser, und die Nahrung der
Burgerschaft ist bereits durch die vorhergehenden
Nachrichten vom Oberamt selbst, bekannt gemacht
worden. Die Stadt Roth kam schon im Jahr
1292. von denen von Heydek durch Kauf an Burggraf Friederich IV. Sie war bereits von mittlern
Zeiten an, in Ausübung einer kaiserlichen Freiung,
deren schon in der grosen Fraischsache, in welcher
das Haus Brandenburg in den Jahren 1583. und

T 2   1587.

*) s. Stiebers hist. topogr. Nachricht S. 681.

1587. in poſſeſſorio gegen den Stadtrath zu Nürnberg, in Betref der hohen fraiſchlichen und Territorialobrigkeit geſchützet worden, als einer bekannten Sache gedacht wird *). Die Stadt Roth übt auch daſſelbe noch gegenwärtig in vorkommenden Fällen ohnwiderſprechlich aus. Einige nähere Nachricht dieſes Rechts enthält die Beilage aus dem rother Saalbuch vom Jahr 1531. gezogen.

Es beſteht aber das rother Freiungsrecht nicht blos in einem unthätige ein volles Jahr fürdaurenden Schutz, ſondern das daſige Amt und Stadtgericht, als das ordentliche forum aſyli, erkennt in der Sache des Geflüchteten, nicht nur über die Frage: ob der Verglaitete des Rechtes fähig ſey? ſondern es ventilirt auch das punctum in- et exculpationis; hauptſächlich aber interponirt es ſein Officium

in

*) Pfeffinger ad vitriarium L. III. T. XVII §. 78. No. 2. verbo: Roth, rechnet dieſes Städtgen unter die Aſyla univerſalia ab Imperatoribus conceſſa, ideoque territorium ſpeciale egredientia.

in Schuldsachen durch Stiftung und Bestättigung gütlicher Vergleiche mit den Gläubigern *).

In ältern Zeiten wurde zwar dieses altherkommliche Recht öfters als in den gegenwärtigen ausgeübet. Inzwischen sind dennoch dergleichen Gerechtsame nicht unbemerkt zu lassen, noch ihr Besitzstand zu vernachlässigen. Daher mag denn diese kurze aktenmäsige Nachricht, auch hier nicht am unrechten Orte stehen.

Uebrigens herrscht gegenwärtig in der Stadt Roth vieler Luxus, der bey mehrern Einwohnern nahe an die Verschwendung gränzt.

Dieser entspringt teils aus der Nähe der Stadt Nürnberg, die es dem Burger leicht machet, seine würkliche oder eingebildete Bedürfnisse dorther zu beziehen, teils aus dem guten Verdienste, den ein grofer Theil der Bürgerschaft aus den dortigen vorhin schon gedachten Fabriken und Manufakturen beziehet. Dieser Verdienst wird von den meisten zu Befriedigung ihrer Gelüste beynahe eben so geschwind

T 3

*) Hierüber kan der Beweis aus den Akten durch öfters geschehene Ausübung dieses Rechtes beigebracht werden.

schwind wieder angewendet, als er in ihre Hände
kommt. Daher der öfters übertriebene Aufwand
des Bürgers in Kost und Kleidung, und der Wett-
eifer des Geringern, es dem Vermögenden gleich
zu machen! — Daher die Güte und der Zusammen-
flus aller Gattungen von Lebensmitteln, dergleichen sich wol wenige andere Städte, auch von grö-
serm Umfang als Roth, werden rühmen können. —
Daher endlich auch die gute Nahrung des gewerb-
treibenden Teils des dortigen Publikums und ihr
Wolstand; aber auch leider! die Quelle daß der übrige bey weitem größere Teil desselben, bey dem
Stillstand der Fabriken und Manufakturen, Mangel und Noth empfindet, die aber auch so bald iener aufhöret und sich neuer Verdienst zeiget, wieder
eben so leicht vergessen wird. Kommt der Tag, so
bringt der Tag! — ist ein altes, aber hieher sehr
passendes Sprüchwort. —

In Ansehung des moralischen Karakters zeich-
net sich der vorzüglichere Theil des rother Publikums, als gesittet, ehrliebend, religios, und friedfertig
aus. Die niedrigere Klasse, der es nur um die Befriedigung seiner Lüste zu thun ist, und die gemeiniglich
nichts zu verliehren hat, trotzt übermüthig auf manche
eingebildete Vorzüge, aus welchem denn Widersetzlich-
keit gegen heilsame Verfügungen und die Neigung zu
Unruhen entspringet.

Oberamt Schwabach.

T 4

Das Oberamt Schwabach, deſſen Gränzen ſich gegen Morgen: an die kurpfalzbaieriſche Herrſchaft Wolfſtein und Pyrbaum, und das Ober- amt Burgthann; gegen Abend: an die beeden Oberämter Cadolzburg und Windſpach; gegen Mittag: wiederum an Windſpach und das Ober- amt Roth, desgleichen an die eichſtettiſche Hoch- ſtiftslande; dann gegen Mitternacht: an das Oberamt Cadolzburg und die Reichsſtadt Nürnberg erſtreken, enthält in die Länge 6. und in die Breite, 4. Stunden.

Es beſtehet daſſelbe aus folgenden 5. Aemtern:

1) Kaſtenamt Schwabach,
2) Stadtrichteramt Schwabach,
3) Richteramt Schwand,
4) ⸗ ⸗ Kornburg und
5) ⸗ ⸗ Wendelſtein.

Die

Die Lage des Oberamts ist, im ganzen genommen, mehr eben als bergigt, und mit angenehmen Flüßen und Gründen durchschnitten. Die
hin und wieder sich vorfindende Anhöhen sind, außer
dem, mit Forln und Fichten bewachsenen sogenannten Heidenberg, ohnfern Kammerstein, ganz unbeträchtlich.

Der Erdboden ist meistens sandig. Die Fort-
schritte der Kultur und den Nutzen der Dünger
siehet man lediglich in den nahe an die Ortschaften
gränzenden Feldern, besonders in der schwabacher
Stadtmarkung und gegen Nürnberg hin; woselbst
es an vielen Plätzen bereits so weit gebracht wurde,
daß in dem sonst unfruchtbaren Sandboden, Garten-
gewächse aller Art mit Vortheil gebaut werden.

Das unfruchtbare Erdreich steht natürlich dem
Getraidebau sehr entgegen, und öfters ärndet der
Landmann dieser Gegend nicht so vieles an Korn,
Gersten und Waizen ein, als er zu seiner Nahrung und zu Abrichtung der herrschaftlichen Gülten
nöthig hat. Habern wird nur selten, Erdbirn oder
Kartoffel und Rüben, vorzüglich aber Tabak, wird
in groser Menge gebauet. Dieses Produkt ist der
größte Nahrungszweig der dortigen ländlichen Einwohner.

wohner. Der Verschluß desselben geht meistens nach Bremen, und es wäre zu wünschen, daß durch den Anbau edlerer Pflanzen, auch eine bessere Sorte Tabak, als Gemeingut gewonnen werden mögte.

Ein neuer Handlungszweig mittelst innländischer Produkte scheinet sich durch den in hiesiger Gegend immer mehrers ausbreitenden Crappbau oder Färberröthe zu öffnen. Der Nutzen dieses Erzeugnißes ist selbst dem, mit so vielen Vorurteilen eingenommenen, Landmann einleuchtend, und dieses läßet am zuverläßigsten die stärkere Emporbringung desselben für die Zukunft vermuthen.

Die Wiesen an den Rezat und Schwabach-flüßen sind unverbesserlich gut, und stehen in ziemlich hohem Werth, so, daß ein Tagwerk oder 360. ☐ Ruthen derselben nicht selten um 1000. auch 1200. fl. verkauft wird. Hochwiesen sind freilich von geringerm Ertrag, besonders in trokenen Jahren, es werden aber auch nur wenige im Oberamt gefunden.

Die Pferdezucht wurde zwar auch hier, so wie im ganzen Fürstentum durch die beigeschaften

aus-

ausländischen Hengste zu veredlen gesucht. Der
Erfolg ist aber dennoch im schwabachischen Oberamt bisher nicht entsprechend gewesen. Vorzüglich
mögen die Ursachen davon seyn, daß die iungen
Pferde zu frühezeitig von den Landleuten zur Arbeit
angehalten werden, und in den meisten Gegenden
des Oberamts nicht hinlängliche Fohlenweide anzutreffen ist. Doch verspricht die folgende Zeit hierinnen bessere Aussichten. Möchte man diese doch
auch in Ansehung der Rindviehzucht hoffen können! Allein außer einigen Privatpersonen und den
Bürgern der Stadt Schwabach, scheinet niemand
ein eifriges Augenmerk auf die Nachziehung des
grosen starken schweizerartigen Viehes zu richten,
vielmehr behilft sich der Landmann lieber mit inn-
ländischen geringen Stieren oder sogenannten Graup-
pen, woran wahrscheinlich die geringe Anzal guter
Wiesen vorzüglich Schuld seyn mag. Bienenzucht
und Fischereien sind unerheblich.

Die Waldungen im Oberamt Schwabach
stehen mit dem übrigen bebauten Lande in gehöriger
Proportion. Sie betragen 4413. Morgen. Es
scheint aber dennoch der Mangel an Bauholz nicht
sehr weit entfernet zu seyn.

Ob

Ob die Ursache hievon in dem langsamen Holz=
wachs zumalen auf solchem Sandboden womit die=
ser Landesbezirk von der Natur begabt wurde, oder
nicht vielmehr in den schädlichen Waldstreurechen zu
suchen ist, mögen Forstverständige beurteilen. Ge=
wiß ist es immer, daß durch das Zusammenrechen
der Waldstreu dem ohnehin magern Sandboden al=
ler Dünger benommen wird, und auch nicht selten
die ganz jungen, als Nachwachs hervorkeimenden
Sprößlinge mit ausgerissen werden. Inzwischen
mag diesem Uebel deswegen so leichte nicht abzuhel=
fen seyn, weil die Einwohner diejenige Quantität
Strohe, welche sie zum Einstreuen in die Vieh=
ställe nöthig haben, nicht hinreichend erbauen kön=
nen, mithin durch die Waldstreu diesen Mangel zu
ersetzen suchen müssen.

Forln und Fichten, hin und wieder auch einige
Tannen, sind diejenigen Holzsorten, welche in den
herrschaftlichen, Gemeinds= und Bauernhölzern, des=
gleichen in dem unter schwabacher hoher Gerichtsbar=
keit liegenden Theil des sogenannten nürnberger St.
Laurentii Reichswald wachsen. Eichen, Buchen,
und

und anderes Laubholz wird man nur äusserst selten ansichtig.

Die schwabachischen Fabriken und Manufakturen, welche mit so vielem Nutzen der Einwohner betrieben werden, finden sich im 16. Abschnitt des ersten Theils S. 240 u. f. näher bemerkt. Hieher gehören nur die ausserhalb der Stadt liegenden 4. Papiermühlen, die Spiegelglasschleife und die Mössing- Zain- und Schmelzhammer in einigen benachbarten Dörfern und Weilern, welche letztere Werker aber mehrenteils nürnbergischen Kaufleuten zuständig sind.

Besondere Naturprodukte sind nicht vorzufinden; woran der sandige Erdboden schuld seyn mag.

Der Fraischbezirk dieses weitläuftigen Oberamts, schließt folgende Ortschaften ein:

Albers-

	Unterthanen.	
	gänilich Anspachische	Fremde Angehörige
Albersreuth ein Weiler	6	—
Allerheiligen eine Kapelle, und Erbbegräbnis der ohnlängst ausgestorbenen Familie von Rieter.		
Aschbach ein vermischt. Weiler	—	5
Bartelmesaurach ein Pfarrdorf	17	6
Die durchfliesende Aurach theilet die Fraisch zwischen den beeden Oberämtern Schwabach und Windspach.		
Breitenlohe e. W.	6	9
Buckemühl (die)	—	1
Büchenbach ein Pfarrdorf	12	21
Bürckenlach e. Kloster seeligenpfortil. W.	—	6
Cammerstein ein Pfarrdorf	23	1
Dechendorf e. W.	4	8
Dietersdorf ein Pfarrdorf	7	7
Dürrenhambach e. W.	4	—
Eringmühl (die)	—	1

Eybach

	Unterthanen. gänzlich Anspachische	Fremde Angehörige
Eybach ein Pfarrdorf mit einer nürnbergl. Pfarre ،	3	30
Fiechtenmühl (die obere) ،	2	—
Fiechtenmühl (die untere) ،	1	—
Flaschenhof (der) ، ،	—	1
Forsthof (der) b. Schwabach	3	—
Forsthof (der) bey Bleiweis	—	1
Finster ، oder Weidenmühl (die) ، ، ،	—	1
Fürth e. W. ، ،	9	4
Galgenhof e. nürnbergisch W.	—	34
Gauchsdorf e. W. ، ،	9	—
Gaulnhofen b. Rohr e. W.	1	3
Gaulnhofen bei Weiherhaus e. Kloster ebrachis. W. ،	—	8
Gerhardsmühl (die) ، ،	—	1
Gostenhof ein Reichsstadt nürnbergisches Pflegamt und Vorstadt, oder Marktflecken ، ، ،	—	64
Gokenhof (der) ، ،	—	1
Gözenreuth e. nürnbergl. W.	—	6

Greuth

	Unterthanen. ganzlich Anſpachiſche	Fremde Angehörige
Greuth e. Kloſter ebrachl.W.	—	5
Groſenſchwärzenlohe e. nürnbergl. W.	—	22
Guſtenfelden ein nürnbergl. Pfarrdorf mit verſchiedenen frembherril. Angehörigen beſetzt	—	25
Günzersreuth e. W.	10	—
Haag e. W.	6	5
Hagershof (der)	2	—
Hallerhütten e. adel. halleril. W.	—	5
Harlach e. W. woſelbſt die durchlaufende Straße die Fraiſch zwiſchen den Oberämtern Schwabach und Roth ſcheidet	6	10
Harm e. W.	3	4
Habersmühl (die)	1	—
Hengdorf e. W.	—	3
Herpersdorf e. nürnbergl. klaraamtl. W.	—	6

Zweyter Th.　　U　　　　Hinter-

	Unterthanen.	
	gänzlich Anspachische	Fremde Angehörige
Hinterhof (der)	—	1
Holzheim e. teutschordisl. W.	—	3
Hummelstein e. nürnbergl. waldamtl. W.	—	5
Igelsdorf e. W.	6	1
Kazwang ein Kloster ebrachisches evangelisches Pfarrdorf	—	36
Kleinschwärzenlohe e. W. mit verschiedenerley fremdherrll. Unterthanen und einem Meßinghammer	—	24
Kornburg ein Marktflecken	54	15
Kottensdorf ein Filialkirchdorf	11	11
Königshammer (der) eine Papiermühl und Zainhammer	2	—
Krötenbach e. W.	1	10
Kühedorf ein Filialkirchdorf	11	11
Kitschendorf e. W.	5	1

2. Unter-

	Unterthanen.	
	gänzlich Anspachische	Fremde Angehörige
2. Unterthanen liegen in windspacher Fraisch.		
Langenlohe ein Steinbruch im nürnberger Wald, mit	—	1
Lanzendorf e. eichstettl. W.	—	8
1. derselben liegt in windspacher Fraisch.		
Leerstetten ein Pfarrdorf	24	2
St. Leonhard bey Nürnberg ein Siechkobel und Kirchhof, mit	—	5
wovon 3. jenseits der Kirche in cadolzburger Fraisch liegen.		
Leutsdorf e. W.	8	4
Leutelshof e. vermischtes W.	—	12
Lichtenhof e. W. dem Hrn. von Pez gehörig	—	13
Limbach e. vermischtes W.	—	11
Lohehof (der)	—	1
Maiach e. nürnbergl. W.	—	6
Meckenlohe e W.	7	8

die

	Unterthanen.	
	gänzlich Anspachische	Fremde Angehörige
die jenseits des Bachs gelegene Häuser gehören in die Oberamts rother Fraisch.		
Mildach e. W.	3	4
einer liegt in windspacher Fraisch.		
Mittelhembach e. W.	5	—
Mühlhof e. waldamt nürnbergl. W.	—	8
Membsdorf e. W.	1	12
Neppersreuth e. W.	5	—
Neumühl (die)	—	1
Neuses e. nürnberg. W. b. Kazwang	—	10
Oberbaimbach e. W.	3	6
Obermaimbach e. W.	1	7
Oberreichenbach e. W.	4	4
Oberwolckersdorf e. adel. fürerl. W. mit einem Schlößlein	—	6
Ottersdorf e. W.	7	2
Penzendorf e. W.	15	1

St.

	Unterthanen.	
	gänzlich Anspachische	Fremde Angehörige
St. Peter eine nürnbergische Kirche und Siechkobel.		
Pillenreuth e. W. und ehemalig nürnbergl. Frauenkloster	—	2
Pleckendorf e. W.	8	2
Poppenreuth e. W.	4	3
Pruppach e. W.	6	—
Prünst e. W.	14	3
Puzenreuth e. W.	4	1
Raubershof (der)	—	1
Raubersrieth e. W.	1	14
Redinzhembach ein Filialkirchdorf	27	2
Reichelsdorf e. W.	20	4
Rennmühl (die)	1	—
Rohr ein Pfarrdorf	32	20
14. Häuser liegen in Oberamt cabolzburgl. R. A. roßstaller Fraisch.		
Rothaurach) e. W.	17	8

U 3   15. Häuser

	Unterthanen.	
	gänzlich Anspachische	Fremde Angehörige
15. Häuser liegen in Oberamts rother Fraisch.		
Röthenbach b. Eybach, ein vermischtes Weiler ,	—	27
Rudelsdorf e. W. , ,	5	10
die durchfliesende Aurach teilt die Fraisch zwischen den Oberämtern Schwabach und Windspach.		
Sandreuth e. W. , ,	—	3
Schaftnach e. W. , ,	2	—
Schattenhof (der) , ,	2	—
Schopfhof (die) , ,	2	—
Schwabach eine Stadt ,	480 Häuser.	
Schwand ein Marktflecken ,	56	—
Schweinau s. Oberamt Cadolzburg.		
Sorg e. W. mit einer Glasschleife , , ,	—	12
Sperberslohe e. W. ,	10	—
Spizgarten (der) , ,	—	1

Stein

	Unterthanen.	
	gänzlich Anspachische	Fremde Angehörige
Stein f. Oberamt Cadolzburg R. A. Roßstall.		
Steinbühl e. W. mit nürnbergisch von führeril. und T. O. Hintersaßen besetzt	—	29
Tafelhof e. W. mit Reichsallmosenamts nürnbergl. Hintersaßen	—	28
Tennenlohe ein Filialkirchdorf	10	—
Wolkersgau e. W.	8	2
Ugenau e. W.	5	2
Ungerthal ein einzelner Hof	1	—
Unterbaimbach 2. einzelne Höfe	2	—
Untermaimbach e. W.	8	3
Unterreichenbach ein Filialkirchdorf	25	4
Untertäubenbach e. W. f. Oberamt Cadolzburg R.A. Roßstall.		
Unterwolkersdorf e. adel. fürerl. W.	—	11

Walkers

	Unterthanen.	
	gänzlich Anspachifche	Fremde Angehörige
Waifersreuth e. W.	4	1
Walpersdorf e. W.	4	3
Wendelstein ein Markt-flecken	26	79
Weiherhaus (das) b. Sand-reuth	—	1
Weiherhaus b. Gaulnhofen e. W.	—	8
Weiherhaus (das) b. Stein	—	2
Weihersmühl (die)	1	—
Weiler f. Oberamt Cadolz-burg, R. A. Roßstall.		
Wildenbergen e. W.	4	—
Worzeldorf ein flaraamtl. nürnbergl. W.	—	11

zusammen also: 1. Stadt, 4. Marktflecken, 9. Pfarrdörfer, 5. Filialdörfer, 1. Kapelle und 2. Siechfobel, 70. Weiler, 29. einzelne Höfe und Mühlen, in welchen sich 1097. anspachische immediat Unterthanen und 852. ausherrische Angehörige

hörige befinden. Der größte Theil der letztern gehört der Reichsstadt Nürnberg und den dasigen patrizias Familien, desgleichen dem teutschen Orden.

Unter den vorbenannten Ortschaften verdienen folgende eine nähere Bemerkung:

Razwang, ein Pfarrdorf, in welchem auch einige Schmelz-Drat- und Zainhammer befindlich sind. Das ius patronatus bei der dasigen Kirche ist dem Kloster Ebrach-zuständig.

Schwabach, eine ansehnliche, volkreiche, gutgebaute, und sehr nahrhafte Haupt-leg- und Münzstadt des untergebürgischen Fürstentums. Der durchlaufende Schwabachfluß teilt sie in zween Teile. Sie ist mit einer Mauer und Thürmen umgeben, und kan durch 4. Thore verschlossen werden. Der, ehehin noch überdieß die Stadt umzogene Graben und Wall, wurde seit dem Jahr 1744. eingeebnet, und statt desselben verschiedene Gärten angelegt.

Oeffentliche Gebäude sind daselbst:

1) Die Stadt- und Pfarrkirche, ein grosses schönes Gebäude, 1469. zu erbauen angefan-

U 5   gen,

gen und im Jahr 1495. vollendet. Vor
der Reformation hatte diese Kirche 12. bis 14.
Altäre; — gegenwärtig aber nur dreye. Der
Hauptaltar im Chor prangt mit vielen vortreflichen Malereyen von Wohlgemuths bekannten Meisterhand. Sie kosteten 600. Gulden, nebst 10. Gulden Leykauf für die Gat-
tin des Künstlers. Ein Preiß der in den damaligen Zeiten gewis ansehnlich war. Die
Gemählde stellen neutestamentliche Geschichten
und einige Legenden des Bischofs Martin vor,
und würden auch einer grosen Gallerie zur Zierde gereichen. Der linker Hand stehende Cri-
spinusaltar, so wie der rechter Hand befindliche Katarinenaltar sind minder betrach-
tungswürdig. Doch verdient ersterer deswegen hier einige Bemerkung, weil nur vor seiner Stuffe die geschwächten Personen getrauet
werden. An den Wänden der Kirche findet
man hin und wieder alte Grabmäler; und in
der Höhe zur linken Seite, dasienige Panier
bevestiget, welches der tapfere Ritter Götz
von Berlichingen, im Jahr 1502. am

Sonn-

Sonntag nach Viti den Nürnbergern in der
Affaire bey Afalterbach abgewonnen hat.

Oberhalb der Sakristey wird eine alte Bü-
chersammlung, die aus mehr denn hundert grosen teils in Stahl gebundenen Folianten bestehet,
verwahrt. Es sind darunter sehr viele von den
ersten seltenen Drucken; auch mehrere Manu-
scripte. Sie liegen auf einigen Lesepulten umher, und sind mit Ketten, an eine, oberhalb
derselben hinlaufende eiserne Stange beveßiget.
Man hat sich noch nie die wenige Mühe genommen ein Verzeichnis darüber zu fertigen.

2) Die St. Leonhardskapelle, ein altes Gebäude, welches gegenwärtig zu einer teutschen
Schule gebraucht wird.

3) Der Mönchshof oder die St. Maria Mag-
dalenakapelle, wahrscheinlich eines der ältesten
Gebäude der Stadt, und dem Kloster Ebrach
zuständig. Ehemals wurde in selbigem durch
einen ebrachischen Mönch, Gottesdienst gehalten, welche Gewohnheit sich aber seit vielen
Zeiten so abgeändert hat, daß nur von dem
dort wohnenden Bürger, der in brandenbur-
gischem

gifchem Schutz und ebrachifchen Pflichten ſtehet, täglich zweimal mit der daſigen Kapellglocke geläutet wird.

4) Der Hoſpital mit der daran ſtehenden Kirche von Hermann Glokengieſer 1375. geſtiftet, wovon letztere im Jahr 1755. ganz neu, ſtatt der alten baufälligen Kirche, erbauet wurde.

5) Die reformirte Kirche zum Gottesdienſt der franzöſiſchen reformirten Kolonie, 1686. und 1687. erbauet.

6) Das Rathhaus ein altes im Jahr 1509. errichtetes Gebäude, deſſen neue Erbauung an einem andern Platz zu wünſchen wäre, weil daſſelbe gerade vor den Haupteingang zur Stadtkirche ſtehet. Was die in der Mitte des Saals des ſchwabacher Rathhauſes an drey Ketten hangende Figur eigentlich vorſtellen ſoll, iſt mir unerklärbar *).

7) Das

*) Dieſe Figur iſt aus Holz geſchnitzt. Das Geſicht iſt ſehr unangenehm, mit einem langen in zween Theile gelegten Bart. Den Kopf bedeckt ein Helm; in der rechten Hand führt ſie ein bloſes Schwert. Der Leib iſt halb krumm rükwärts

7) Das Münzhaus 1734. massiv erbauet.

8) Das Fleischhaus 1732. neu aufgerichtet, nachdem das vorherige, die in jenem Jahre sich ereignete grose Ueberschwemmung wegge= rissen hatte.

9) Der vortrefliche Springbronnen auf dem Markt, mit verschiedenen Kaskaden und künst= licher Bildhauerei geziert. Ein Denkmal der Liebe für die Stadt, von Markgraf Wilhelm Friederich der solchen im Jahr 1775. erbauen und aufrichten ließ *). Die Quelle dieses Bronnens muß ausserordentlich stark seyn, denn er

wärts gebogen. Schenkel und Füsse mangeln; dagegen ziert den Rücken ein grosses Hirschge= weih. — Vermuthlich ist diese unerklärbare Fi= gur vor langen Jahren, ohne eigentliche Absicht, und nur zu Erfüllung der bekannten Sage: daß die meisten Rathhäuser etwas sonderbares aufzuweisen haben, hieher gehangen worden.

*) Die gewiß vortrefliche Bildhauerarbeit an die= sem Bronnen fertigte mein Grosvater, der ehe= malige Hofbildhauer, Johann Christoph Fischer zu Anspach.

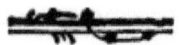

er gibt aus zwanzig Röhren in 24. Stunden siebentausend Eimer Wasser.

10) Die Judenschule.

Ausserhalb der Stadt:

11) Die Gottesakerkirche vor dem Mönchs=thor den 3ten Dec. 1609. eingeweiht.

12) Das Schieshaus.

13) Das grose weitläuftige Zucht = und Arbeits=haus im Jahr 1756. erbauet, und

14) Das daneben befindliche Tollhaus oder Be=hältniß für arme wahnsinnige Menschen, von dem ietztregierenden Herrn Markgrafen fun=dirt.

Die Erbauung der Stadt Schwabach läßt sich eigentlich nicht bestimmen, doch geht das Al=tertum derselben ohnfehlbar tief in die mittlere Zei=ten zurük. Wahrscheinlich siedelten sich hier im sech=sten Jahrhundert die Sweven oder Schwaben, nach Abgang des thüringischen Reiches zuerst an, daher denn auch der Nahme der Stadt am sichersten zu leiten seyn mag.

Die älteste bekannte Besitzerin dieses Orts, eine Gräfin Reginswint, übergab denselben mit mehrern

mehrern im Rangau gelegenen Gütern, im eilften
Jahrhundert, dem damaligen Kloster Fulda; von
welchem er an die Herzoge von Schwaben, und von
diesen, durch Herzog Friederich, von Rotenburg
genannt, dem Kloster Ebrach zu einem Seelgerä=
the nach der Mitte des zwölften Jahrhunderts,
übergeben wurde. Kurz hernach wurde Schwabach
dem ebracher Kloster wieder entzogen; Kaiser
Heinrich VI. gab aber denselben im Jahr 1193.
dahin zuruk. Ebrach blieb hierauf bis zum Jahr
1281. im Besitz von Schwabach. Zu iener Zeit
aber brachte Kaiser Rudolph I. alle dortige Güter,
Leute und Gerechtsame, nur die Pfarrkirche, den
Mönchshof, und einige Zehenden ausgenommen,
von diesem Kloster durch Kauf an das Reich, des=
sen Sohn König Albrecht I. nachhero das Castrum
Kammerstein nebst den Villis Schwabach, Alt=
dorf und Heroldsberg, im Jahr 1199. an den
Grafen Emich von Naſſau mit Einwilligung der
Kurfürsten gegen 500. Mark Silber versetzte.

Diese Pfandinhabung dauerte bis zum Jahr
1348. in welchem Graf Johann von Naſſau durch
Kaiſer Carl IV. mit Schwabach und mehrern
dort herumliegenden Ortschaften, von Reichswe=

geu

gen belehnt wurde. Im Jahr 1364. trat derselbe Schwabach, Kammerstein und Kornburg, an Burggraf Friederich den fünften von Nürnberg in der Eigenschaft eines Reichslehens käuflich ab, und seit diesem Zeitpunkt wurde die Stadt unter burg- gräflicher Hoheit immer blühender.

Der Ort mag kurz nach dem burggräflichen Erwerb Stadtrecht erhalten haben, indeme schon der Stiftungsbrief über das dasige Hospital vom Jahr 1375. denselben eine Stadt nennet, und seit dem fränkischen Kraisschluß vom 11. Jenner 1572. ist er auch zugleich eine Kraismünzstätte.

Ehehin mag das schwabacher Zeughaus mit Geschos reichlicher versehen gewesen seyn als gegenwärtig; denn sonst würde die alliirte Armee im Jahr 1632. um Schwabach zu erobern, wol nicht eine vorgängige förmliche Belagerung nöthig gehabt haben *). Der wenige noch vorhandene Ueberrest alter Geschose, ist, seit iener Epoche, leider! dem Staub und Rost zur Beute überlassen worden, und wird in einer Kammer des Rathhau- ses unterm Dache aufbewahret.

Manu-

---

*) f. Falkensteins Chronicon Suabacense S. 291.

Manufakturen uud Fabriken mancherlei Arten,
besonders aber die Nadel-Strumpf-Kotton-Gold-
und Silberdrathfabriken *) die braune Bierprauerei
und Handwerker machen den dortigen Nahrungsstand sehr blühend. Nur Schade daß auch hier,
wie in allen solchen Orten, wo es nicht am Verdienste fehlt, der Luxus unter den Einwohnern,
besonders im Essen und Trinken sehr überhand
genommen hat, und viele derselben nicht für den
künftigen Tag sorgen. Daher die traurige Folge,
daß bey eintrettender Krankheit oder anderer Zufälle auch der fleißigste Künstler und Handarbeiter
sich nicht zu helfen weiß, und öfters ärmer als der
Bettler ist. Gleichwohl findet man auch in Schwabach viele sehr wohlhabende Bürger, die, im ganzen genommen, noch den Ruhm für sich haben,
daß sie einen grosen Grad Vaterlandsliebe und viele Anhänglichkeit an das brandenburgische Haus
besitzen. An Eigenheiten fehlt es ihnen inzwischen
auch nicht. Man bemerkt in Schwabach vieles
reichsstädtisches Wesen in der Kleidung und andern
Dingen;

*) Diese sind bereits im 16. Abschnitt des ersten
Theils S. 240. u. f. näher beschrieben.

Zweyter Th.   X

Dingen; vielen Hang zu Unruhen; und allzuviele Vorliebe gegen altes Herkommen. *)

Die schwabachischen Gasthöfe sind vorzüglich gut und zur Bequemlichkeit der Reisenden eingerichtet. Man findet auch eine Reichspost, eine Buchhandlung und Buchdrukerei daselbst. Eine gewisse Gattung Druklettern, die man die schwabacher Schrift nennnt, soll hier am ersten gegoßen worden seyn. Seit dem Jahr 1686. hat sich auch eine starke Kolonie französischer Flüchtlinge daselbst niedergelaßen, welche die Wiederrufung des Edikts von Nantes, unter König Ludwig XIV. aus Frankreich vertrieben hat. Markgraf Johann Friederich nahm sie in Schutz, erteilte ihnen vortrefliche Freiheiten, ließ ihnen eine reformirte Kirche bauen, und einen eigenen Seelsorger ihrer Religion bestellen. So blühend Schwabach schon vorher war, so sehr wurden doch durch diese arbeitsame Leute, Industrie, Gewerbe und Population vermehrt.

Schwandt,

*) Wer sollte es glauben, daß das, bereits 1781. auf landesfürstlichen Befehl gedrukt wordene verbesserte anspachische Gesangbuch noch itzt nicht in den gottesdienstlichen Versammlungen zu Schwabach eingeführt ist? —

Schwandt, ein artiger Marktfleken zwischen Roth und Wendelstein, in welchem ein Pfarr-
und Richteramt befindlich ist. Der Ort gehört
bereits über fünfhundert Jahre zum Burggraftum,
und er wird schon in dem Lehenbrief Kaisers Rudolph I. über die Burggrafschaft vom Jahr 1273.
als ein oppidum gedacht.

Wendelstein, ein groser verschloßener Märkt-
fleken, mit einer Pfarrkirche. In mittlern Zeiten
war dieser Ort ein Reichsdorf, in welchem bereits
im Jahr 1282. Burggrafen Friederich dem dritten
einige Güter zustunden. Im Jahr 1351. verkaufte Conrad Gros Schultheiß zu Nürnberg seine,
in Wendelstein besessene Güter und Gefälle, an
Arnold von Sekendorf. Diese Besitzungen gelangten nachhero als Reichspfandschaft an die
Familien von Wendelstein, Voyten, Ortolf-
sen und Beurlin, und von diesen im Jahr 1467.
drei Viertel derselben an das Hospital zu Nürnberg, das letzte Viertel aber, wurde im Jahr
1483. von Kurfürst und Markgraf Albrecht zu
Brandenburg mit Bewilligung des Kaisers ein-
gelöset.

Seit dieser Zeit stehet der Ort zwischen dem
Haus Brandenburg und der Reichsstadt Nürn;
berg dergestalt in Condominio , daß beeder=
seitige Richter in Führung des Gerichtsstaabs
oder Amts, vergleichsmäßig abwechseln, die hohe
Gerichtsbarkeit aber brandenburgischer Seits allei=
ne ausgeübet wird.

Oberamt
Stauf und Landeck.

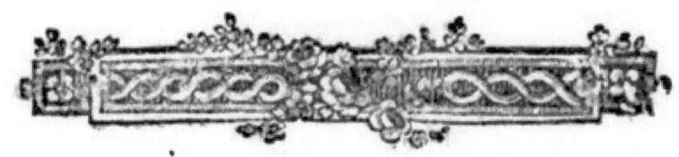

Die Gränzen des Oberamts Stauf und Lan-
deck, welches aus dem

      Kastenamt Thalmessingen oder Stauf,
      Richteramt Stauf, und
      Verwalteramt Geyern

bestehet, erstrecken sich gegen Morgen: an das
Fürstentum Pfalzneuburg; gegen Abend: an
das Oberamt Gunzenhausen; gegen Mittag:
an das Hochstift Eichstett; und gegen Mitternacht: wieder an die neuburgischen Lande. Die
Länge dieses Distrikts beträgt von Mittag gegen
Mitternacht nur drey, und die Breite von Morgen
gegen Abend vier Stunden.

    Der Erdboden ist sehr verschieden; über-
haupts aber herrlich und ungemein fruchtbar. Er
bringt alles hervor was zur Nahrung des Men-

schen

schen gehört. Gersten, Dinkel, Habern und Korn, Linsen, Erbsen, Kraut *), Ruben und vieler schöner Flachs, sind die gemeinsten Produkte, welche von der Erde mit so reichem Wucher wieder gegeben werden, daß durch den Verkauf des Ueberflusses, sich eine reichhaltige Quelle für den Landmann öffnet.

Die Viehzucht ist vortreflich; Rinder, Schaase und Schweine sind zwar nicht von der größten, doch auch nicht von der niedrigsten Gattung. Die Pferdezucht ist nicht mehr so blühend als ehezin, weil der Bauer statt derselben um des bessern Düngers willen lieber Ochsen hält, die ihn auch weniger Gefahr aussetzen.

Die meisten Einwohner sind vermögliche Leute. Mehrere beinahe nur zu wolhabend und daher gerne zu Unruhen geneigt. Ihre Tracht ist sehr einfach. Sie kleiden sich mehrenteils schwarz, besonders an Sonn- und Festtagen, so, daß der Fremde bey Besuchung des Gottesdiensts glauben würde, die ganze Gemeinde wäre in tiefe Trauer versetzt.

Die

*) Von diesem Produkt allein wird jährlich zwischen 3. bis 4000. Gulden verkauft.

Die häußlichen Einrichtungen des Bürgers und Bauers zeugen von dem Wolstand derselben, indem die Wohnhäuser gut und dauerhaft gebauet sind. Ihre Lebensart ist nicht kostbar, — aber gut. Selbsterbautes Gemüße wird beinahe das ganze Jahr hindurch genossen. Erdbirn oder Kartoffeln ist die Speise der ärmern Einwohner; Vermöglichere mästen damit ihre Schweine, von welchen nicht selten ein einziger Bauer 5. bis 6. Stück, nebst einen Ochsen schlachtet, das Fleisch davon einsalzet, im Rauchfang abdörret, und das Jahr über davon lebet. Fremde Lebensmittel brauchen die Bewohner dieser Landesgegend wenig oder nichts; doch sind sie starke Liebhaber von allerley Gewürz, mit welchem sie ihre Speisen ohnnötigerweise so begaben, daß öfters ein übler Geschmack daraus entstehet.

Rein und gesund ist die dortige Luft. Sie verschaft bey ordentlicher Lebensart das höchste Ziel des menschlichen Alters. Ansteckende Seuchen und Krankheiten sind sehr selten.

X 5   Die

Die herrschaftlichen und Gemeindwaldungen betragen 790. Morgen. Sie bestehen mehrenteils aus Fichten und Tannen; doch findet man auch noch hie und da viele starke Eichen und Buchen.

Obgleich die im Oberamt Stauf befindlichen Berge nur von mittlerer Gröse und Höhe sind, so verdienen sie dennoch Aufmerksamkeit. Der staufer Berg ist der beträchtlichste. Von seiner Spize übersieht man sechs und sechzig Ortschaften, bis hin an die zehn Meilen entfernte nürnbergische Veste. Der landeker Berg zeigt noch Schutt von dem ehemals daselbst gestandenen Schlosse, und gibt auf dessen sehr beträchtlichen Umfang für das Vieh eine besonders gute Walde. Der Rupertsberg, dessen schon in einer Urkunde vom Jahr 1304. gedacht wird, und der seinen Namen von dem heil. Ruperto erhalten, erstreckt sich bis gegen Eichstett, und trägt auf seiner, obgleich steinigten doch fruchtbaren Ebene mehrere Dörfer und Weiler. Wahrscheinlich enthält dieser Berg im innern Metalle; wenigstens war hier vom Jahr 1651. bis zu Anfang des iezigen Jahrhunderts eine reichhaltige Eisengrube.

Fischrei-

Fiſchreiche Waſſer ſind in dieſer Gegend nicht befindlich. Die Tallach, ein unbedeutendes Flüß, gen, war in ältern Zeiten zuverläßig anſehnlicher und fiſchreicher. Dies iſt daher zu beweiſen, weil vom Jahr 1540. an, ſich, zwiſchen Branden, burg, Eichſtett und Nürnberg, langwührige Jr, rungen, über das Recht in dieſem Waſſer zu fiſchen, entſtanden ſind.

Der eingeriſſene üble, und nie mit Nachdruck abgeſtellte Gebrauch, den rohen Flachs eine zeitlang in die Tallach zu legen, hinderte nicht nur den Gang der Fiſche, ſondern macht auch das Waſſer dermaſ, ſen widrig und ſtinkend, daß ſolche, ſo lange dieſer Uebelſtand fortdauert, nicht wohl mehr aufkommen können.

Unter die natürlichen Merkwürdigkeiten des Oberamts Stauf gehören zwo mineraliſche Bronnenquellen. Die eine findet ſich zu Gebers, dorf oder Gebersburg, gleich hinter dem dortigen uralten Schlößgen, welches ehemalen die von Auer beſeſſen. Sie quillt aus dem daran liegenden wai, zenhofer Berg hervor, und wird weder am Ort ſeiner Entſpringung, noch auf eine zimliche Strecke

wei,

umher, iemals mit Eiß überzogen; vielmehr ist
dieses Wasser bey der größten Kälte so warm, daß
es im Ablaufen raucht, und den zur Winterszeit
am Ufer liegenden Schnee mehrere Zoll breit weg-
schmelzet. — Die zwote Quelle wird der Rum-
pelbronnen genannt. Sie kommt aus dem
rheinwazhofer zimlich hohen Berg hervor, und
hat eben iene vorbemerkten Elgenschaften, doch im
mindern Grade.

Uebrigens sind die hier gewöhnlichen Ehe-
haftgerichte nicht mit Stillschweigen zu übergehen,
welche iährlich zu Thalmeßingen im grosen Gerichte,
zu Eysölden und Alfershausen aber im kleinen Gerichte gehalten werden, und wobey alle im Bezirk
des Oberamts gesessene fremdherrische Angehöri-
gen erscheinen, und dem hochfürstlichen Hause Brandenburg, als der Territorial- und Fraischherrschaft,
Treue und Gehorsam angeloben müssen.

Diese Territorial- und Fraischgerechtsame erstrecken sich über nachfolgende Orte:

I. Juris-

I. Jurisdiktions Bezirk des Richteramts Stauf:

	Unterthanen.	
	gänzlich Anspachische	Fremde Angehörige
Alfershaußen ein Pfarrdorf	41	17
Appenstettenhof (der)	—	1
Au oder Aw ein Filialkirch- dorf	36	4
Dannhausen ein Weiler	7	4
Ekmannshofen e. vermischt. W.	—	8
Eysölden ein Marktflecken	59	22
Feinschluk e. einzelner Hof	—	1
Gerbersburg oder Ger- bersdorf ein Filialkirch- dorf	10	—
Hagenich ein Filialkirchdorf, wovon aber die Kirche ein- gegangen	14	—
Hannmühl (die)	1	—
Hundszell e. einzelner Hof	—	2
Kezelmühl (die)	—	1
Kleinhebing e. eichstettil. Fili- alkirchdorf	—	27

Koch-

	Unterthanen.	
---	gänzlich Anspachische	Fremde Angehörige
Kochsmühl (die)	—	1
Köllischreuth e. eichstettil. Filialkirchdorf	—	6
Landeck e. ruinirtes Schlos, wovon das Oberamt den Beinamen hat.		
Landersdorf e. W.	20	2
Neumühl (die)	1	—
Offenbau e. Pfarrdorf	17	27
Pyras e. W.	10	19
Teichersdorf ein Filialkirchdorf	15	?
Schwimmbach e. nürnbergl. Pfarrdorf	—	30
Stauf e. W. und Amtsdorf	22	—
Steinel e. W.	4	8
Stetten e. W.	10	1
Thalmessingen ein Marktflecken	90	30
Untermessingen e. W.	1	6
Weitzenhofen e. W.	23	1

Ziegel-

	Unterthanen.	
	gänzlich Anspachisch	Fremde Angehörige
Ziegelhütten (die)	I	—

II. In dem, mit den Frei-
herren Schenk von Geyern
gemeinschaftlichen Amts
Geyernschen Fraisch-
distrikt liegen folgende
Orte:

Auhof (der)	2	—
Bergen e. Pfarrdorf	28	29
Burk e. W.	23	—
Burgsalach e. von schenkil. Pfarrdorf	—	57
Enhofen e. W.	15	4
Ettenstatt e. anspachl. Pfarr-dorf	35	2
Geyern ein Filialkirchdorf	10	I
Gutzenmühl (die)	—	I
Hundsdorf e. W.	15	—
Indernbuch e. Filialkirch-dorf	16	—

Kalten-

	Unterthanen.	
	gänzlich Anspachische	Fremde Angehörige
Kaltenbuch e. von schenkil. Filialkirchdorf	—	9
Kalbmühl (die)	—	1
Krugelmühl (die)	1	—
Menslingen e. Marktflecken	37	43
Panzermühl (die)	—	1
Pfraunfeld ein eichstettisches, mitten im Amtsbezirk liegendes, aber eigen versteintes Pfarrdorf	—	29
Reuth e. Filialkirchdorf	12	15
Rohrbach e. W.	1	10
Schwabenmühl (die)	—	1
Steinmühl (die)	1	—
Syburg ein von schenkisches Schloß	—	1
Thalmannsfeld ein von schenkisches Pfarrdorf	—	33
Wöllmezhofen e. W.	7	2

zusammen also: 3. Marktflecken, 8. Pfarrdörfer,
11. Filialkirchdörfer, 15. Weiler, 14. einzelne
Höfe und Mühlen, und 2. Schlößer, worinnen
sich 606. anspachische immediat Unterthanen, und
464. ausherrische, meistens eichstettische und von
schenkische Angehörige befinden.

Die merkwürdigsten unter den vorbenannten
Ortschaften sind :

Eysölden ein ansehnlicher Marktflecken, in
einer sehr gesunden Lage, mit einem Schlößgen,
welches ehehin die von Knöringen besessen, gegenwärtig aber zu einer Wirthschaft eingerichtet ist.
Der Ort hält jährlich vier Märkte die zimlich stark
besucht werden. In der dasigen 1749. neuerbauten Kirche befindet sich rechter und linker Hand das
6. Schuh hohe Gemählde einer Fräulein von
Schmoll, welche der Gemeinde zu Eysölden zu
Anfang des 16. Jahrhunderts einen vortreflichen
Eichenwald geschenket, und dadurch die Umstände
derselben sehr verbessert hat.

Gebersburg oder Gebersdorf, ein Dörf-
gen mit einer Filialkirche und einem alten Schlößgen, das ehemals die von Auer bewohnten. Der
Ort liegt zwischen hohen Bergen in einer romanti-
schen Gegend, welche durch die vielen hier ge-
pflanzten hohen Welsch- oder Wällnußbäume die
im Sommer das ganze Dörfgen bedeken, sehr verschönert wird.

Landek ein altes ruinirtes Bergschloß, welches als eine Reichspfandschaft von Burggraf
Friederich dem fünften mit kaiserlicher Bewilligung
von den Schweickern von Gundelfingen im Jahr
1372. abgelößt und dadurch an das burggräfliche
Haus gebracht wurde.

Schwimmbach, ein nürnbergisches Pfarrdorf, in welchem der iedesmalige Geistliche auch
die niedern vogteilichen Geschäfte unter dem Titul
eines Gerichtsschreibers zu besorgen hat.

Stauf, ein sehr altes, auf einem Berg gelegenes Schloß mit einigen neuern Nebengebäu-
den.

den. Nächst unter diesem alten unbewohnbaren
Schloße, gleichsam auf einen Absatz des Berges,
steht das neue oberamtliche Schloß bey welchem sich
auch einige artige Gärten befinden, etwas tiefer
herab aber das richteramtliche Haus, und endlich
am Fus des Berges der Weiler Stauf. Man vermuthet zwar *), daß das alte stäufer Schloß erst
im Jahr 1340. vom Burggrafen Friederich dem
vierdten erbauet worden seyn möge; allein die Bauart des noch davon übrigen alten Thurms ist ohn-
streitig viel älter. Er mag in den ehemaligen feh-
dereichen Zeiten zu einer Warte gedient haben, und
ist der einzige Rest der größern, durch Herzog
Ludwig von Baiern 1459. zerstörten Burg, auch
aus lauter gehauenen vesten Steinen erbauet. Nach
der Breite enthält er 46., und nach der Länge 49.
Werkschuhe. In den zweyen untersten Geschossen
ist nichts, als einige den Schußlöchern gleichende
Oefnungen, ganz nahe unterm Dache mag eine
Wohnung für wachthaltende Personen gewesen
seyn. An der Aussenseite der Mauer sieht man

Y 2   zwey

*) f. Stiebers topogr. Nachrichten S. 774.

zwey eingehauene Gesichter, wovon das eine mit
zweyen in die Höhe, das andere aber mit zweyen
gegen die Erde gekrümmten Hörnern versehen ist.
Vielleicht sind dieses Reste heidnischer Abbildungen
des Mondes und der Sonne. An der Morgen,
seite findet man eine Inschrift, mit runischen oder
altdänischen Buchstaben, die aber bisher unerklär,
bar geblieben ist.

Thalmeßingen ein grofer und eine Viertel,
stunde langer Marktflecken mit dreyen Kirchen und
zwoen Pfarreyen. Zur obern St. Michaeliskirche
gehört auch die dasige mittlere und ganz neuerbaute,
an sich aber älteste, Marienkirche. Die untere
oder St. Gotthardskirche gehört zur zweiten Pfar,
rey. Bey neuer Erbauung dieser Kirche, im Jahr
1722., grub man einen Sarg von eichenen Dil,
len aus, in welchem sich erstaunlich grofe Gliedmaß,
sen befanden. So lange diese feucht waren, wa,
ren sie auch so weich, daß man sie wie Semmeln
zerschneiden konnte; so bald sie aber trocken wor,
den, so hart als Stein und gänzlich schwarz. Sie
bestun,

beſtunden aus zween Köpfen, Schenkeln und Bein-
röhren von unbekannten Perſonen. Jede Röhre
hatte, und zwar nur bis auf die Knorren, zwey
und einen halben Werkſchuh in die Länge.
Ein Beweis von der Gröſe und Stärke unſrer un-
geſchwächten und abgehärteten Vorfahren.

Die jährlich hier abgehalten werdenden vier
Märkte ſind deswegen ſehr frequent, weil ſich beſonders die Bauern aus dem eichſtettiſchen dabey
einfinden, und ihre benöthigten Waaren erkaufen.

Geyern, ein Filialkirchdorf mit einem Schloß
das wieder in 3. beſondere Schlößer oder Kemmaten getheilt wird, wovon ein Theil dem hochfürſtlichen Haus Brandenburg, und zween Theile
der freiherrlichen Familie von Schenk gehörig ſind.
Die brandenburgiſche Kemmaten oder Schloß wurden im Jahr 1757. abgebrochen, und an deſſen
Stelle ein Beamtenhaus erbauet. Die eine ſchenkiſche Kemmaten, welche das Haus Brandenburg
1662. von Pfalzneuburg eintauſchte, iſt dermalen
gänz-

gänzlich abgebrochen, und nur noch die Reſte einer Mauer und Thurms zu ſehen; die zwote alte ſchenkiſche Kemmaten aber, welche dem Hochſtift Eichſtett zu Lehen gehet, ſtehet gegen das neuerbaute Amthaus über noch ietzt in ſeiner alten Verfaßung.

Oberamt Uffenheim.

Das Oberamt Uffenheim, zu welchem das Kasten = und

* Vogtamt Uffenheim,
* Kastenamt Mainbernheim,
* Kastenamt Prichsenstadt,
* Kastenamt Castell oder Kleinlank=
  heim, und
* Vogtamt Giebelstadt

gehören, gränzt gegen Morgen: an das Für=
stentum Baireuth; gegen Abend: an das Ober=
amt Creglingen und das Hochstift Wirzburg;
gegen Mittag: wieder an das baireuthische und
Reichsstadt rotenburgische Gebiete; endlich gegen
Mitternacht an das Fürstentum Schwarzenberg
und Hochstift Wirzburg.

Die

Dieſer Landesdiſtrikt iſt nicht wie die andern, bisher beſchriebenen Oberämter zuſammenhängend, ſondern wird durch verſchiedene andern Herrſchaften gehörige Bezirke unterbrochen.

Die Lage des Amts Uffenheim iſt außer wenigen unbedeutenden Thälern, welche durch die Länge der Zeit, von den darinn flieſenden Bächen, unter welchen die Gollach der bekannteſte, formirt worden ſeyn mögen, meiſtens ganz eben; doch erhebt ſich zwey Stunden davon der Frankenberg und der hohe Landsberg im ſchwarzenbergiſchen, über die daſigen geringen Anhöhen beſonders empor. Die Gegend um Uffenheim iſt auch unter dem Namen Gollachgau bekannt, und beinahe durchgehends mahleriſch ſchön.

Die Oberfläche des Erdbodens beſtehet theils aus weißlichten, röthlichten, braunen und ſchwarzen Boden, welche beede letzteren Gattungen die fruchtbarſten ſind; doch iſt er auch in manchen Orten zimlich lettiht, kipperiht oder kieſigt, und beſonders um Uffenheim und Buchheim ſchwarz, auch an theils Orten z. E. bey Ergersheim grau, und zu Equarhofen gelblicht ſandigt, welchen Sand die Unterthanen auch öfters zum Bauweſen gebrauchen.

Die

Die meisten Feldungen werden stürlich mit
Korn, Dinkel, Habern, Gersten und Waitzen,
desgleichen mit Erbsen, Linsen und Wicken be-
bauet. Lifständischer, rheinischer und hieländischer
Flachs wird besonders gegen Pfahlenheim und Lipp-
richhausen viel und gut, dann in allen Orten,
Kraut, blauer Kohl, Wirsching, Kohlruben und
Erdäpfel, desgleichen Rangeres- oder Burgunder-
und weiße Ruben auf den Brach- und Stupfel-
feldern gebauet. Ueberhaupt ist die hauptsächlichste
Nahrung der Unterthanen im Amt Uffenheim der
Getraidebau und die Viehzucht.

Der Weinwachs ist in dieser Gegend von
keinem sonderlichen Werth. Nur die Weinberge
bey Untericksheim und Enheim sind von einiger
Güte. Diejenigen in Bergtheim, Ulsenheim,
Ergersheim und Equarhofen sind wenig bedeutend,
und der erbauende schlechte Most wird meistens von
den Besitzern das Jahr hindurch selbst ausgetrunken.
Desto beträchtlicher ist hingegen der Weinbau in
dem, dem Oberamt Uffenheim einverleibten, aber
mehrere Stunden davon entfernten mainbernhei-
mer Amtsbezirk.

Di-

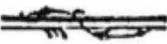

Der Obſtbau an Aepfeln und Birn, beſonders an Zwetſchgen iſt gut, und, zumalen um
Kleinlankheim, ſehr beträchtlich; wie denn auch die
im Amt angelegte vortrefliche Chauſséen oder
Dammwege auf beeden Seiten mit guten Obſt-
bäumen von allerhand Sorten beſetzt ſind. Der
Zwetſchgenbau bringt vorzüglichen Nutzen, weil
dieſe Frucht ſowol friſch als gedörrt verkauft, oder
zum Brandweinbrennen angewandt werden kan.

Der Ueberflus des erbauten Getraides an
Korn, Habern, Waitzen, und Hülſenfrüchten wird
meiſtens in die Schrannen nach Markt-Steft,
Markt-Brait oder Ochſenfurth geführt, und an
den dortigen wöchentlichen Getraidmärkten an Ein-
heimiſche und Fremde Perſonen verkauft. Der ge-
gärbte hieſige Dinkel oder Spelz findet, unter dem
Namen Kern, mehrenteils in Anſpach, Schwabach, Fürth und Nürnberg, ſtarken Abſatz; dagegen wird der Waitzen blos in Franken ſelbſt
verkaufet. Die überflüßige Gerſte darf erſt alsdenn verführt werden, wenn die uffenheimiſchen
Stadt- und Landbierprauere genugſam damit verſehen ſind.

Die

Die Wiesen im Amt Uffenheim sind wegen des sehr verschiedenen Erdreichs nicht überall von der besten Art, doch sind besonders die im Gollach grund, und in der uffenheimer und gollachostheimer Markung gelegenen Wiesen, besonders wenn sie von Ueberschwemmungen verschont bleiben, von ganz guter Beschaffenheit, auch zum Theil drey mädig. Weil aber, im ganzen genommen, es dennoch öfters, besonders bey dürren Sommern, an Heu und Grommat mangelt; so haben die Un terthanen seit mehrern Jahren angefangen, den kipperichten oder kiesigten Ackerboden mit türkischen Klee, beßere Aecker aber mit andern Kleesorten anzubauen, den sie sowohl grün als gedörrt zum Futter gebrauchen und sehr nützlich finden.

Die Pferdezucht ist in dieser Gegend noch immer von keiner sonderlichen Bedeutung, weil es in den meisten Orten an den hiezu nötigen Waiden mangelt. Die Rindviehzucht ist vortreflich. An den iährlichen drey uffenheimischen Viehmärk ten werden eine Menge Ochsen und Kühe in die Mayn- und Taubergründe verkaufet, wovon der Erlös gemeiniglich über 60000. Gulden ansteigt. Die Schweinszucht ist mittelmäsig; dagegen sind

die

die Schäfereyen vorzüglich und die Quantität der
Schaafe in allen Dörfern sehr zahlreich. Daher
denn auch der uffenheimische Wollenmarkt einer
der ansehnlichsten im Lande ist. Doch ist die
Schaafwolle in jedem Ort verschieden, und dort
am feinsten, wo viele hochliegende mithin dürre
Weiden und steinigte Felder anzutreffen sind, woselbst also auch das Gras fein und mager ist. Die
Bienenzucht bedeutet nicht viel, obschon einige
Personen etliche Jahre her angefangen haben, verschiedene Versuche, selbst nach den vorhandenen An-
weisungen zu machen. Da diese aber der Erwartung nicht entsprachen, so giengen auch die angelegt
gewesenen Magazine wieder ein. Die Fischerey
ist im Amt Uffenheim äusserst unbeträchtlich. Die
Gemeinden, denen die Fischereyen als Eigentum
überlassen sind, ziehen nur so vieles nach, als zureichen, daß jeder Gemeindsmann an seiner Kirchweih einen Fisch zu essen bekommt. Die uffenheimischen Stadtweiher sind ganz eingegangen und zu
Wiesen umgeschaffen worden.

Die herrschaftlichen und Gemeindwaldungen im ganzen Oberamt Uffenheim betragen
5270.

5270. Morgen. Auſſer dieſen beſitzen aber auch
die Unterthanen mehrere in ihre Güter gehörige eigene Hölzer. Fichten und Tannen ſind in den
Waldungen der uffenheimer Gegend ſehr ſelten;
ſie beſtehen alſo meiſtens aus Laubholz, nemlich Eichen, Bůchen, Aſpen, Birken, Haſelſtauden und
Erln. Zum Anbau des Nadelholzes mag der Erdboden zu ſtark ſeyn. Das benötigte Bauholz mus
daher entweder auf dem Mayn von Bamberg her-
abgeflößt, oder aus den teutſchordiſchvirnſpergiſchen
Forſtelen erkauft werden.

Auſſer einigen anſehnlichen Gerbereyen ſind
im Oberamt Uffenheim, weder Fabriken noch Manufakturen vorhanden, woran wahrſcheinlich der
ins Groſe getrieben werdende Getraidbau Urſache
ſeyn mag. Der Landmann bereichert ſich durch dieſen zimlich, und hält den Gewinnſt den er ſich noch
in ſeinen Ruheſtunden durch Fabrikarbeiten ſchaffen
könnte, nicht belohnend genug. Und dennoch iſt
in Anſehung der ohnvermöglichen Menſchen im Amt
Uffenheim, gegen andere anſpachiſche und fremd-
herrſchaftliche Aemter, der Abſtand auſſerordentlich
gros, und dieſe Laſt des Publikums hier von der
gering-

geringſten Bedeutung. Nur in der Stadt Uffenheim ſelbſt, wo viele Handwerker ſind, findet
man auch mehrere Arme. Doch ſcheinet auch da
das Verhältnis derſelben gegen andere Städte ſehr
geringe.

Unter die Naturprodukte des Amts Uffenheim
gehören die verſchiedenen Steinbrüche von harten
Kalch- und weichen Sandſteinen. Die Menge
harter Steine war zu den vortreflichen Chauſſeen in
der daſigen Gegend ſehr gut und nutzbar anzuwen-
den, daher denn auch in dieſem Amte die beſten
Dammwege angetroffen werden, die auch hin und
wieder mit Ruhebänken, Säulen und Pyrami-
den *) gezieret ſind. Der Gipsbruch zu Ergersheim iſt ſehr ergiebig, auch wird jährlich eine zimliche Menge Salpeter, aber nur durch das be-
ſchwerliche Nachgraben gewonnen, und in das Sal-
petermagazin nach Anſpach geliefert.

Die Tracht des gemeinen Haufens iſt im
Oberamt Uffenheim noch zimlich einfach. Bey dem
Bauer beſteht ſie meiſtens in einem Sonntagsrock
von braunen oder ſchwarzen Tuch, dann einem Al-
letags-

*) ſ. das Titulkupfer.

letagskittel von Barchent oder leinen Tuch, schwarz
gefärbt, nebst Wamms, ledernen schwarzen Hosen,
leinen und wollenen Strümpfen, Schuen mit Schnallen, auch Stiefeln, dann einem dreieckigten, und
selten mehr wie ehehin runden Hut. Bey dem
weiblichen Geschlecht hingegen ist der Luxus ungemein und durchgängig grösser. Dieses trägt statt
ehehinniger weisen Tüchlein um den Kopf, nun
überal weise oder kottunene, sammtene und seidene
Hauben, öfters mit den kostbarsten Spitzen
gezieret, seidene und weise fein genähte Halstücher,
Patter, schlechte Granaten, oder Sammetbänd-
lein um den Hals, Mieder (Schnürleibe) von
Tuch und Seidenzeuch, schwarze tuchene auch allerhand gefärbte zeuchene Röck, Schuhe von Kalble-
der auch Korduan. Nur schade, daß die angenehmen Gesichtsbildungen der ländlichen und Stadt-
schönen durch die altväterischen Strohhüte, Roßköpfe
genannt, verdeckt und äusserst verunstaltet werden.

Die häußliche Einrichtung ist meistens
sehr sparsam, und der Bauer schaffet sich, ausser
der Ausfertigung seines Eheweibs, die fast durchgängig nur in einem Tisch, zweien Stühlen und

Zweyter Th. 3 Bänken,

Bänken, einer Bettstatt und Wiege, dann Truhe und Spinnrad, Bettwerk und leinen weisen Zeuch bestehet, wenig nach, sondern behilft sich so genau als möglich.

Die Lebensart des Bauers ist in manchem Betracht ganz gut, und seine meiste Nahrung ist fast täglich, wenn die frischen Gemüse aufgezehrt sind, sauer Kraut, das alle Wochen zweymal gekocht wird. Zur Herbstzeit und vornemlich gegen Weinachten, schlachtet er die gemästeten Schweine, auch Ochsen und Rinder, wovon er das meiste im Kamin dörrt und zum eigenen Gebrauch widmet. Die Kirchweihen rechnet er mit unter seine größten Schmausereyen; viele schlachten hiezu ein eigenes Schwein, alle aber baken weises Kirchweihbrod aus Kernmeel und laden Verwandte und gute Freunde ein, die sie nach dem Essen ins Wirthshaus zum Wein und Tanz führen, und so etliche Tage, ihrer Meinung nach gut leben. Ausser dieser Zeit aber, gehen sie wenig, und nur manchmal an Sonn- oder Feiertägen ins Wirthshaus.

Uebrigens ist der Karakter des Bauern in dieser Landesgegend rühmlich. Er richtet die herrschaft-

schaftlichen Abgaben und Auflagen mehrenteils ordentlich und willig ab, weil er reich ist, und gegen
die vorigen Zeiten weniger Steuern geben darf;
er ist fleisig in der Arbeit und daben sparsam, weil
ein Bauer der seinem Sohn oder Tochter nur
1000. Gulden Heirathgut geben kan, noch unter
die mittelmäsigen gezählt wird, mithin keiner geringer als der andere seyn will.   Ein Theil dieser
Volksgattung ist aber auch zimlich stolz auf seinen
Reichthum; alle aber ordentlich in den Religions-
übungen.   Der Prozeßsucht sind sie durchgängig
sehr abgeneigt; es pflegen sich nur diejenigen damit abzugeben, welche entweder dem Gant nahe
sind, oder auch als Bettler noch einigermassen als
wichtige Personen angesehen seyn, und unter einem
gewissen ehrwürdigen Schein ihre Mitbürger be-
stehlen wollen, weil sie sonst Hunger leiden müssen.

Der Jurisdiktionsbezirk des Fraischamts Uffenheim umschließt folgende Ortschaften:

Z 2   Adel-

	Unterthanen.	
	gänzlich Anſpachiſche	Fremde Angehörige
Adelhofen ein Pfarrdorf ⸗	43	—
Auernhofen ein Filialkirch⸗ dorf ⸗ ⸗ ⸗	31	—
Brackenloße ein Weiler ⸗	9	1
Cuſtenlohr ein Pfarrdorf ⸗	26	1
Equarhofen ein Pfarrdorf ⸗	36	9
Ergersheim ein Pfarrdorf ⸗	36	93
Ermezhofen ein Pfarrdorf ⸗	22	26
Geilingsmühl (die) ⸗ ⸗	—	1
Grabenmühl (die) ⸗ ⸗	1	—
Groſenharbach ein rotenburgl. Filialkirchdorf ⸗ ⸗ die übrigen liegen in roten⸗ burger Fraiſch.	—	22
Herrenberchtheim ein Pfarr⸗ dorf ⸗ ⸗ ⸗	45	8
Hinterpfeinach e. W. ⸗	5	—
Hohlach ein Filialkirchdorf ⸗	20	17
Holzhauſen ein Pfarrdorf ⸗	14	5
Hummelsberg (der) ⸗ ⸗	2	—
Kellermühl (die) ⸗ ⸗	1	—
Kleinharbach e. W. ⸗	12	—

Langen

	Unterthanen.	
	gänzlich Anspachische	Fremde Angehörige
Langensteinach ein Pfarrdorf	43	6
Lichtenau ein ödes Weiler.		
Mittelmühl (die)	1	—
Mörlbach ein Pfarrdorf	31	—
Neuherberg ein Filialkirch-dorf	18	—
Obermühl (die) bey Uffenheim	1	—
" " " bey Ermezhofen	—	1
Rannenmühl (die)	1	—
Riedmühl (die)	1	—
Rudelshofen ein Filialkirch-dorf	30	—
Seemühl (die)	—	1
Senheim ein Pfarrdorf	13	14
Simmershofen ein Filial-kirchdorf	16	6
Simonsmühl (die)	1	—
Uffenheim eine Stadt	205	—
Ulsenheim ein Pfarrdorf	34	54
Uttenhofen ein Filialkirchdorf	15	4
Untericrkelsheim ein Pfarr-dorf	28	4

Vor

	Unterthanen.	
	gänz ich Anspachische	Fremde Angehörige
Vorderpfeinach e. W.	5	2
Walckershofen ein wirzburgl.		
Weiler mit einem Schloß	—	20
Wallmersbach e. Pfarrdorf	48	7
Welbhausen ein Pfarrdorf	78	—
Wiebelsheim ein Pfarrdorf größtenteils der Reichsstadt Windsheim gehörig	—	39
Das mit Wirzburg gemeinschaftliche Zollhaus zum Hummelsteig.	—	—
II. Mainbernheimer Fraisch-Distrikt.		
Hohefeld ein Pfarrdorf	43	35
Mainbernheim eine Stadt	209	—
Michelfeld ein Pfarrdorf	35	6
III. Prichsenstädter Fraisch:		
Prichsenstadt ein Stadt	124	—
Kleinschönbach e. W.	10	—

VI. Castell.

	Unterthanen.	
	gänzlich Anspachische	Fremde Angehörige
IV. Castell- oder Kleinlank-heimer Fraisch:		
Hammermühl (die)	1	—
Haid ein Weiler, worinn Wirzburg die Cent in den 4. hohen Rugen hat	12	—
Kaſtnersmühl (die)	—	1
Kleinlankheim ein Markt-flecken	126	64
Neumühl (die)	1	—
Neuſes ein vermiſchtes Wei-ler von anſpachl. wirzburgl. und kloſterſchwarzachl. Un-terthanen. Beede erſtere ſind Dorfsherren, haben auch die Juriſdiktion in ihren Lehen, nur die hohen Fraiſchfälle ausgenommen, welche Gerechtſame Wirz-burg, ſeitdem es Kizingen beſitzt, ausübet	33	48
Sandmühl (die)	—	1

Z 4

Stephans-

	Unterthanen.	
	gänzlich Anſp.chiſche	Fremde Angehörige
Stephansberg ein Schloß, war ehemals eine anſehnliche herrſchaftl. Meyerey, iſt aber nun an einige Unterthanen verkauft ⸱ ⸱	6	—
Stierhöfſtett, ein Pfarrdorf, worinn Anſpach Dorfsherr. iſt mit bambergl. Unterthanen vermiſcht, auf diesſeitigem Territorio, aber in ſchwarzenberger Fraiſch gelegen ⸱ ⸱ ⸱	18	8
Weidenmühl (die) ⸱ ⸱	1	—
Wieſenbronn, ein mit Anſpach, Rüdenhauſen, Caſtell und Wirzburg gemeinſchaftlicher Ganerbenflekén, in welchem die hohe und niedere Gerichtsbarkeit von ieder Herrſchaft auf ihren Lehen ausgeübt wird, den Diebsfall allein ausgenom-		

men,

	Unterthanen.	
	gänzlich Anspachische	Fremde Angehörige
men, wo der Gemeinde oder sämmtlichen Dorfs herrschaften die Cognition und Bestrafung zustehet =	54	94
Wutschenmühl (die) =	1	—

V. Giebelstadt.

Giebelstadt ist ein dem Ober amt Uffenheim einverleib tes Vogtamt in Franken, auf dem sogenannten Gay, das allein in dem anspachil. Schloß, und den dazu ge hörigen Unterthanen bestehet. Das	29	—
freiherrliche Geschlecht von Zobel hat hier gleichfalls	—	14

Unterthanen und zwey Schlößer; die hochfraisch liche Obrigkeit ist zwischen beeden Herrschaf ten versteint, auf der Ortsmarkung aber gemein schaftlich.

Ninunt

Nimmt man nun die verschiedenen Distrikte welche das Oberamt Uffenheim eigentlich ausmachen zusammen, so finden sich in demselben.

3. Städte, 2. Marktflecken, 18. Pfarrdörfer, 7. Filialdörfer, 1. Schlos, 10. Weiler und 18. einzelne Höfe oder Mühlen in welchen 1575. anspachische immediat Unterthanen, und 603. ausherrische Angehörige wohnen.

Einer nähern Bemerkung sind nachstehende Orte würdig:

Zohlach ein Filialkirchdorf, in die baireutische Pfarre Wallmersbach gehörig. So gering gegenwärtig der Ort ist, so merkwürdig ist er gleichwol für die Geschichte mittlerer Zeiten, weil er das wahre Stammhaus des noch blühenden fürstlichen Hauses Zohenlohe ist. *) Es war ehedem ein Kastrum oder Burg allda, und noch vor dreißig Jahren einige Reste desselben vorhanden. Krieg oder andere Zufälle mögen seine Vernichtung bewürkt haben. Im Jahr 1378. kam dieser Ort zu-

*) Stiebers topographil. Nachrichten. S. 498.

zugleich mit Uffenheim, von Graf Gerlach von Hohenlohe durch Kauf an das Burggraftum.

Uffenheim eine ansehnliche gutgebaute Stadt am Gollachflüßlein, in einer sehr angenehmen Gegend, mit einer Mauer und zwey Thoren verwahrt.

Oeffentliche Gebäude finden sich daselbst:

1) Das fürstliche Schloß, welches an der einen Seiten mit einem Wassergraben umfangen, an der andern aber mit einer schönen Allee geziert ist. In den Jahren 1737. und 1738. wurde das Schloß ansehnlicher und bequemer eingerichtet;

2) die Stadtkirche im Jahr 1731. neuerbauet;

3) das Hospital, 1704. erneuert, mit einer im Jahr 1711. reparirten Kirche;

4) das drey Geschos hohe ansehnliche Rathhaus;

5) die

5) die Kornschranne unter dem teutschen Schulhaus;

6) die Gottesackerkirche auf dem Begräbnisplatz ausserhalb der Stadt; und

7) das Schieshaus für die Bürgerschaft.

Ehemals wurde in der Gegend der Stadt Uffenheim vieler Wein gebauet, letzt aber sind die Weingärten zum Ackerbau eingerichtet.

Schon im zwölften Jahrhundert gehörte der Ort dem hohenlohischen Hause, wie sich denn auch eine eigene Linie desselben davon schrieb. Um das Jahr 1349. mag Uffenheim durch den damaligen Besitzer Lutz oder Ludwig von Hohenlohe zu einer Stadt gemacht worden seyn; und im Jahr 1378. kam diese Stadt, durch Kauf, von Gerlach von Hohenlohe an Burggraf Friederich V. von Nürnberg, dessen Nachfolgere sich äußerst angelegen seyn liesen, den Ort durch verschiedene Begnadigungen in mehrere Aufnahme zu bringen. Im Jahr 1786. hatte die Stadt 1509. Einwohner. Darunter waren folgende Profeßionisten und Handwerker: nemlich 2. Bader, 11. Becker, 11. Bier-

prauer,

prauer, 4. Bortenwürker, 3. Buchbinder, 4. Bött-
cher oder Büttner, 2. Conditor, 2. Drechsler,
4. Färber, 2. Flaschner, 4. Glaser, 1. Gold-
arbeiter, 4. Hafner, 3. Hufschmide, 3. Hutmacher,
2. Kirschner, 2. Knopfmacher, 2. Kupferschmi-
de, 2. Lebküchner, 7. Maurer, 4. Melber, 9.
Mezger, 7. Müller, 5. Nagelschmide, 2. Perü-
kenmacher, 2. Pflasterer, 1. Riemer, 10. Roth-
gerber, 4. Säkler, 3. Sailer, 3. Sattler, 3.
Schloßer, 11. Schneider, 1. Schorsteinfeger, 4.
Schreiner, 20. Schumacher, 1. Siebmacher, 1.
Strumpfstricker, 1. Strumpfwirker, 3. Wagner,
8. Weber, 3. Weisgerber, 11. Zeuchmacher, 3.
Ziegelbrenner, 5. Zimmermeister, 2. Zinngieser.

Ulsenheim ein Pfarrdorf mit einer im Jahr
1728. neuerbauten Kirche. Der Ort hatte in den
mittlern Zeiten, vor dem in Teutschland aufgerichteten Landfrieden, ein eigenes Hochgericht, bey welchem, nach damaliger Gewohnheit, der jüngste
Bürger verbunden war, die Nachrichtersstelle zu
übernehmen. Vor diese Bemühung erhielt selbiger

nach

nach ieder Exekution ein paar neue Handschuhe. Der Richtplatz wird noch ietzt gezeigt.

Nahe bey diesem Dorf an der Landstrasse nach Sugenheim zu, ist der sogenannte Wildberg, ein 96. Ruthen hoher runder Berg merkwürdig, worauf 'ehezin ein Kastrum oder Burg gestanden, von welchem aber nur noch wenige Reste zu sehen sind, weil die Steine zu andern Gebäuden verwendet wurden, und die Spitze des Berges ietzt mit Laubholz bewachsen ist. Es war dieses Kastrum in mittlern Zeiten der Sitz der, zu Anfang des 14. Jahrhunderts, ausgestorbenen Grafen von Wildberg. Auf welche Weise die Zerstörung dieses Schloßes geschehen ist, kan nicht gesagt werden. Vermuthlich erfolgte dieselbe nach einer Belagerung weil man rings um den Berg herum eiserne Pfeile und andere Waffen ausgegraben hat und zuweilen noch findet.

Die Fabel von einem andern in dieser Gegend gestandenen, und mit vielen Schätzen versunken seyn sollenden, königlichen Schlosse, riecht zu sehr
nach

nach Aberglauben, als daß ich sie ausführlich er,
zählen sollte.

Mainbernheim eine artige Stadt an den
Gränzen gegen die wirzburgischen Hochstiftslande.
Sie ist mit einer Mauer, verschiedenen Thürmen,
Graben und zweien Thoren verwahrt. Die
Kirche, 1733. neuerbauet, und das Rathhaus,
sind hier die einzigen öffentlichen Gebäude.

Im Jahr 1172. nahm Kaiser Friederich den
Ort als ein Reichsdorf in seinen und des Reichs
besondern Schutz, welche Begnadigung bis zum
Jahr 1442. fürdauerte; er stünd aber auch zu
gleicher Zeit unter dem besondern Schutz der Land,
grafen von Leuchtenberg. Im Jahr 1382. wurde
Mainbernheim mit Mauern und Graben umfan,
gen und zu einer Stadt gemacht. Zu Anfang
des 16. Jahrhunderts kam diese Stadt durch Kauf
an Landgraf Wilhelm von Hessen, der solche aber
schon im Jahr 1525., der Entlegenheit wegen
an Markgraf Friederich von Brandenburg wieder
abtrat.

Die

Die Nahrung der dortigen Bürgerschaft beste=
het größtenteils im Getraid= und Weinbau.

Prichsenstadt eine kleine Stadt an den wirz=
burgischen Gränzen, in welcher nur die im Jahr
1739. neuerbaute Kirche, das alte, 1489. er=
baute Rathhaus und ein Hospital, als öffentli=
che Gebäude zu bemerken sind.

Bis zum Jahr 1367. war dieser Ort ein
Dorf; zu iener Zeit aber erhielt derselbe Stadt=
recht; dahero änderte er auch den Namen, denn
vorhero war nur unter dem Namen Prichsendorf
bekannt. Die dortige kaiserliche Freyung kommt
denienigen Personen zu statten, welche einen nicht
vorsezlichen Todschlag begangen haben. Sie wird
noch gegenwärtig sehr oft ausgeübet.

Die Nahrung der Bürgerschaft bestehet in ei=
nem etwelchen Handel mit Fabrikwaaren, im Wein=
bau und Handwerkern.

Klein=

Kleinlankheim ein grofer Marktflecken, zwi-
fchen dem wirzburgifchen Städtgen Schwarzach und
dem gräflich caftellifchen Stammhaus Caftell gelegen. Der Ort hat ein eigenes im Jahr 1487. erbautes Rathhaus, Graf Hermann von Caftell ver-
pfändete denfelben im Jahr 1283. an feinen
Schwiegervater, den Burggrafen Friederich dem
III. von Nürnberg, feit welcher Zeit denn auch
diefer Markt zum Burggraftum gehörig ift.

Giebelftadt, ein anfehnliches Dorf mit
einer Kirche und dreyen Schlöffern, davon das
eine dem hochfürftlichen Haufe Brandenburg,
die beeden andern aber dem freiherrlichen Ge-
fchlecht der Zobel von Giebelftadt zuftändig
find. Das brandenburgifche Schloß wird für
das Stammhaus des ehemaligen berühmten
adelich, und letztlich gräflichen Gefchlechts, der
von Geyer, gehalten, von welchem Graf
Heinrich Wolfgang, der letzte diefes Haufes

Zweyter Th.   A a   den

den 24. Auguſt 1708. verſtarb, dadurch aber
deſſen Anteil an dem Dorf Giebelſtadt der
hochfürſtllchen Lehenherrſchaft heimfiel, welche
ſeit ienem Zeitpunkt ein eigenes Vogtamt alda
angeordnet hat.

Oberamt
Wassertrüdingen.

Das Oberamt Waſſertrüdingen deſſen Gränzen ſich gegen Morgen: an das Oberamt Gunzenhaußen, an die Hochſtift eichſtettl. und fürſtlich öt-
tingen ſpielbergiſche Lande ; gegen Abend : an
das Oberamt Feuchtwang, Fürſtentum Oettingen
und an die Reichsſtadt Dinkelsbühl ; gegen Mittag : wieder an die öttingiſchen Lande ; und gegen
Mitternacht: abermals an das Oberamt Feuchtwang erſtrecken, beträgt in die Länge von Morgen
gegen Abend 6. und in die Breite von Mittag gegen
Mitternacht 5. Stunden.

Die Lage dieses Landesbezirks ist mehrenteils eben; dennoch befindet sich beinahe in der Mitte desselben, der sogenannte Hesselberg, welcher auch für den höchsten Berg in Franken gehalten wird. Es ist dieses ein groses sich in die Länge ziehendes Gebürge, das am Fuße desselben einige Stunden im Umkreis beträgt. Man teilt dies Gebürge gewöhnlich in den kleinen und grosen Hesselberg. Ersterer wird auch der Schlößleinsbuck genannt, weil man auf dessen Oberfläche noch wenige Ueberbleibsel eines alten Kastrums, des Stammhaußes der adelichen Familie von Lentersheim findet. Auf dem grosen Hesselberg ist die, viele Tagwerk haltende Osterwiese merkwürdig, die eine lange und breite, und der vortreflichen Aussicht wegen sehr anmuthige Ebene ausmachet, auch bei naßen Jahren zimliches Futter trägt. Auf der höchsten Spitze des Berges ist das Auge nicht im Stande, bei heiterm Wetter, alle sich darstellende unzählige Gegenstände zu faßen. Diese herrliche Aussicht belohnt das etwas mühesame Ansteigen bis zur vollen Höhe, reichlich, und es kan wohl kein herrlicheres Schauspiel angetroffen werden, als die Sonne in

ihrer

ihrer maieſtätiſchen Pracht von dem höchſten Stand-
punkte des Heſſelbergs aufgehen zu ſehen.

Die nördliche Seite dieſes Gebürges iſt durchgängig mit Haſſelnußſtauden, (von denen auch die
Benennung deſſelben entſtanden ſeyn ſoll), die weſt-
liche Seite aber mit Fichtholz bewachſen; dahingegen
die mittägige Seite ganz kahl und nur mit wenigen
niedern Sträuchen bewachſen iſt. Das innere dieſes Gebürges enthält zuverläſſig edle und uned-
le Metalle, von welcher Behauptung man auch
bereits im Jahr 1693. bei den damals angeſtellten
Verſuchen überzeugt wurde. Man hat aber zu iener
Zeit leider! vermuthet, die Koſten der Erbauung eines
Bergwerks mögten den Nutzen überſteigen, und
unterlies ſeit iener Zeit alles Nachſchürfen! ——

Merkwürdig iſt es, daß auf der Höhe des
Heſſelbergs öfters Verſteinerungen, beſonders aber
groſe Broken voll unzähliger kleiner und gröſerer
verſteinerten Seemuſcheln gefunden werden. Sind
dieß zurükgelaſſene Reſte der Sündfluth? oder war
einſt vor Jahr tauſenden unſere Gegend ein
Meer? ——

Der

Der Erdboden im Oberamt Wassertrüdingen ist beinahe durchgängig gut, ohngefehr ein
Sechsteil des ganzen, mag zu leicht und zu sandig
seyn. Inzwischen sucht der Landmann die Feldgüter in solchen Gegenden durch fleissige Bearbeitung
zu verbessern und tüchtig zu machen; daher werden
denn auch alle Getraidfrüchte, besonders Korn,
Waitzen, Dinkel, Gersten und Habern, letzterer aber in geringer Mase, desgleichen Erbsen,
Linsen, Kraut, Rüben, Erdbirn, Flachs und
einiger Hanf gewonnen. Von diesen Erzeugnis-
sen schaft sich der Landmann durch den Verkauf des
Ueberflusses an Waizen, Kern und Gersten, einen
ansehnlichen Erlöß, womit er die herrschaftlichen
Abgaben und den nöthigen Aufwand für sein Hauß-
wesen bestreitet.

Von gleichem Nutzen für ihn ist die Pferd-
Rindvieh- und Schweinzucht, welche dreier-
lei Gattungen in diesem Bezirk besonders beträchtlich sind, und eine ansehnliche Summe Gelds in
Umlauf bringen. Hiezu tragen freilich die mehrenteils guten Wiesen, besonders diejenigen, welche
im Wörnitzgrund und an andern Bächen gelegen
sind

find das meiste bei. Der Werth eines Tagwerks
oder 360. ☐. Ruthen Wiesen in einer guten Lage,
behält immer den Werth von 5. bis 700. Gulden.

Die Fischerei ist nirgends im Lande beträchtlicher als hier. In den Wörnitz- und Sulzflüssen
und im schobdacher Bach, werden nicht nur allerley Fischforten, sondern dieselben auch von besonderer
Güte und Gröse gefangen. So sind z. E. Karpfen
und Hechte zu 20. Pfund, Barben zu 12. Pf.
Braxen zu 7. bis 8. Pf. Elsen eben so, Schl-
ken 10. bis 12. Pf. Rothaugen zu $1\frac{1}{2}$. Pf. Pör-
schen zu 2. Pf. Ruppen zu 4. bis 5. Pf. Orfen
zu 5. bis 6. Pf. und sogenannte Nasen zu 2. Pf.
keine grose Seltenheit. Ausser diesen aber werden
auch noch, Garrauschen, Schleien, Kohlpörschen,
Steinbeiser, Neunaugen, Meergrundel u. a. desgleichen grose schmakhafte Krebse gefangen.

Die herrschaftlichen und Gemeindwaldungen betragen zusammengenommen, 3001.
Morgen. Sie bestehen meistenteils aus Laubholz,
und nur ohngefähr ein Dritteil des ganzen ist mit
Fichten bewachsen.

Aa 5

Ausser

Außer denen sich vom Feldbau und der Viehzucht nährenden Einwohnern, bringen auch die vielen Tuch- und Zeuchmacher in Wassertrüdingen,
welche bei 50. Familien ausmachen, durch ihre
gefertigte Waaren vieles Geld ein. Nur ist zu be-
klagen, daß sich beede Handwerker seit einigen Jahren der Fertigung des Rasches wegen entzweiten,
und durch solche Streitsucht ihrer Nahrung und Familien einen ohnwiederbringlichen Schaden zuzogen.

Dem Oberamt Wassertrüdingen sind folgende
herrschaftliche Aemter beigeordnet.

Das Kastenamt und

• Stadtvogteyamt Wassertrüdingen
• Klosterwalteramt Auhausen

Die Amtsverwesung Rökingen

Das Vogtamt Wittelshofen, und

• Verwalteramt Schwaningen,

welches letztere aber nunmehro, nachdem dasselbe
Ihro der regierenden Frauen Markgräfin Hochfürstlichen Durchleucht zum lebenslänglichen Genuß
geschenkt und eingeräumt worden, von Höchstderoselben alleine abhängt, und nur der hochfraischlichen
Gerechtsame wegen hieher gehört.

Die

Die hohe Gerichtsbarkeit des Oberamts Waffertrüdingen, erftrekt fich über folgende Ort-ſchaften :

| | Unterthanen. | |
	gänzlich Anſpachiſche	Fremde Angehörige
Altentrüdingen, ſ. Oberamt Hohentrüdingen.		
Ammelbruch e. Pfarrdorf ⸗	24	2i
Aufkirchen ein fürſtlich öttingiſcher Marktflecken ⸗	—	84
Auhauſen e. Pfarrdorf und ehemaliges Kloſter ⸗	86	—
Baudenhard e. einzelner Hof	I	—
Baum⸗ oder Siebhof (der)	—	I
Berntswend ein Filialkirch-dorf ⸗ ⸗ ⸗ ⸗	4	9
Beierberg ein Pfarrdorf ⸗	37	22
Boßacker e. Weiler ⸗	—	6
Bozenweiler e. W. ⸗ ⸗	—	4
Brennhof (der) ⸗ ⸗	—	I
Brunn e. W. ⸗ ⸗	2	—
Burck ein Pfarrdorf ⸗	43	16
Burgſtallmühl (die) ⸗	I	—

Bürk,

	Unterthanen.	
	gänzlich Anspachische	Fremde Angehörige
Bürkach e. W.	—	12
Carlsholz e. W.	—	3
Clarmühl (die)	1	—
Clarhof (der)	1	—
Dambach ein Pfarrdorf	22	9
Dattelhof (der)	—	1
Dennenlohe ein gräflich frießischer Rittersitz mit 17 Unterthanen, hat seinen eigenen von dem hochfürstl. Haus Anspach zu lehen tragenden Fraischbezirk.		
Dürren e. Filialkirchdorf	4	3
Dorfkemmathen e. Pfarrdorf	22	36
Ehingen ein grofes Pfarrdorf	94	35
Ehrenschwind e. W.	3	1
Eyburg e. W.	—	2
Fißersbronn ein dinkelsbühl. Filialkirchdorf	—	10
Flinßmühl (die)	1	—
Frankenhofen ein Pfarrdorf	9	44

Frie-

	Unterthanen.	
	gänzlich Anspachifche	fremde Angehörige
Friedrichsthal e. W.	9	1
Fürnheim ein Pfarrdorf	15	12
Gelzhofen e. W.	5	3
Gelzmühl (die)	—	1
Gerolfingen ein Pfarrdorf	41	44
Grüb e. W.	—	7
Groslellenfeld f. Unterlellenfeld.		
Gugelmühl (die)	1	—
Hallspach ein teutschordisches Pfarrdorf	—	23
Hammermühl (die)	—	1
Hannenberg e. W.	—	2
Hardhof (der)	1	—
Haßlach e. W.	4	13
Heinersdorf e. W.	18	—
Hünerstall e. W.	1	5
Hütlingen e W.	—	3
Illenschwang ein Pfarrdorf	12	14
Irsingen e. W.	6	16
Kaltenkreuth e. W.	3	—

	Unterthanen.	
	gänzlich Anspachische	Fremde Angehörige
Klein- oder Oberlellenfeld	10	11
Klingen e. W.	—	3
Klingenhof (der)	—	1
Knittelspach e. W.	1	6
Königshofen ein Pfarr- dorf	30	21
Kreiselbach ein Pfarrdorf	—	14
11. Häuser liegen in fürstl. öttingischer Fraisch).		
Kreuthof (der)	1	—
Kreutmühl (die)	1	—
Kröttenbach e. W.	10	7
Kusenhof (der)	2	—
Langfurt e. W.	—	12
Laufenburg ein freiherrl. von Falkenhaußil. Rittersitz	—	1
Lehmingen ein Pfarrdorf	41	4
Lentersheim ein Pfarrdorf	63	1
Limburg e. W.	—	5
Lochenbach e. W.	18	—
Lohemühl (die) b. Knittelspach	—	1
- - - b. Dinkelsbühl	—	1

Lohe-

	Unterthanen.	
	gänzlich Anspachische	Fremde Angehörige
Lohemühl (die) b. Synbronn	—	1
ɩ ɩ ɩ b. Hallspach ɩ	—	1
Mazmannsdorf e. W. ɩ	13	—
2. liegen in Oberamt feucht- wanger Fraisch.		
Meyersheim ein Pfarrdorf	42	51
Meyerndorf e. W. ɩ ɩ	12	—
Neuenstettlein e. W. ɩ	—	6
Neumühl (die) ɩ ɩ	—	1
Nordstetten e. W. ɩ	19	10
Oberaumühl (die) ɩ ɩ	1	—
Oberkemmaten e. W. ɩ	8	9
Oberkönigshofen e. W. ɩ	4	—
Obermichelbach e. Pfarrdorf	4	22
Oberschwaningen ein Pfarr- dorf ɩ ɩ ɩ	10	15
Opfenried e. W. ɩ ɩ	15	5
Oelmühl (die) bey Dinkels- bühl ɩ ɩ ɩ	—	1
Pfeifhof (der) ɩ ɩ	1	—
Pulvermühl (die) b. Dinkels- bühl ɩ ɩ ɩ	—	1

Reichen-

| | Unterthanen. | |
	gänzlich Anspachische	Fremde Angehörige
Reichenbach e. W.	14	—
Rohrbach e W.	6	—
Rodnersdorf e. einzelner Hof	1	—
Röckingen ein Pfarrdorf	94	8
Röttenbach e. W.	—	5
Ruffenhofen ein Filialkirchdorf	3	14
Schadische Herrnhaus (das)	—	1
Schlierberg e. W.	6	4
Schmalzmühl (die)	—	1
Schobdach ein Filialkirchdorf	23	7
Schwandmühl (die)	1	—
Schwaningen f. Unterschwaningen.		
Stahlhof (der)	—	4
Stöckach e. W.	4	—
Stockenmühl (die)	1	—
Synbronn e. Pfarrdorf	1	27
Tiefenweg e. W.	—	3
Weitsweiler e. würtemberg wailtingisches Pfarrdorf	—	20

Unger

	Unterthanen.	
	gänzlich Anspachische	Fremde Angehörige
Ungerhof (der)	—	1
Unteraumühl (die)	—	1
Unter- oder Groslellenfeld ein Pfarrdorf	13	40
Unterkemmaten e. W.	19	34
Untermichelbach e. Pfarrdorf	19	31
Unterschwaningen ein Pfarrdorf mit einem fürstlichen Lustschloß	67	—
Waildingen ein groser würtembergischer Flecken	—	120
Walckmühl (die) b. Dinkelsbühl	—	1
Wassertrüdingen eine Stadt	195 Häuser.	
Waisenhaus (das) b. Dinkelsbühl	—	1
Welchenholz e. dinkelsbühl. Weiler	—	11
Werschhofen e. W.	2	14

Zweyter Th.　　　B b　　　Weiers-

	Untertbanen.	
	gänzlich Ansspachische	Fremde Angehörige
Weiersmühl (die) ·	1	—
Willburgstetten ein dinkels, bühl. Pfarrdorf · ·	—	44
27. liegen in fürstl. öttinger Fraisch.		
Wittelshofen ein Pfarr, dorf · · · ·	72	3
Witzmannsmühl (die) ·	—	1
Wolfershof (der) · ·	1	—
Wolfbühl e. würtemb. waildingl. W. · ·	—	7
Ziegelhütte (die) bey Dinkelsbühl · · ·	—	1

zusammen 1. Stadt, 2. Marktflecken, 27. Pfarr, und 5. Filialdörfer, 1. Schlos, 43. Weiler und 40. einzelne Höfe oder Mühlen, in denen sich 1320. anspachische immediat Unterthanen und 1080. fremdherrische Angehörige befinden. Leztere sind meistenteils den herzoglich würtembergischen und fürstlich öttingischen Häußern, dem teutschen Orden,

Hoch,

Hochstift Eichstett, dem Grafen von Fries in Wien, und der Reichsstadt Dinkelsbühl gehörig.

Unter diesen Ortschaften verdienen folgende eine nähere Bemerkung:

Aufkirchen, ein gutgebauter Flecken, worinnen ein fürstlich öttingischer Beamter wohnhaft, auch eine öttingische Kirche zu finden ist.

Auhaussen eine ehemalige Benediktinerabtey und Kloster, welches im Jahr 958. von Graf Ernst von Truhendingen und dessen Schwager Hartmann von Lobdeburg gestiftet und zur Ehre der Jungfrau Maria geweihet wurde. Bey der, in der ersten Helfte des sechzehenden Jahrhunderts eingetrettenen Reformation, lies dasselbe, Markgraf Georg säkularisiren und in ein weltliches Verwalteramt verwandeln.

Das Dorf selbst ist gut angebauet, und liegt in einer angenehmen ebenen Gegend an der schwäbischen Gränze, hat auch seinen eigenen Pfarrer und Kirche. Kaiser Carl IV. begnadigte im Jahr 1354. das Kloster Auhausen mit der vorzüglichen Ehre, daß die dasigen Aebte, iedesmals des Kaisers und Reichs Kapläne seyn und heisen sollten.

Bb 2

Es

Es ist auch der Ort deswegen noch besonders merkwürdig, weil daselbst in der ehemaligen Konventsstube des Klosters, aus welcher man nach der Aufhebung desselben einen ansehnlichen Saal errichtete, im Jahr 1608., von verschiedenen Kurfürsten und Fürsten, die in so grosem Ansehen gestandene evangelische Union abgeredet, aufgerichtet und unterschrieben worden ist. Gegenwärtig dient eben dieser Saal zu einem Getraidmagazin.

Ehingen ein groses gutgebautes Pfarrdorf am Hesselberg mit zwoen Kirchen. Ohnfern dieses Ortes zieht sich die sogenannte Teufelsmauer vorbei, von welcher im 1. Th. S. 229. mehrers gesagt worden.

Gerolfingen, ein weitläuftiges Pfarrdorf an der entgegengesetzten mittägigen Seite des Hesselbergs. Die Einwohner sind gehalten sich in dem gleich gegenüber liegenden Flecken Aufkirchen copuliren und begraben zu lassen.

Illenschwang, ein Pfarrdorf, woselbst in den ältesten Zeiten die Truchsessen von Siebenbrunn

eine

eine Burg hatten, von welcher aber gegenwärtig
nichts mehr zu sehen ist. Inzwischen ist der Platz
auf welchem dieselbe gestanden noch itzt sehr kenntlich, und auch dadurch vollkommen bestättiget worden, daß man erst vor wenigen Jahren viele Quadersteine und Brocken daselbst ausgegraben, und
also die Grundmauern des alten Castrums entdekt
hat. Durch welche Zufälle diese Burg vernichtet
worden, ist bis ietzt unbekannt.

Königshofen, ein gutgebautes Pfarrdorf in
welchem eine, mit zweien Thürmen gezierte Kirche anzutreffen ist. Das Patronatrecht bei der
Pfarrei gehört dem Hochstift Eichstett.

Megersheim, ein grosses Pfarrdorf mit
zwoen Kirchen, an der Oettingen spielbergischen
Gränze.

Rökingen, ein weitläuftiges Pfarrdorf zwischen Wassertrüdingen und dem Hesselberg, in welchem auch ein geraumiges herrschaftliches Schloß
befindlich, welches Georg Wilhelm von Gundolsheim, gegen Ende des 16. Jahrhunderts neu erbauen lies, und ehemals öfters zu einem herrschaft-

Bb 3   lichen

lichen Ablager gebraucht wurde. In mittlern Zeiten
gehörte der Ort der ehemalig adelichen Familie von
Mittelburg; gelangte nachhero an die Freiherren
von Seckendorf, von denen er dem hochfürstlichen
Haus 1468. zu Lehen aufgetragen und 1482. an
Hanns Schenken von Schenkenstein zu Hohenburg
verkauft wurde. Da aber im Jahr 1572. Hanns
Schenk zum Schenkenstein seine Gemahlin, eine
geborne von Rechenberg, ermordete; so fiel die
Helfte des Schlosses Rökingen mit dessen Zugehö-
rungen der Lehenherrschaft heim; die zwote Helfte
wurde kurz hernach im Jahr 1584. von Georg
Wilhelm von Gundolsheim dem hochfürstlichen
Haus käuflich abgetretten.

Schwaningen, gemeiniglich Unterschwanin-
gen genannt, ein ansehnliches Pfarrdorf und Amt
in einer sehr angenehmen Gegend. Es ist dieser
Ort besonders seines fürstlichen Schlosses wegen
merkwürdig, welches in das alte und neue Schlos ein-
geteilt ist, auch erst kürzlich ansehnlich verschönert
wurde. Ersteres lies der ehemalige Besitzer, Johann Philipp Fuchs von Binbach, im vorigen

Jahr-

fol. 390.

J. R. Reppl del. et sc.

Die Gartenseite des Hochfürstl. Schlosses zu Schwetzingen.

Jahrhundert, letzteres aber die unsterbliche Mark,
gräfin Christiane Charlotte erbauen. Man findet
auch daselbst einen schönen weitläuftigen Hofgar,
ten, und eine erst im Jahr 1743. eingeweihte neu,
erbaute Kirche.

Die ältesten bekannten Besitzer des Orts wa,
ren die längst verloschenen von Schwainingen.
Auf diese folgte 1429. Conrad von Holzingen;
1497. aber Hanns von Gundolsheim, welcher
dieses bisher als Eigentum besessene Gut, dem
hochfürstlichen Haus Brandenburg zu Lehen auf,
trug.

Im Jahr 1517. kam Schwaningen durch
Kauf an Ernst von Rechenberg, und fiel endlich
1583. durch den Tod Conrads von Rechenberg,
der hochfürstlichen Lehenherrschaft anheim.

Im Jahr 1603. wurde dies Gut dem Kriegsobri,
sten und Geheimenrath Johann Philipp Fuchs von
Binbach in der Eigenschaft eines brandenburgischen
Rittermannlehens käuflich überlassen, welcher daß,
selbe bis zu seinem, im August 1626. in dem
Treffen bei Lutter erfolgten Tod, besas. Durch
dessen Absterben fiel der Ort zum zweetenmal an

die Lehenherrschaft. Bis zum Jahr 1712. trug sich mit demselben nichts merkwürdiges zu. In diesem Jahr aber wurde Schlos und Amt Schwaningen vom Herrn Markgraf Wilhelm Friederich, an Ihro Frauen Gemahlin Christianen Charlottey, gebornen Prinzeßin von Würtemberg Stuttgardt, nach erstmals erfolgter Entbindung eines Erbprinzens, lebenslänglich überlassen und zum vollkommenen Genuß eingeräumet. Diese gute Regentin blieb bis zu ihrem am 25. Dec. 1729. erfolgten Hintritt im Besitz desselben; worauf im Jahr 1733. sich die nämliche Abtrettung und Einräumung dieses Amts, an weiland Ihro königlichen Hoheit Friederiken Louisen, Gemalin des höchstseligen Herrn Markgrafs Carl Wilhelm Friederich, ergab.

Nach Höchstdero am 4. Febr. 1783. erfolgtem Tode, beschenkten Seine ietzt regierende hochfürstlichen Durchleucht, Ihro Frauen Gemalin am 24. Juny ienes Jahrs, als an Höchstderoselben Geburtstag, mit eben diesem Schlos und Amt, und räumten solches Höchstdenenselben als völliges Eigentum auf lebenslang ein.

Wail-

Waildingen, ein grofer anfehnlicher dem herzoglichen Haufe Würtemberg gehöriger Flecken, in anfpachifcher hohen Jurisdiktion gelegen. Das in felbigem befindliche Schlos, hat fich Prinz Lud, wig Eugen von Würtemberg feit mehrern Jahren zur Refidenz erwählt.

Waffertrüdingen eine artige, gutgebaute Landftadt in einer fehr angenehmen Gegend. Sie liegt an der fchwäbifchen Gränze und am Wörnitz, fluß, und ift durch eine Mauer und 3. Thore ver, fchloffen.

Oeffentliche Gebäude findet man darinnen:

1. Das halb inner, und halb auffer der Stadt ftehende weitläuftige fürftliche Schlos, mit einem angenehmen Garten.

2. Die Stadtkirche 1740. erbauet.

3. Das Rathhaus, ein altes fchlechtes Ge, bäude von 3. Gefchoffen, deffen mittleres Stockwerk zu einem gemeinen Tanzboden ge, braucht wird.

4. Die Judenfchule, ein geringes, kaum be, merkenswürdiges Gebäude.

Bb 5   5. Die

5. Die Gottesakerkirche ausserhalb der Stadt 1588. erbaut.

6. Das Schieshaus, 1698. aufgeführt.

Die älteſten Beſitzer dieſes Orts, waren die Grafen von Truhendingen, welchen die Grafen von Oettingen im 13. Jahrhundert nachfolgten. Im Jahr 1366. kam dieſe Stadt durch Kauf an die Grafen von Hohenlohe, von welchen Gerlach und Gottfried von Hohenlohe im Jahr 1371. dieſelbe mit allen Zugehörungen an Burggraf Friederich V. käuflich abtrat.

Wittelshofen ein anſehnliches Pfarr, und Amtsdorf, in welchem auch ein herrſchaftliches Schlos mit einem artigen Garten angetroffen wird. Es liegt dieſer Ort nahe an dem Einfluß der Sulz in den Wörnitzflus, ohnfern des Heſſelbergs. In der Gegend deſſelben, werden öfters alte römiſche Münzen ausgegraben.

Oberamt Windspach

und

Heilsbronn.

Das Oberamt Windspach und Zeilsbronn
wird beinahe ganz von andern Oberämtern des
Fürstentums Anspach umschloßen; denn die Gränzen
desselben sind: gegen Morgen: das Oberamt
Schwabach, gegen Abend: das Oberamt Anspach, und das nürnbergische Pflegamt Lichtenau,
dann das eichstettische Amt Ohrenbau; gegen
Mittag: das Oberamt Gunzenhaußen und die
Hochstift eichstettischen Lande; dann gegen Mitternacht, die beeden Oberämter Cadolzburg und
Anspach.

Es bestehet dasselbe aus:

Dem Rasten- und Stadtvogteiamt Wind-
      spach,

Dem

Dem Klosterverwalteramt Heilsbronn,

* Verwalteramt Merkendorf,
* Verwalteramt Waizendorf, und
* Pflegamt Nördlingen im Ries.

Eigentlich sollten Windspach und Heilsbronn, als zwei besondere Oberämter behandelt werden, weil erst in neuern Zeiten 1741. die durch Säkularisirung des Klosters Heilsbronn dem Fürstentum zugegangene vier letztgenannte Aemt.r zu einem Oberamt gemacht wurden. Da aber das alsogenannte Oberamt Heilsbronn, dem zu Windspach angeordneten, seit dem Jahr 1750. beständig beigeschlagen ist, so werden auch beede hier als eine zusammengehörige Sache, iedoch so zur Uebersicht gebracht, daß die natürliche und ökonomische Beschaffenheit der verschiedenen Aemter Bezirke besonders angemerkt wird.

Der Landesdistrikt, dessen Bestes das Amt Windspach eigentlich zu besorgen hat, ist in Ansehung der Lage verschieden. Man findet dort wenig Ebenen, sondern meistens Gründe und Thäler, folglich auch Berge und kleine Anhöhen. Die Erdfläche ist durchgehends sandig, doch kan dieselbe

selbe nicht unter die ganz unfruchtbaren Erdsorten
gerechnet werden, weil sie dennoch, obwohl in ge-
ringerer Mase als in beffern Bezirken, alle Getraide, nur den Dinkel oder Spelz nicht, hervor
bringt. Inzwischen ist der Hauptbau der Einwohner dieser Gegend Erdbirn oder Kartoffel und
Tobak.

Nur durch den Verkauf des gewonnenen Ueber-
flußes an Rocken oder Korn und des Tobaks, verschaft sich der Landmann einige Nahrung zu Bestreitung seiner häußlichen und andern Ausgaben.
Die Wiesen stehen in Ansehung der Vielheit der
Aeker in keiner Proportion: Sie sind inzwischen im
Rezatgrund unverbeffirlich gut, werden aber meistens
alle Jahre durch den Austritt dieses Flußes über-
schwemmt. Doch gewähret eine solche Ueberschwemmung den Vorteil, daß das Rezatfutter
eben so gut, wo nicht beffer als das Altmühlfutter
ist; denn ohne Ueberschwemmung würden die Wiesen dieses Bezirkes nur das schlechteste Roßfutter
tragen.

Da der Wießwachs nicht hinreichend ist, so
leidet natürlicherweise die Viehzucht hierunter sehr
stark. Daher ist denn auch diese, nebst der Bienenzucht

zucht und Fischerey nirgends im Lande von ge-
ringerer Bedeutung als hier.

Die herrschaftlichen und Gemeindwaldungen im Amte Windspach, betragen 689.
Morgen. Sie sind jezt nicht mehr, was sie ehedem waren, und in kurzer Zeit werden sie völlig
vom Bau- und Werkholz entblößt seyn. Daß inzwischen der Erdboden nicht der Erzeugung und dem
Wachstum des Laubholzes entgegen stehe, beweisen
die wenigen, vielleicht tausendiährigen Eichen,
welche noch hin und wieder gefunden werden. —

Von Fabriken und Manufakturen ist das Amt
Windspach gänzlich entblößt.

Derienige Bezirk welcher das Klosterverwalteramt Heilsbronn einschließet, ist ebenfalls
abwechselnd, bald eben, bald bergigt, lezteres aber
besonders um die Gegend des Klosters selbst.

Noch mehr verschieden ist der Erdboden und
dessen Güte. In der Gegend von Aich, Weisen-
bronn, Haag, Volkersgau und Wollersdorf, ist
meist schlechter magerer Sand; um Ziegendorf,
Büschelbach, Petersaurach und Mausendorf, neben
dem Sand mehrenteils kalter Melmboden, um
Thurn-

Thurndorf, letten und starker Boden; um Grosenhaslach und Ammerndorf an und auf den Anhöhen
Sand, im Grunde aber schwarzer fetter Boden;
und im Kloster Heilsbronner Flur beinahe lauter
gutes Erdreich.

Aus dieser Vermischung des Erdreichs ist denn
auch die natürliche Folge abzuleiten, daß der Getraidebau, an Waizen, Korn, Gersten und Haber,
deßgleichen an Hülsenfrüchten, Erbsen, Linsen,
Wiken, ꝛc. nicht überall gleich gut seyn kan. Auß-
ser diesen zur Nahrung des Menschen dienlichen
Produkten, wird aber auch noch Flachs, Tobak,
Erdbirn, und Rangeßen oder Burgunderruben,
Klee und Krapp oder Färberröthe, leztere beede
Gattungen besonders zu Ziegendorf und Heilsbronn,
gebauet.

Das nützliche des Hopfenbaues, scheinet nach
und nach den Einwohnern dieser Gegend ebenfalls
einleuchtend zu werden. Um Heilsbronn und Ammerndorf, und in der Gegend von Wollersdorf,
kommt der Anbau dieses Produktes immer mehrers
empor, und die Güte desselben, gibt dem spalter
und böhmischen Hopfen nichts nach. Es ist aber

Zweyter Th.   E e   auch

auch Gegend, Lage und Boden hiezu sehr vor
träglich.

Die Pferd- und Rindviehzucht, sucht zwar
der Landmann dieses Bezirks soviel möglich in Auf-
nahm zu bringen. Allein, da er wirklichen Mangel
an Wiesen und Waide hat, und die allermeisten
Unterthanen wenige und mehrenteils nur schlechte
Feldwiesen besitzen; so kan sie nie völlig emporkom-
men. Zwar würde der Kleebau einigermaßen diesem Mangel abhelfen; wenn damit, um des hier
sich vorfindenden vielen rothen Wildpretts wegen,
fortzukommen wäre.

Die Bienenzucht ist von geringer Bedeutung,
und seit den vorgewesenen 2. kalten Wintern, 1783.
und 1784., beinahe ganz zu Grunde gegangen.

Dagegen sind vor wenigen Jahren zu Volkersgau, Steinmühl, Weiterndorf, Heilsbronn, und
Grosenhaslach schöne Forellenweiher angelegt
worden. Es werden auch dort und in mehrern
andern Amtsorten Karpfen und Hechte gezogen.

Die Waldungen im Verwalteramt Heilsbronn betragen alleine 3875. Morgen. Den größten
Teil davon machet der herrschaftliche Klosterwald
aus in welchem Tannen, Fichten und Forln in un-

er-

ermeßlicher Anzahl, Buchen und Eichen aber sehr
wenige zu finden sind.

Außer einer vor 4. Jahren in Kloster Heilsbronn
angelegten Krappfabrik, *) auf welcher die Färberröthe, so gut als am Rhein zubereitet wird, auch
von den Kottonfabrikanten vollkommen approbirt
worden, findet man sonst von dergleichen nützlichen
Anstalten in dieser Landesgegend nichts.

Als ein vorzügliches Naturprodukt ist die Heil-
bronnenquelle hier noch zu berühren, deren Eigenschaften und Güte bereits im ersten Theil S. 236.
bemerkt wurde.

Das dem Oberamt Heilsbronn, und mit diesem dem Oberamt Windspach einverleibte Verwalteramt Waizendorf, ist in Ansehung der hohen
Gerichtsbarkeit im Bezirk des Oberamts Feuchtwang, und in einer sehr angenehmen wiesenreichen
Gegend gelegen. Der dort befindliche gute mit
Sand vermischte Erdboden, bringt einen Ueberfluß an all ienen gewöhnlichen Getraidsorten und
andern Erzeugnißen, welche zur Nahrung der Einwohner und des Viehes nöthig sind, hervor.

Cc 2   Das

*) s. erster Theil S. 250.

Das in der Reichsstadt Nördlingen seinen Sitz habende anspachische Pflegamt, ist lediglich mit Kammeralgeschäften beladen und durch die Sekularisirung des ehemaligen Klosters Heilsbronn entstanden.

Der fraischliche Bezirk des Oberamts Windspach und Kloster Heilsbronn, welcher nah der Länge 4. und nach der Breite 6. Stunden beträgt, schließet folgende Ortschaften ein.

	Unterthanen.	
	gänzlich Anspachische	Fremde Angehörige
Adelmannsdorf ein Weiler	4	6
Aich ein Weiler	25	—
Altendettelsau e. W.	5	3
Bartelmeßaurach ein Pfarrdorf s. Obera. Schwabach.		
Bechhofen e. W.	13	5
Beerbach e. W.	5	16
Bellamühl (die)	—	1
Berghof (der)	1	—
Bertolsdorf ein Pfarrdorf	24	—
Bezmannsdorf e. W.	2	—
Bitterbach e. teutschordl. W.	—	10

Bircken‑

	Unterthanen.	
	gänzlich Anspachische	Fremde Angehörige
Birckenhof (der)	2	—
Brennenhof (der)	—	1
Brunn e. W.	3	10
Buckenmühl (die)	—	1
Buzenhof (der)	1	—
Capsdorf e. W.	2	6
Dannhof (der)	—	1
Dürrenmühl (die)	1	—
Dürrenmungenau, ein von kreßisches Pfarrdorf	—	31
Drachenhöfstett e. W.	—	3
Eschenbach ein teutschardisches Städtgen, das seinen eigenen Fraischbezirk hat, und ohngefähr 160. Häußer enthält.		
Ebersbach e. W.	4	9
Elpersdorf e. W.	14	5
Froschmühl (die)	—	1
Gehrsbach e. eichstettl. W.	—	5
Geixenhof (der)	1	—
Gerbersdorf e. W.	5	2

Haag

	Unterthanen.	
	gänzlich Anspachische	Fremde Angehörige
Haag e. W.	10	1
Habenhof (der)	1	—
Hasenmühl (die)	1	—
Heglau e. W.	16	—
Heilsbronn (Kloster) ein Städtgen	80	—
6. außerhalb des Thores liegen in Oberamt Cadolzb. R. A. roßstaller Fraisch.		
Hirschlach ein Pfarrdorf	19	—
Hölzleinsmühl (die)	1	—
Hergersbach e. W.	1	18
Ißmannsdorf e. W.	10	1
Käßhof (der)	—	1
Kettersbach e. eichstettl. W.	—	9
Kirschendorf e. W.	4	2
Klappermühl (die)	—	1
Kugelmühl (die)	1	—
Kitschendorf s. Oberamt Schwabach.		
Lanzendorf e. W. s. Oberamt Schwabach.		

	Unterthanen.	
	gänzlich Anspachische	Fremde Angehörige
Leiperslohe e. eichstettl. W.	—	10
Mausendorf e. W.	13	—
Mausmühl (die)	1	—
Merckendorf eine Stadt	103	—
Mildach e. W. s. Oberamt Schwabach.		
Mitteleschenbach ein Dorf mit einer eichstettl. katholischen Pfarren	6	71
Moßbach e. W.	11	9
Neuendettelsau ein freiherrl. von eybischer Rittersiz und Pfarrdorf	—	60
Neuses b. Windspach e. W.	8	5
" " b. Merckendorf e. W.	8	4
Petersaurach ein Pfarrdorf	59	—
Pflugsmühl (die)	1	—
Reuth ein Filialkirchdorf	11	—
Reuthern e. W.	1	12
Rezendorf e. W.	5	7
Rudelsdorf e. W. s. Oberamt Schwabach.		

Rückers-

	Unterthanen.	
	gänzlich Anspachische	Fremde Angehörige
Rückersdorf e. W.	3	3
5. liegen in nürnbergisch=lichtenauer Fraisch.		
Sauernheim e. W.	17	2
Schlauersbach e. W.	10	3
Schwalbenmühl (die)	1	—
Seeligenstatt e. W.	16	—
Seitendorf e. W.	13	1
Speckheim e. W.	8	2
Spiegelhof und die Mühl teutschordisch	—	3
Steinhof (der)	1	—
Steinmühl (die)	1	—
Sudersdorf e. W.	14	3
Thonhof (der)	—	1
Trübendorf e. nürnbergl. W.	—	6
Weitsaurach ein eichstettl. Pfarrdorf	1	23
Vorder= und hinter Höheberg e. W.	7	5
5. liegen in Oberamt gunzenhauser Fraisch.		

Unter=

| | Unterthanen. | |
	gänzlich Anspachische	Fremde Angehörige
Untereschenbach ein Filial-kirchdorf	9	14
Wazendorf e. W.	5	2
Walckmühl oder Hopfenmühl (die)	1	—
Wassermungenau ein Pfarr-dorf	29	26
Wazendorf b. Eschenbach e. W.	1	9
Weisenbronn ein Pfarrdorf	39	—
Weldendorf e. vermischtes W.	—	9
2. liegen in lichtenauer Fratsch.		
Wernspach e. W.	8	8
Wickleinsgreuth s. Oberamt Anspach.		
Winckelhaid e. W.	7	9
Windspach eine Stadt	100	—
Winterhof (der)	1	—
Wolfsau e. vermischtes W.	—	4
Wollersdorf e. Filialkirchdorf	10	—
Wörnsmühl (die)	1	—
Ziegendorf e. W.	6	2

zufammen alfo : 3. Städte , 9. Pfarr = und 3.
Filialdörfer, 42. Weiler, 26. einzelne Höfe oder
Mühlen, in welchen fich 783. anfpachifche inmediat
Unterthanen und 464. fremdherrfchaftliche Ange=
hörige befinden , wovon letztere mehrenteils dem
teutfchen Orden , dem Hochftift Eichftett und der
Reichsftadt Nürnberg gehören.

Unter diefen angeführten Ortfchaften find
folgende einer nähern Bemerkung würdig :

Heilsbronn, ein in dem Bezirk der ehemali=
gen Graffchaft Abenberg gelegenes Städtgen, und
in den vorigen Zeiten fehr berühmt gewefenes cifter=
cienfer Klofter, in welchem befonders die Klofter=
kirche, die auch in ältern Urkunden ein Münfter be=
nannt wird , merkwürdig ift, weil in derfelben die
Leichname der abgelebten Herren Burggrafen von
Nürnberg und Markgrafen von Brandenburg,
von Burggraf Friedrich I., 1218. an, bis auf
den im Jahr 1625. verftorbenen Markgrafen
Joachim Ernft, beigefetzt wurden. Nebft diefen
ruhen auch viele andere gräfliche und adeliche Perfo=
nen aus den Häufern Oettingen, Naffau, Aben=
berg,

berg, Heidek, Seckendorf, Ellrichshausen, Knöringen, Eyb, Muffel, Zedwitz und andern allda,
deren mehrenteils kostbare Monumente, Todenschilde und Grabschriften, noch bis itzt, teils mitten in
der Kirche und an den Wänden, teils zur Seite
in der sogenannten heidekischen und Kaiserkapelle,
als merkwürdige Denkmale alle Betrachtung verdienen *).

Die vorzüglichsten dieser Monumente sind:

1) Der uralte Todenschild Burggrafs Friedrich
   von Nürnberg, welcher im Jahr 1218. ver-
   storben ist;

2) mehrere dergleichen Todenschilde von später
   verstorbenen Regenten des Burggraftums;

3) Das Grabmal des hier beerdigten Bischofs
   Berthold von Eychstett, Burggrafens zu
   Nürnberg, des Erbauers der eichstettischen
   Willibalds Burg. Es bestehet dasselbe in ei-
   ner

*) Ausführlich hievon handelt der seel. M. Hoker in
   seinem heilsbronnischen Antiquitätenschatz, woselbst
   auch die nachbenannten burg- und markgräflichen
   Grabmäler in Kupfer abgebildet sind.

ner hölzernen 5. Schuh hohen Tafel, in deren
obern längern, im Grunde vergoldeten Feld,
die Mutter Christi mit dem heiligen Kind auf
dem Arm; auf dem untern Theil der Bischof
in seiner bischöflichen Kleidung vor einem Bet-
stul kniend, mit aufgehabenen Händen, und
über ihm ein fliegender Zettel mit den Worten:
Mater Dei, miserere mei, gemahlt ist.

4) Das Monument des Burggrafen Friederich
des fünften, wovon die eine Seite ihn mit
zween Söhnen, in vollem Harnisch; die andere aber seine Gemalin Elisabeth mit neun
Töchtern vorstellet.   Eine dieser Prinzessin-
nen ist mit einer Krone deswegen abgebildet, weil sie die Gemalin des Kaisers Ruprecht war.

5) Das Grabmal Friederichs des sechsten,
oder ersten Kurfürstens von Brandenburg.
Diesen Fürsten, welcher bekanntlich den ersten
Grund zu der Gröse seines höchsten Hauses gelegt hat, bedeckt unter allen hier ruhenden das
geringste Grabmal.   Es ist dasselbe nichts
als ein kaum drei Schuh grosses Brettlein, auf
dessen

deſſen faſt vermoderter Leinwand die getüngte Grabſchrift kaum mehr geleſen werden kan. Und wie ſehr verdiente dieſer groſe Kurfürſt das prachtvollſte, dauerhafteſte Denkmal!

6) Das ſehr ſchöne Grabmal der Kurfürſtin Anna, Kurfürſts Albrecht des erſten Gema‍lin. Geſtorben 1512. Es iſt daſſelbe ein Stein 8. Schuh lang, 3. Schuh breit und 4. dergleichen hoch. Die Verſtorbene liegt auf ſelbigem in Lebensgröſe mit zuſammengefaltenen Händen. Zu den Füſſen ſtehet die Grabſchrift, und zu beeden Seiten ſind zwanzig Heilligen‍bilder, beederley Geſchlechts künſtlich einge‍hauen.

7) Das Grabmal Marggrafs Friederich des ältern; geſtorben 1536. Zwar wird ſeine Aſche nur mit einem rauhen Stein, auf wel‍chem nichts als die Buchſtaben F. M. Z. B. eingehauen ſind, gedeckt; allein der nebenſte‍hende Altar zeigt an dem einen Flügel den Markgrafen mit neun Söhnen, und an dem andern ſeine Gemalin, Sophie Prinzeſſin von

Pohlen,

Pohlen, mit acht Töchtern sehr schön abgebildet.

8) Markgrafs Casimir Monument bestehet in einer 5. Schuh hohen hölzernen Tafel, worauf derselbe nebst seiner Gemalin abgebildet ist.

9) Das Grabmal Markgrafs Georg des frommen bestehet in einem eingemäuerten Stein, worauf der unvergeßliche Fürst nebst seinem vorgedachten Bruder, vor dem Bildnis des gekreuzigten Erlösers kniend, neben herum aber zwanzigerley Wäppen der anverwandten Häuser ausgehauen sind.

10) Markgraf Albrecht der Krieger, gestorben 1557. liegt eigentlich in Pforzheim begraben. Ihm wurde aber auch hier ein Denkmal errichtet; welches in seinem Bildnis, und einer darunter befindlichen Nachricht von seinen Thaten und Tod bestehet.

11) Das prachtvolle Monument Markgrafs Georg Friederich des ältern; gestorben 1603. welches sich derselbe noch bey seinen Lebzeiten selbst erbauen ließ. Es befindet sich
solches

solches mitten in der ältern Kirche und ist ein
4½. Schuh hoher, eben so breiter und 11.
Schuh langer Stein, zu dem man auf dreyen
Stuffen hinansteiget, ist auch mit einem eiser-
nen Gitter umfaßt und mit einem hölzernen
Himmel bedeckt. Oben liegt die steinerne
Statue dieses guten Fürsten in vollem Harnisch; zu dessen Füssen ruhet ein Löwe; zween
andere Löwen halten beym Haupt eine steinerne Tafel, in welche in der Rückseite das fürstliche Wappen, in der Vorderseite aber die Grab-
schrift eingehauen ist. Die Nebenseiten des
Hauptsteins sind mit Familienwappen verzieret.

Ein anderes Monument eben dieses Fürsten,
ist oben an die Mauer bevestiget. Auf solchem
ist er, nebst seinen zwoen Gemalinen, Elisabe-
ten, gebohrnen und vermählten Markgräfin von
Brandenburg, und Sophien, gebohrnen Her-
zogin von Braunschweig Lüneburg *), in Lebens-
größe und ausserordentlich kunstvoll abgemahlt.

Endlich

---

*) Sie starb 1639. und liegt in der Lorenzerkirche
zu Nürnberg begraben, woselbst ihr ebenfalls ein
ansehnliches Grabmal errichtet ist.

Endlich

12) Das Grabmal des Markgrafen Joachim Ernst, aus schwarzem Marmor; ist 3. Schuh dik, 9. Schuh lang und 5. breit. Es ruhet dasselbe auf 6. weissen Adlern. Oben darauf liegt die Statue des verblichenen Fürsten. Zum Haupt steht die Fama und an den vier Eken sitzen eben so viele aus Mößing gegossene Engel. Dies Grabmal wurde im Jahr 1631. von den Tyllischen Truppen eröfnet und ruinirt. Markgraf Wilhelm Friederich lies solches aber wieder in den vorigen Stand herstellen.

Ehrfurchtsvoll verlaß' ich diesen Tempel, in welchem die Asche so vieler Fürsten und anderer Grosen verwahrt wird; und gehe zur ältern Geschichte des ehemals ansehnlichen Klosters über.

Der Ort hat wahrscheinlich seinen ursprünglichen Namen von dem dortigen Heil- und Gesundbronnen erhalten, welche Meinung durch die Schreibart in den ältesten Dokumenten und des Klosterwappens bestärket wird.

Das

Das ehemalige Kloſter wurde im Jahr 1132.
vom Biſchof Otto von Bamberg, aus dem Hauſe
der Grafen von Andechs, zur Ehre der heiligen
Jungfrau Maria, zu einer Abtei geſtiftet und erbauet, welche Fundirung gleich anfänglich durch die
Milde der Grafen von Abenberg, und das Geſchlecht der von Heideck ſehr unterſtützt und vermehrt wurde. Im Jahr 1138. nahm Kaiſer
Conrad III. das neugeſtiftete Kloſter in ſeinen und
des Reichs beſonderm Schutz, die nachgefolgten
Kaiſere, fügten noch mehr Freiheiten und Begnadigungen hinzu, und übergaben in der Folge die Be-
ſchirmung deſſelben verſchiedenen fürſtlich und gräflichen Häuſern, bis endlich die nürnbergiſchen Burggrafen durch Kaiſer Ludwig dem Baier, im Jahr
1333. ebenfalls hiezu gelangten; auch von dem
nachgefolgten Kaiſer Carl IV., 1347. hierinnen
beſtättiget wurden.

Im Jahr 1141. führte Pabſt Innocenz II.
den benediktiner- und zwar den ciſtercienſer oder
grauen Orden im Kloſter Hailsbronn ein. Sowol
dieſer als ſeine päbſtlichen Nachfolger begabten dieſe
Stiftung mit mancherley Abläſſen und andern Frei-

Zweyter Th.   D d   heiten,

heiten, wodurch, und durch die vielen von der ehe, maligen frömmelnden Andacht geschehenen Schenkungen denn, dieses Kloster nicht nur zween und siebenzig Mönche ernähren konnte, sondern auch sonst zu solchem Ansehen gestiegen ist, daß einst der Abt Conrad Haunolt, die ihm von Sigmund von Lentersheim im Jahr 1484. in einem Schreiben beigelegte Titulatur: Hochwürdiger Fürst, gnädiger Herr, willig annahm.

Außer sehr vielen theils entlegenen Pfarrleihen, besas auch das Kloster Heilsbronn das sogenannte Steinhaus in der Reichsstadt Nördlingen mit dessen eingehörigen Gütern, zu deren Verwaltung, nach der geschehenen Säkularisirung, ein eigenes brandenburgisches Pflegamt allda angeordnet wurde, das noch ietzt nach seinem würklichen Wesen bestehet.

Eben so war der in Nürnberg, zwischen der laurenzer Kirche und dem Findelhaus stehende heilsbronner Hof mit seiner Kapelle, eine Zugehörung dieses Klosters; welches Gebäude vor zwey Jahren von Seiten des höchsten brandenburgischen Hauses, ganz neu aufgebauet wurde, und worinnen

gegen-

gegenwärtig der in Nürnberg angestellte brandenburgische Resident seine Wohnung hat.

Bis zum Jahr 1529. verblieb das Kloster Hailsbronn in seiner ursprünglichen Verfassung. Die damals eingetrettene Reformation aber gab ihm eine andere, und nützlichere Bestimmung.

Die römischkatholische Religion wurde nach und nach abgeändert, und der evangelische Gottesdienst eingeführt, auch zu Verwaltung der Einkünfte und Gefälle eigene Aemter verordnet. Der Abtstitul wurde zwar noch einigen in dieser Würde gefolgten Vorstehern beigelegt; er gieng aber mit dem 1640. als Stadtpfarrer zu Anspach verschiedenen Johann Meelführer zugleich zu Grabe.

Nach der vollzogenen Reformation errichtete Markgraf Georg Friederich, unter dessen Regierung die beeden Fürstentümer in Franken vereiniget waren, im Jahr 1581., zu Heilsbronn eine Fürstenschule, welche auch bis zum Jahr 1736. alldort bestund, in diesem aber von da hinweg und nach Anspach verlegt wurde.

Merkendorf eine kleine, ohnfern des Lust, schlosses Triesdorf gelegene Stadt, die mit einer

Mauer

Mauer umgeben ist, und durch 3. Thore verschlossen werden kan.

Oeffentliche Gebäude findet man dort:

1) Die auf dem ehemaligen Münchshof 1478. erbaute schöne Kirche.

2) Das Rathhaus auf dem Marktplatz;

3) Das herrschaftliche Amthaus, und

4) Die Gottesackerkirche auf dem Begräbnisplatz 1583. erbauet und 1718. erweitert.

Der Ort gelangte im 13. und 14. Jahrhundert an das Kloster Heilsbronn. Im Jahr 1424. erhielt er vom Kaiser, und 1428. vom Kurfürst und Markgrafen zu Brandenburg, Stadtgerechtigkeit, und die Erlaubnis ihn mit Mauern und Gräben zu bevestigen. Durch die Säkularisirung des erstgedachten Klosters kam Merkendorf an die fürstlichen Häuser Brandenburg Anspach und Culmbach, von welchen dasselbe, wie alle andere heilsbronnische Klosterbesitzungen, bis zum Jahr 1719. gemeinschaftlich besessen, damals aber bey der getroffenen Abteilung dieser klösterlichen Anfälle, an Brandenburg Anspach privative abgetretten wurde.

Windspach gleichfalls eine kleine Stadt an der Rezat. Ist auch mit einer Mauer und zwey
Tho-

Thore verſehen. Die öffentlichen Gebäude ſind
daſelbſt:

1) Das Ober⸗ und Kaſtenamthaus, erſt in
neuern Zeiten, ſtatt des vorherigen alten
Schloſſes erbauet;

2) Die Stadtkirche, 1728. neu aufgeführt;

3) Das Rathhaus, 1749. erbauet;

4) Die Gottesackerkirche auf dem Begräbnis⸗
platz; und

5) Die Feldkapelle Gottesruh genannt, an
der Landſtraſſe gegen Eſchenbach hin, welche
Ritter Hanns von Hellberg, ehemaliger
Amtmann zu Windspach im Jahr 1400. ge⸗
ſtiftet hat *).

Db 3   Der

*) Die Veranlaſſung zu dieſer Stiftung erklärt fol-
genbe an der Kapelle zu leſende Innſchrift:

Hanns von Hellberg ein Ritter ſchau
hat gethan dieſen Kirchenbau,
Gott in Ehren auf ſeine Koſten dazu,
drum nannt er ſie zu Gottes Ruh.
weil er zu Jeruſalem geweſen
beym heiligen Grab alba geweſen.
So weit von dar zur Schedelſtett ſey
Als dort von jener Stadt hieben.
Er regieret hie und Amtmann war
Als man ſchreibt 1400. Jahr.

Der Ort gehörte in ältern Zeiten den Grafen von Oettingen; gegen Ende des dreizehenden Jahrhunderts kam derselbe, zur Helfte, an Wolfram, Advokaten von Dornberg. Im Jahr 1281. übergab Graf Ludwig von Oettingen, das ihm an Windspach zugehörige Eigentum seinem Schwiegervater Burggrafen Friederich dem dritten. Wolfram von Dornberg aber trat seinen Anteil, dessen, an Gottfried von Heideck verheirateten Tochter ab, welche selbigen im Jahr 1292. gedachten Burggrafen gleichfalls käuflich überlies.

Bei-

Beylage.

Auszug

Kastenamts rothischen Saalbuchs
de 1531.

Kayßerliche Freiheit und Glaitt zu Rothe Inn
der Statt betreffend.

Item die Herrschafft Brandenburg rc. hat ein
Kayßerliche Freiheit und Glaitt in der Statt
Rothe, were des begehrt, und solchs vehig ist,
Ihme auch das zu geben zugesagt wurdet. Der
gibt der Herrschafft anfangs ein Gulden. Und so
Jahr und Tag verscheint, und er weiter Glaitt

haben

haben will. So mus er wiedermals der Herrschafft ein Gulden geben.

Mehr fünf und siebenzigk Pfenning dem Amtmann, Castner, Burgermeister und dem Stadt-
knecht, wie bei iedes Bestallung funden wurdet.

Und hat das vergangen Dreyßigsten Jahrs
Sechtzehen Gulden ertragen.

Item, wie sich ein jöglicher der Glait hat, in
selbem Glait halten soll. Findt man auch under-
schiedlich hernachgeschrieben.

Artickel so einem jeden fürgehalten wurdet.

Item dies hernachvolgende Artickel sollen einem
jöglichen der hie in der Statt zu Rothe. Das
Kail. Glaytt annehmen und derselben Freiheit gebrauchen will, auch des vehig ist. fürgelesen und
fürgehalten werden. sich darnach wissenn, und
haben zu richten und gemeß zu halten. Zum ersten
so soll Ernstlich und eigentlich erforscht und er-
kundigt werden, Ursach und warum einer eines
Glaits begere. Item wann er sey, auch seinem
Tauf- und Zunahmen, was Haudwerks ꝛc. und
sonst alle andere Umstände nottorfftiglich zu erfragen.

Zum andern, so ist 'ein ieder der Herrschaft
zu Brandenburg ꝛc. als Lands-Fürsten dieser Stat,

ein

ein Gulden, dem Amtmann, Burgermeiſter und
Stattknecht ein Ort eines Gulden, und dem Caſt-
ner ein Maas Weins einzuſchreiben. Derhalb zi-
ner ein Jahr lang nach Annehmung des Glaits und
nit länger Glait hat alles nach Ausweiſung und
alten gebräuchlichen Herkommen des Glaits.

Zum dritten ſoll ſich keiner finden oder betret-
ten laſſen mit einer langen oder andern geuerlichen
Wehren. Jedoch mag einer ein kurzen Dolchen
oder Brodmeſſer bei ſich tragen. ohngeverde.

Zum Vierten ſoll ſich ein ieder enthalten, auf
die Mauern oder ander argwenig ſtete Jnn der Statt
zu gehen. Und nach ſperleuten Jnn ſeinen Wirths-
hauß bleiben. Und ſich nicht ausſennig machen
oder hallten.

Zum Fünften, dieweil ſich das Glait nit weiter
ausſtreft, dann Jnn der Statt, ſo vern die Rink-
Mauer begreift, derhalb ſoll ein iglicher ſo einem
ſachenn oder Geſcheft Ueberlande zu werbenn für-
fallen. Daſſelbig betrachten, daß er außerhalb der
Statt nit Glait hat.

Zum Sechsten, ſoll ſich ein yeder hüetten und
wol fürſehen, damit er ſich nit mit den Jnngeſſen
Burgern oder andern, auffrurig oder zweydrechtig

Dd 5   mach.

mach. auch deſſelbenn Inn Irenn gewerben und
Handtirungen nit verhinder und demſelben um das,
ſo ſie von Jnen erkauffenn und ſchuldig ſeyn wurden.
guten Trauen und Glaubenn haltenn, und ohn
Klaghaft Bezalung thun, ſollen ſie von Jnenn Un=
fugs oder unpillig auch enntladen pleiben, auch
Jnenn um Jrenn Pfenning ein gleichs geſchehen
und vergolten werden, wurdt ſich aber einer ſtreff=
lich machen, und nit halten, wie vor und nachge=
ſchrieben ſteet, zu dem wurdt man greiffen. Und
gegen Jme fürnemenn als den, ſo des Glaitz nit
gehaltenn, und deſſelb geprochen hett. und die
Handlung an Jr ſelbſt an die Herrſchaften gelangen
laßen. Die Perſon nach Jr der Herrſchaft Bevelch
und der geübten That zu ſtraffen.

Zum Siebenden. ob es ſich begöbe, daß In
der Statt Feuer auskeme, das Gott hueten wolle,
oder die Statt durch Feinde belagert wurde, ein
Fend Geſchrei gehört, oder ein Auflauf wurde, ſo
ſoll ſich ein yglicher der ſich der Kaiſerlichen Glaitz
und Freiung gebraucht, in den Falle halten, nach
Beſchaydt der Oberhandt. Dabey er ſuchen und
gewarten ſeyn ſoll. Und an entſchaydte ſich der
Gegenwehr und Zulauffens enthalten. Mocht er
aber

Inn der eill zu der oberhandt nit kommen, so soll
er beim Wirt oder Haußherrenn erforschen wes er
sich halten soll. Inndem soll einem yeglichen guter
Beschaide gegeben werden.

Solche Artikel zu Handhabung des Kaiserlichen
Glaitz und Freyung auch der Herrschaft zu Brandenburg als Landsfürsten diese Stat Rothe, und
damit ob den Ihenenn. so sich des Glaitz gebrauchenn
dester stattlicher gehalten werden mog. Soll ein
yglicher mit Handgebenden treuen an eines geschwor-
nen Aydsstatt, der Obrigkeit globen und anrurenn,
dem allenn, wie vorsteet und hierInnen Artikels-
weis verzeichend ist. getreulich nachkommen, auch
steet war und vest zu halten. Als lieb einem ieden
sey. zu uermeiden schwerer straff leybs und guts.
Und zu einem Beschluß, so soll ein ygliche Person
Inn Glait so er sein sachen verenndern, und aus
der Statt, wider an die Ort dauonn er herkommen, oder anderst wo niderthun will, mit wissen des Amtmanns, Castner, Richter oder Burgermeister abscheydenn. und yedesmals, was das
Glait, die Herrschaft derselben Lannd, leutt auch
gemeine Statt berurt. Und zu nachteil raychen
möchte.

möcht. Der Oberhandt anzeigenn. Beschalde
darauf zu empfahen, und aus algener Perſon,
keiner für ſich ſelbſt, wider die Artickel fürſez-
lich oder freuenlich nichts handeln noch fürnemen.
Jnn kraft und bedacht des Glaiz und gethaner
pflicht.

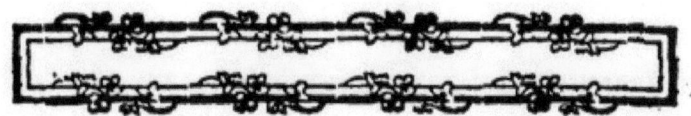

Register

über den zweeten Theil.

Register.

Appenstettenhof 333. Archshofen 124. 183. Arn-
hofen 55. Aschbach 149. 303. Aspach im O. A. Roth 287.
Aub 15. Auerbach 102. Auernheim 254. 261. Auern-
hofen 356. Auhausen 379. 387. Au oder Aw 333.
Au 214. Auhof 149. 214. 335. Aumühl 15. 149.
Aurau 287. Aufkirchen 379. 387. Azenhof 68.

Baalstatt S. 15. Bachmühl 50. Baimbach 149. Bai-
rischhöfstetten 287. Ballersdorf 68. Balsen- oder Rohr-
mühl 254. Bammersdorf 16. Bamhofen 183. Banzen-
mühl 214. Banzenweiler 104. 149. 183. Barnsdorf 287.
Bartelmesaurach 303. 404. Baudenhard 379. Baum-
oder Siebhof 379. Bauzenhof 150. Bechhof 150. 183.
Bechhofen 183. 197. 404. Beerbach 404. Beinbing 51.
Beitenmühl 150. Belerberg 379. Bellamühl 404.
Bellingsdorf 75. Belgenthal 150. Belmbrach 287.
Belzhof 150. Belzmühl 16. Bemberg 150. Benzen-
hofen 51. Berbersbach 104. Berglein 16. Berg-
bronn 150. Berchtheim siehe Herrnberchtheim. Bergen 335. Bergnerzell 183. Bergenweiler 16. Berckerts-
hofen 150. 183. Bernbach 72. Berghof 404. Ber-
nau 183. Bernlohe 287. Berndorf 16. Bernhalter-
mühl 149. Bernhardsweiler 150. Bernhardswinden 16.
Berntswend 379. Bertolsdorf 404. Bertelsdorf 75.
Berolzheim 254. 261. Besenmühl 214. Beutellohe 16.
Beutelmühl 214. Beyerlbach 150. Bezendorf 75.
Benzenhof 150. Bezmannsdorf 404. Bieberbach 183.
Bieg 102. Binsenmühl 16. Binzenweiler 183.. Birk-
ach

Register.

Cadolzburg 68. 80. Cammerforst 16. Cammerstein 303. Capsdorf 405. Carlsholz 380. Castenreuth 75. Catharinenberg 254. Charhof 184. Charmühl 184. Clafheim 17. Clarhof 380. Clarsbach 75. Clarmühl 380. Claushof 72. Clonspach 104. Colmberg 102. 108. Conenweiler 151. Cottmannsweiler 151. Crainthal 124. Cregingen 124. 127. Crellsheim 151. 167. Cronsheim 214. Cronhof 254. Crohehof 287. Crohemühl 287. Custenlohr 356.

Dambach 380. Dannhausen 214. 333. Dannhof 405. Dautenwinden (ober) 23. Dattelhof 380. Deberndorf 69. 82. Defersdorf 75. 184. Dechendorf 303. Deggersheim 254. Demetshof 214. Dentlein 184. Dennenlohe 380. Desmannsdorf 17. Deuenbach 184. Diefenbach 151. Dierbach 17. Dierersdorf 17. Dietenbronn 104. Dietersdorf 303. Dikersbronn 184. Dippersdorf 55. Dittenheim 215. 254. Dökingen 254. Dörßein 17. Dörlbach 51. Dombach 17. 69. Donn 69. Donbühl 184. Dorfgütingen 184. Dorfkemmaten 380. Dornberg 17. 184. Dorndorf 17. Dornhausen 102. 215. 223. Dornmühl 254. Dorschbronn 215. Doß 69. Drachenhöfstett 405. Dreutelmühl 184. Dullenau 55. Dürren 380. Dürrenfarrenbach 72. Dürrenhembach 303. Dürrenmühl 405. Dürrenmungenau 405. Dürrehof 55. Dürrenhof 184. Dürrwang 185.

Eben*

Flins=

Haag

Register.

Jackens

Register.

Leon=

Rain

Register.

Weidel-

_____

Druk

Druckfehler im ersten Theil:

Im Subscrib. Verz. Wallerstein Herr Hoffam-
merrath Cramer statt Crämer.

S. 30. L. 10. u. 18. Friedrich IV. statt Friedrich der VI.

⸰ 122. ⸰ 23. Ulsenheim ⸰ Ulsenbach.